지·묵·스·님·글·모·음·집

죽비 깎는 아침

우리출판사

죽비 깎는 아침

차　례

제1부 지대방 한담

우레같은 침묵 …………………………… 11
무몽이 대몽 ……………………………… 16
주지 스님 이야기 ………………………… 20
거지와 스님 ……………………………… 24
기도 ……………………………………… 26
한 수행자의 자취 ………………………… 31
합장주 한 개 ……………………………… 36
생남불공 ………………………………… 41
노래한 날 ………………………………… 46
밤손님 이야기 …………………………… 51
만행중에 겪은 일 ………………………… 55
정말 미치겠네 …………………………… 58
불이야! 불 ………………………………… 63

제2부 고승 일화

춘성 스님 일화 …………………………… 69
구산 스님 일화 …………………………… 73
함허 스님 일화 …………………………… 83
정수 스님 일화 …………………………… 87

백은 선사 일화 · 90
대은 스님 일화 · 95
성철 스님 일화 · 97

제3부 백팔염주

여백이 차지하는 공간 · · · · · · · · · · · · · · · · · 105
절 · 108
행자생활 · 112
죽비 깎는 아침 · 117
묵언도량 · 121
삭발한 날 · 125
백팔염주 · 130
용맹정진 · 134
앉아 있기 · 139
결제를 맞으면서 · 142
죽비 깎는 밤 · 149
한 끼 먹는 날 · 152
어허, 무상한 세상사여! · · · · · · · · · · · · · · · 158

제4부 한 생각의 시작

법보의 소중함 · · · · · · · · · · · · · · · · · · · 163

발 씻어주기 · 167

돌부처님 · 172

물 마시고 자기 · · · · · · · · · · · · · · · · · · 175

돌담 · 178

걱정거리 · 183

어느 부모 · 188

김장 울력 · 193

한 생각의 시작 · · · · · · · · · · · · · · · · · · 198

껍질 벗는 왕새우 · · · · · · · · · · · · · · · · 202

빨래 예찬 · 206

애 아부지가 좀 늦더라도 · · · · · · · · · · 210

걸림 없는 사람 · · · · · · · · · · · · · · · · · · 213

가죽나무를 생각한다 · · · · · · · · · · · · · 219

백락천의 선시 · · · · · · · · · · · · · · · · · · · 221

세 번째 장삼 · 223

용기 있는 김시풍 · · · · · · · · · · · · · · · · 228

송광사 종합 수도원과
수련원 설립자의 구도 이야기 · · · · · · · 231

허리를 곧게 펴고 · · · · · · · · · · · · · · · · 246

설날 · 249
코 비뚤이 · 253
양보살 만세 · 257
답장 · 261

제5부 제2의 출가

제2의 출가 · 267
늙은 호박 · 273
잡초 · 276
사경삼매 · 280
몸으로 하는 말 · 286
신문 배달 · 291
생일 잔치 · 295
열 달 머문 L.A. · 298
맛 좋은 찻집에서 · · · · · · · · · · · · · · · · · 305
무소의 뿔처럼 홀로 가라 · · · · · · · · · 309
바이즈나스로 떠나면서 · · · · · · · · · · 312
히말라야의 아침 · · · · · · · · · · · · · · · · · 317
천수 기도 · 320

죽비 깎는 아침

제1부
지대방 한담

주지 스님은 마을에서 수도암까지 거의 삼십 리 길을
부처님께 올릴 공양물이라고 석유를 지게에 지고 오를 때에
한 번도 지게를 땅에 내려놓는 법이 없었다.
한번은 김천 시내에 나갔다가 산중에 돌아오는 길이었다.
전송 나온 노보살이 스님께 시주하며 말하였다.
"스님, 조그만 정성입니다. 이 돈으로 약을 지어 드시고
부디 건강하셔서 저희들을 많이 깨우쳐 주십시오."
주지 스님은 그래서 절까지 터덜터덜 걸어서 왔는데 그 까닭은
이 시주한 이의 뜻을 살려서 그대로 따르자니, 수중에 '약값' 몫의
돈은 있어도 '차비'가 한 푼도 없었기 때문이었다.

우레같은 침묵

지대방에서 우연히 나와 같이 법명이 묵默 자가 끼인 한 스님과 마주앉아 이야기를 주고받는 자리에서 내가 침묵 묵默 자를 파자破字하여 말하였다.

"왼쪽의 검을 흑黑 변은 시커멓게 구워진 고깃덩이이고 오른쪽 개 견犬은 시장기를 느낀 개를 뜻하니, 개가 고깃덩이를 물고 있는 형상이다."

곧, 본디 잘 짖는 개이지만 시장기를 느끼던 차에 맛좋은 고깃덩이를 입에 물게 되는 순간에는 아주 잠잠해진다는 소리이다. 이렇게 고기맛에 탐착하여 짖을 생각은 아예 하지도 않는다는 뜻으로 풀이하였더니, 듣고 있던 다른 묵墨 스님은 더 기발한 뜻풀이를 펼친다.

"칠흑같이 어두운 밤이 검을 흑黑 변이다. 따라서 묵默 자는 개가 가만히 앉아서 깊은 밤의 숨소리에 귀를 기울이고 있는 형상이다."

그러고는

"석가모니 부처님도 능인적묵能仁寂默이십니다."

라고 그 스님은 덧붙인다.

옛날 석가족 원조의 이야기.

'사캬! (장하다)' 하고 부왕이 왕자의 남쪽 파난 이주를 칭찬한데서 '석가' 족의 이름이 붙게 되었고 한자로 '장하다' 가 능인能仁이 되었다. 후일 싯다르타 태자가 성도하여 부처를 이루었기에 '침묵할 줄 아는 사람' 이 성자聖者란 뜻으로 적묵寂默이며 갖추어서 말하자면 '샤카족의 성자' 란 뜻이 석가모니.
 아무튼 법명에 묵자 달린 스님이 늘어나고 있다.

 요즈음에는 네 벽에 백운방白雲榜이 있는 큰 방을 보기가 쉽지 않다. 어간 쪽 좌우로 백운白雲과 청산靑山, 위아랫목의 좌우로 삼함三緘과 오관五觀, 그리고 탁자 양쪽으로 입승立繩과 지전持殿, 이렇게 여섯 장을 빗자루만한 붓에 담묵을 찍어서 운필한 고풍은 새로 도배하고 나면 사라지고 또 사라지곤 하여서이다. 그 가운데 삼함三緘은 입을 세 번 봉한다는 뜻으로 구업口業을 경계한 말이다. 이같이 좋은 유풍은 꼭 붓으로 쓴 것이 아니라도, 인쇄된 백운방으로라도 계속 이어졌으면 좋겠다.

  만일에 참선을 하려거든 若欲參禪
  입으로는 많은 말을 말라. 口無多言

 이는 고담화상古潭和尙 참선 법어의 첫구절 말씀이다. 절집 안에서 말을 적게하는 이런 가풍이 이제는 묵언 수행으로 기틀을 잡아가고 있다고나 할까.
 그런 맥락에서 보면 이번 희양산曦陽山 봉암선원鳳巖禪院에서는 여러 모로 이채로운 일이 있었다고 할 수 있다. 큰방과 후원의 결제 대중이 아흔여섯 명으로 근래 들어 전국에서 가장 많은 남자가 모여들어 성황을 이룬 것이 그 첫째요, 대선찰大禪刹의 신임 주지 스님 — 방榜 짜는 자리에서 정진 대중 가운데서 뽑았다. — 이 최연소를 기록하는 스님이라는 것이 그 둘째요, 대중 가운데서 묵언을 승낙받은 이가 아홉 명이라는 것이 그 셋째이다.

퍽 오래된 이야기이다.

한 묵언수좌가 있었는데 그 스님은 그때에 팔 년째 일주문 밖으로 나가지 않고 묵언 정진중에 있었다. 묵언 수행 초기에 예비군 문제로 경찰관이 그 스님을 붙잡으러 왔을 때의 이야기는 퍽 고무적이다. 까닭인즉 예비군 훈련 불참으로 입건되어 처벌을 받아야 할 이 스님이 뜻밖에도 여불如佛의 대접을 받았으니 말이다.

그 스님은 봉암사에 한 번 방부를 들인 뒤로는 일주문 밖을 나간 일 한 번 없이 오로지 '이 뭣고'만 찾았으니 제불보살의 가피로 그만한 일은 있을 법한 이야기이다.

그의 몰골은 거칠대로 거칠어지고 벙어리 삼룡이가 다 되어 마치 원시인이나 다를 바 없게 되었다. 게다가 하루 점심 한끼만으로 배를 채우는 형편이며, 밤에도 허리를 방바닥에 붙이는 법이 없이 장좌長坐를 계속했다.

경찰관은 이 묵언수좌를 보는 순간 그만 자신도 모르는 사이에 합장을 올리고는 조금 전에 법당에서 부처님께 하였듯이 넙죽넙죽 큰절을 삼배 올리고는 총총히 되돌아갔다.

물론 경찰관이 대선찰 주위에서 근무한 탓으로 불법의 감화가 어느 정도 있었다고는 보지만, 직무 수행으로 범법자를 붙잡으려고 왔다가 그냥 절을 올리고 떠났으니 예삿일이 아니다.

그때에 묵언수좌에게서 풍기는 무슨 마력 같은 것이 상대방에게 영향을 주었는지 알 수는 없으나 하여간 배짱 좋은 이 묵언수좌는 그 뒤로 별다른 일 없이 정진을 잘하고 있다.

고운孤雲 선생의 입산시入山詩 한 편을 소개한다.

> 스님들이시여, 청산이 좋다고 말씀들 하지 마시오
> 산이 좋을진대 왜 자꾸 밖으로 나가시오
> 시험 삼아 후일 저의 자취를 살펴보십시오
> 한 번 청산에 들어가면 두 번 다시 밖에 나오지 않는 모습을.

僧呼莫道　靑山好
山好何事　更出山
試看後日　吾踪跡
一入靑山　更不還

스승과 상좌의 인연이 묵언을 통해서 이루어진 일화가 있다. 해남 대흥사 진불암 토굴에 초설初雪이 쌓이고 있었다. 고등학교를 갓 졸업한 청년이 산사를 찾아들어 토굴 문 앞에 우뚝 멈추어 섰다. 방문 앞에 가지런히 놓인 흰 고무신 한 켤레가 유난히 눈길을 끌었다.

그가 그때의 정경을 다음과 같이 술회한 곳이 아마 송광사 지대방이었을까.

"눈이 오는 데에다 하얀 고무신을 보니 아주 인상적이었지요. 마을에서는 흰 고무신 신는 것을 보기가 어렵지 않아요?

그런데 방안에서 묵언하는 스님이 문을 열어 내다보고는 그냥 가만히 계셨어요. 한참동안 말없이 그대로 계신 거예요. 나는 밖에서 스님을 바라보고 서 있는 순간, 이상스럽게 마음이 끌려 들어가는 걸 느꼈어요."

이렇게 지난날 입산 시절의 이야기를 흥미롭게 꺼내기 시작하였다. 그때 그 토굴 스님은 삼 년 묵언중에 있었다고 한다. 참 묘한 인연이 묵언의 매력에 끄달려서 일어났다고나 할까.

"만일 토굴 스님이 입을 열어서 말을 하였다면 그렇게 쉽사리 스님에게 마음을 빼앗기지 않았을 거요."

그는 이렇게 덧붙여 말하였다. 이어서 무언가 신비로운 힘에 끄달려서 마음속으로 갈구해 마지않던 큰 스승을 뵌 듯한 느낌을 묵언중에 받았다고도 하였다.

우레같은 침묵　一默如雷.

선어禪語의 한 구절이다. 단순히 말이 없다고 해서 묵언일 수 없다. 천지를 뒤집을 듯이 포효하는 우레 소리의 위력이 묵언중에 간직되어야 한다는 뜻이다.

형식만 찾아서 난행고행難行苦行 하다가 몸에 병이 와서 도중하차하는 경우를 종종본다. 즐겁고 유쾌한 마음으로 난행고행을 계속해야만 하는 이도 편하고 보는 이도 부담이 적다. 그래야만 부처님이 육 년 동안 보리수 아래에서 묵언중에 앉아 계시고 달마대사가 구 년 동안 소림굴에서 나오시지 아니하던 그 미더운 가풍이 면면히 이어질 것이다.

무몽無夢이 대몽大夢

🪷 무몽無夢이 대몽大夢

한 수좌가 희한한 꿈을 꾸었기에 다음날 성철 스님의 방문을 두드리고는 말하였다.

"스님, 간밤에 꾼 꿈이 아주 좋은 것 같습니다. 해몽해 주십시오."

"그래? 어디 이야기나 해보아라."

수좌는 꿈 이야기를 상세하게 하느라고 목이 다 마를 지경이었다. 그러나 행여 좋은 법문이 내려지지 않을까 하는 생각에 더욱 열을 내어 이야기하는 수좌와는 달리, 성철 스님은 그저 묵묵히 듣고만 있었다.

"스님 어떻습니까? 제 꿈 이야기는 다 하였습니다."

성철 스님이 말하였다.

"한 번 더 해보아라."

수좌는 한 대목이라도 놓칠세라 더욱 자세하게 이야기를 늘어놓았다. 이미 두 번째 하는 이야기인지라 신명은 처음보다 덜했지만 은근히 기대 속에서 드디어 이야기를 마쳤다.

"스님, 꿈 이야기는 끝마쳤습니다. 어떻습니까?"

성철 스님은 이번에도 동요하는 빛이 전혀 없이 묵묵히 있더니 다시 말하였다.

"한 번 더 해보아라."

수좌는 물을 마시고 잠시 숨을 돌리고 나서 어찌할까 망설였다. 성철 스님이 다시 말하였다.

"한 번 더 해보아라."

수좌는 용기를 내어 다시 꿈 이야기를 이어나갔다. 잘하는 노래라도 두 번째 할 때는 달라지는 법이듯이 같은 꿈 이야기를 두 번, 세 번 거푸 한다는 것은 보통 힘든 일이 아니다. 이왕 내침김이다 싶어 시작은 하였으나 같은 이야기를 세 번째 되풀이하고 나니 수좌는 크게 지쳐버렸다.

"한 번 더 해보아라!"

이때 수좌의 입에서는 볼멘소리가 터져나왔다.

"스님, 힘이 빠져 죽겠어요! 이젠 이야기를 더 못하겠습니다."

성철스님이 말하였다.

"그것 보아라. 꿈이란 그런 것 아니냐? 아무리 이야기해 보아야 허망하고 힘만 빠질 뿐이야. 무몽無夢이 곧 대몽大夢인 줄을 아느냐? 가보아라."

수좌는 절을 하고 물러났다.

🌸 스님, 술 드십시오.

한 수좌가 경주법주를 사서는 조실 스님에게 싸들고 왔다.

"스님, 곡차穀茶 드십시오."

조실 스님이 말하였다.

"허어 이놈 봐라. 술이라고 해, 어렵게 말하지 말고."

수좌가 다시 말하였다.

"스님, 술 드십시오."

"이놈, 중이 술을 들어?"

"경에서 이르시기를, 같은 물을 마셔도 독사는 독을 만들고 소는 우유를 만든다고 하지 않았습니까?"

조실 스님이 장군죽비(將軍竹篦, 경책용으로 쓰이는, 길이가 한 길 가량 되는 대나무 작대기)를 수좌 앞에 내밀면서 말하였다.

"이 장군죽비는 사람을 살리기도 하고 죽이기도 해. 어서 엎드려라."

곧 이어서 장군죽비로 수좌의 등을 사정없이 타작하고 나서 조실 스님이 말하였다.

"힘을 썼으니 이제는 한잔 해야겠구나."

🪷 한 중생은 나

마을의 한 처녀가 옛정이 생각나서 일찍이 사귀었던 스님을 만나러 절을 찾았다. 그 처녀가 스님에게 물었다.

"한 중생도 제도하지 못하시면서 어찌 많은 중생을 제도하겠다고 출가하셨습니까?"

스님이 말하였다.

"맞는 말이오. 그런데 그 한 중생은 누구입니까?"

처녀가 말하였다.

"저는 결심하였습니다. 스님이 출가하신 뒤에 결단을 내린 거지요. 가까운 인연을 맺은 저를 먼저 제도해 주셔야 한다고 믿어, 반드시 뜻을 이루리라 마음먹고 왔습니다. 이 한 중생도 제도하지 못하고서야 어찌 많은 중생을 제도하시겠습니까?"

스님이 조용히 말하였다.

"한 중생은 나 밖에 있지 않소. 나, 이 한 중생을 제도한 뒤라면 보살님뿐만 아니라 모든 중생을 제도하러 나서겠습니다. 그 한 중생은 보살님이 아니고 바로 저 자신입니다."

말을 마친 스님은 자리를 떴다.

변소의 부처 불佛 자

문자에 얽매여서 헤어나지 못하고 있는 어느 강사 스님을 깨우쳐 줄 양으로 한 수좌 스님이 꾀를 부려 부처 불佛 자를 잔뜩 써 넣은 종이조각을 변소의 안팎에 쫙 깔아 두었다.

마침내 강사 스님이 변소에 들렀는데 그것을 보고는 크게 당황하여 어찌할 바를 몰라 한참 망설였다.

"아니, 부처 불佛 자가 쓰인 종이를 감히 변소에 버리다니?"

그래도 볼일이 급하였던지 불佛 자가 쓰인 종이조각을 밟고 변소 안에 들어갔을 뿐 아니라 역시 불佛자가 적힌 종이 위에 앉아 일을 볼 수밖에 없었다. 일을 마치고 나오는 강사 스님에게 수좌 스님이 정색하고 물었다.

"강사 스님께서 감히 부처 불佛 자를 밟으시다니요?"

당황한 강사 스님이 답변하였다.

"이것은 종이조각에 불과할 뿐입니다."

그러자 수좌 스님이 말하였다.

"과연 그렇습니다. 마찬가지로 경전도 한갓 종이 조각에 불과한 것입니다."

강사 스님은 이 말 듣고 수좌 스님에게 크게 감사하였다.

주지 스님 이야기

🪷 하심 잘하는 주지 스님

하심下心 잘하는 주지 스님이 주지실 시자로 온 학인에게 말하였다.

"저에게는 시자가 필요없습니다. 다른 주지 스님 모시게 될 때 잘 모시더라도 이번만은 이름만 띠고 그냥 오지 마시오. 별로 할 일도 없는 데다, 청소는 제가 알아서 하면 됩니다."

이렇게 해서 시자는 돌아갔다.

어느 객스님이 주지실 방문을 두드렸을 때, 주지 스님은 마침 청소를 하고 있었다.

키도 자그마한데 구석구석 정성스레 물걸레질을 하고 있는 폼이 영락없이 이제 갓 입산한 행자의 모습이었다.

가사장삼을 여법如法하게 수하고 온 건장한 객스님이 말하였다.

"시자 스님, 주지 스님께서는 안 계십니까?"

주지 스님이 청소하던 손을 멈추고 말하였다.

"들어오십시오."

말씨조차 지극히 겸손하여 누가 보아도 주지실 시자로밖에 안 보였다.

객스님이 의아해하면서 말하였다.

"뒤에 다시 시간 내어 오겠습니다. 청소 잘 하십시오."
이런 말을 남기고 떠난 객스님이 저녁을 먹고 다시 인사차 가사 장삼을 수하고서 주지실 문 앞에 와서 말하였다.
"아니, 주지 스님은 여태 안 오셨소?"
주지 스님이 말하였습니다.
"들어오십시오."
그러나 객스님은 주지 스님도 안 계시는 방에 어찌 먼저 들어가서 기다리겠느냐는 생각에 되돌아오고 말았다.
이튿날 아침이었다.
이번에도 가사장삼을 수한 객스님이 주지실을 찾아갔다. 이때 주지스님이 말하였다.
"제가 주지입니다. 어서 들어오십시오."
객스님은 순간 당황하였다가 이내 버럭 소리를 질렀다.
"아니, 스님 같은 이가 대본산大本山의 주지라구요?"
주지스님이 조용히 대답하였다.
"네 그렇습니다."
그러자 객스님은 느닷없이 주지스님의 따귀를 올려붙이면서 말하였다.
"말도 안 되는 소리 작작해. 감히 너 따위가 주지라고 해!"
그리고는 황급히 돌아서서 가버렸다.

🪷 내 고향은 너른 천지

고구려 때의 보덕普德 화상이 주지 노릇을 하던 때이다.
주지 스님은 방문객이 올 때마다 시자에게 말하였다.

"고향 어르신이니 이부자리를 잘 챙겨서 모셔라."

"고향 할머니 보살이니 변소 길도 잘 안내해 드려라!"

"고향에서 올라온 청년이니 밥을 뜨끈뜨끈히 잘 담아 모셔라."

찾아오는 이마다 모두 그랬다.

"고향 아주머니시다."

"고향 동생이다."

"고향 사람이다."

주지 스님의 방문객은 모두가 고향 사람 아닌 이가 없었다.

시자가 궁금한 마음이 가득해서 참다 못해 주지 스님에게 물었다.

"스님 고향은 아주 큰 곳 같습니다. 고향이 어디십니까?"

"그렇다. 내 고향은 아주 큰 곳이지. 그런데 네 고향은 어디냐?"

시자가 고개를 들고 말하였다.

"출가한 이가 고향을 일러 무엇하겠습니까?"

주지 스님이 말하였다.

"이런, 꽉 막힌 녀석 보았나? 이 너른 천지가 다 고향이 아니고 무어냐? 내게는 모두가 고향 사람이야!"

시자는 비로소 주지 스님의 말뜻을 알아차리고, 그 뒤로 방문객들을 정말 고향 사람 만난 듯이 잘 모시게 되었다.

🌸 수도암

수도암修道庵 큰법당 불전에 올리는 석유를 몸소 사서 져 오곤 하는 주지 스님이 항상 강조하는 말이다.

"부처님께 올릴 공양물은 청정해야 한다. 과일의 향기를 먼저 냄새 맡아 보아서도 안 되고, 떡을 맛보기로 먼저 입 대어서도 안 된다. 부처님께 올릴 공양물을 땅바닥에 놓는다거나, 다른 물건을 그 위에 올려 놓아서도 안 된다. 모름지기 제 몸 아끼듯이 지극정성을 기울여야 한다."

주지 스님은 마을에서 수도암까지 거의 삼십리 길 되는 거리를 석유를 지게에 지고 오를 때에 한 번도 지게를 땅에 내려놓는 법이 없었다. 정 쉴 양이면 그냥 서서 잠시 쉬게나 지게를 소나무에 기댄 채 서서 쉴 뿐이었다.

한번은 김천 시내에 나갔다가 산중에 돌아오는 길이었다.

전송 나온 노보살이 스님께 시주하며 말하였다.

"스님, 조그만 정성입니다. 이 돈으로 약을 지어드시고 부디 건강하셔서, 저희들을 많이 깨우쳐 주십시오."

그렇게 봉투에 돈을 담아 올린 공양은 한결같이 약값이었다.

주지스님은 그래서 절까지 터덜터덜 걸어서 왔는데 그 까닭은 시주한 이의 뜻을 살려서 그대로 따르자니, 수중에 '약값' 몫의 돈은 있어도 '차비'가 한 푼도 없었기 때문이었다.

거지와 스님

🍁 벌교에서

내가 벌교 역사驛舍의 의자에 앉아 하룻밤을 지낼 때의 일이다. 걸망에 기대어 곤히 자다가 밤이 깊어지자 찬 기운에 잠을 깼다. 눈을 떠보니 곁에서 내 걸망을 기대고 자는 웬 늙은 남자 거지 한 사람이 있었다. 그 거지한테서 고약한 지린 냄새가 풍겨와 눈살을 찌푸리게 하였다. 나는 일어나서 곧 걸망을 확 잡아 끌어 반대쪽으로 가져갔다. 그러자 그 거지가 의자에서 쓰러질 듯 기우뚱하더니 깨어 일어나 앉으면서 볼멘소리로 말하였다.

"야 임마! 너나 나나 같이 얻어먹는 처지에 잡아채기는 뭣 땜에 잡아채?"

내가 곧 말하였다.

"뭐라고? 모양이 비슷하다고 뱀인지 용인지 가리지도 못해?"

🪷 자매

누덕누덕 기운 누비옷을 입은 도반 스님이 쌀을 서너 되 자루에 담아서 강냉이를 뻥 튀기는 집에 들어서니, 한 다섯 살쯤 되어 보이는 계집아이가 마당 한쪽에서 놀고 있다가 큰 소리로 말하였다.

"야, 거지 온다!"

그때 마루 위에 올라앉아 숙제를 하고 있던 다른 꼬마 계집아이가 손가락으로 입을 가리는 시늉을 하였다.

"쉬이잇!"

그런 다음 신을 신고 내려가서 동생에게 귓속말로 말하였다.

"거기가 아니고 스님이야."

도반 스님은 두 계집아이에게 말하였다.

"거지도 맞는 말이고, 스님도 맞는 말이다."

가　도 祈禱

🪷 산신기도

　동지 전날 밤에는 산중 대중이 큰방에 모여 새알 빚기 울력을 한다. 군데군데 둥글게 모여 앉아 새알 빚기를 하다가,
　"노스님, 고담스런 얘기 하나 해주십시오."
하고 누가 청하니, 노스님은
　"뭐, 할 이야기가 있어야지."
하다가 거듭 청하자 이야기를 꺼내기 시작한다.
　"그러니까, 좀 오래된 일이야. 토굴에서 십여 명이 어울려 지냈을 때지. 입이 퍽 궁금했던 차에 한 번은 이런 일이 벌어졌지."
　새알 빚는 손놀림이 느려지더니 노스님 곁으로 바짝 다가앉아 귀를 기울여서 열심히 듣는다. 노스님의 이야기는 깊어가는 산중의 밤공기와 어울려 잔잔하게 울려퍼진다.
　대중이 별미를 먹었으면 하는 눈치를 보이니 그때 한 젊은 스님이 대중 앞에 나서서 입을 열었다.
　"대중 스님들께 한 말씀 올리겠습니다. 스님마다 음식 이름을 세 가지씩 써서 주시면 사흘 뒤에 제가 모두 장만하여 올리겠습니다."
　대중 스님들은 잠잠히 듣고만 있었다.

앞에 나선 젊은 스님은 말을 이어나갔다.

"제게 속는 셈치고 모두 세 가지 음식 이름을 써 주십시오. 선방 문고리만 잡아도 삼악도를 면한다는데, 이만큼 선방을 기웃거린 제게 신통력이 없겠습니까?"

이렇게 큰소리를 치고 나서니 대중은 그의 요구대로 음식 이름을 쓰지 않을 수 없었다. 그러면서도 만일 대중을 속이는 날에는 그 벌로 젊은 스님은 쫓겨나게 되므로 마음속으로 '이거, 괜히 아까운 사람을 대중공사감으로 몰아 쫓아내게 되지나 않을까?' 하는 의심을 떨쳐버릴 수가 없었다.

대중이 십여 명이니 음식 종류만도 서른 가지가 넘었지만, 젊은 스님은 호기있게 음식 이름이 적힌 쪽지를 거두어서 총총히 산문 밖으로 사라졌다.

그런 뒤 사흘이 지났다. 점심 공양 무렵이 되니 음식 함지박을 머리에 인 여인네들의 행렬이 줄지어 산으로 오르고 있었다. 입에는 창지 조각을 물고 말없이 절을 돌아가는 길모퉁이로 가서 섰다. 맨 앞에 서서 길을 인도하는 이는 그 젊은 스님이 분명하였다. 젊은 스님은 음식 함지박을 길가에 내려놓게 하고는 여인네들에게 말하였다.

"이제, 제각기 집으로 돌아가시오. 산신들이 다 모여서 곧 회의가 시작될 참이오. 산신님 옷자락만 보아도 부정을 타니어서 하산하시오. 그리고 집에 당도할 때까지는 창지 조각을 떨어뜨리지 않도록 주의하시오. 가다가 입을 열면 산신기도를 올린 공이 일시에 무너질 것이오."

이 말이 끝나자 여인네들은 절 뒷산을 향해 거듭해서 합장을 올리고는 마을로 사라졌다. 대중 스님들이 이 음식을 잘 먹었음은 물론이다.

"그런데, 무슨 재주로 이 많은 음식을 장만해 오게 했소?"

대중은 궁금증이 나서 젊은 스님에게 물었다. 젊은 스님이 그냥 웃기만 하다가,

"그러니까 신통묘용이지요."

하고는 좀처럼 입을 떼지 않으려고 한다.

"거참, 용하군. 하여간 덕분에 잘 먹었소."

이런 이야기가 오가다가 기어이 젊은 스님이 실토를 하니 박장대소하지 않은 이가 없었다. 이야기인즉 마을에 내려가서 가장 말발이 서는 노보살 한 분을 찾아가서는 이렇게 말했다는 것이다.

"앞으로 사흘 뒤에 우리 절 뒷산이 세계 산신님들의 이목을 집중시키게 될 것이오. 무슨 말인고 하니, '세계산신대회'라는 게 열린다는 거요. 이 마을에 액운이 따른 이들은 여러 생각을 말고 음식을 한 가지씩 정성스럽게 준비하여 산신님들께 올리도록 하시오. 그 음식은 산신님들의 주문대로 적어왔으니 하나씩 골라서 준비하되, 일체 입을 열어 말을 해서는 안 됩니다. 그리고 음식을 산신님께 바친 뒤 집에 돌아올 때까지 산신기도를 사흘 동안 하는 것이오. 그럼 음식을 불러 주겠소."

스님이 이런 말을 자못 심하게 이어가니, 처음에는 반신반의하던 노보살은 그대로 믿지 않을 수 없었다.

"산신님의 주문대로 일체 말없이 음식을 만들어서 사흘 뒤에 산신님께 올리면, 반드시 소원을 성취할 것이오. 첫째 금강

산신님은 잡채이고, 둘째 백두산신님은 인절미이고, 셋째 하라산신님은 찰밥이고, 넷째 미국산신님은 빵이고, 다섯째 영국산신님은 수정과이고, 여섯째 소련산신님은 만두이고…."

서른 가지가 넘는 음식 이름을 거침없이 외워 나갔다. 노보살은 젊은 스님의 호기가 어찌나 당당했던지 마을 여인네들에게 그대로 권장하였다.

마을에서는 저마다 열심히 음식을 만들면서 일을 떼는 이 없이 사흘 동안의 산신기도를 잘 마치게 되었다.

나중에 들리는 바로는 마을 여인네들의 묵언 산신기도가 썩 영험이 있었다는 대목에서 노스님이 이렇게 덧붙여 말했다고 한다.

"그 젊은 스님이 장난꾼이긴 하나 마을 사람들에게 산신기도를 잘 시켜서 병을 모두 고쳐주고 대중을 잘 먹였으니 악의는 없었던 게야!"

지장地藏 기도

한 수좌가 오대산 적멸보궁에 가서 아주 열심히 지장기도를 한 철 올리고 떠난 일이 있다. 그 수좌는 외딴 토굴에 사는 40대의 한 여인을 만나 지장기도를 올리라는 가르침을 받았다.

산철 만행중에 소백산 깊은 기슭에 십 년도 더 된 이 토굴을 찾아온 수좌는 나름대로 각오가 서 있었다. 첫째로는 서울서 명문 대학을 나왔다는 이 여인의 정체가 궁금하였고, 둘째로는 40대를 넘어선 이 여인이 도를 닦는다는데, 과연 어느 정도일까를 가늠해 보고 싶었다.

빈 집 마루에 걸망을 내려놓고 앉아 주인이 나타나기를 기다리면서 수좌는 이런저런 생각에 쌓여 있었다.

한 시간 반쯤 지나서 키가 후리후리하게 큰 한 여인이 소쿠리를 머리에 이고서 싸리문 안으로 들어서다가 멈칫 섰다. 곧 여인은 마당 한가운데로 나와 서더니 소쿠리를 내려놓은 뒤 수좌 앞에서 거침없이 몸빼를 벗어내린 채 앉아서 오줌을 싸기 시작했다. 수좌로서는 너무 갑작스러운 일이었다.

"허어, 이런!"

그러던 수좌의 눈길이 여인의 하얀 엉덩이에 가서 멎더니, 문득 장난기가 일어난 수좌는 그녀의 뒤켠으로 가서 껴안으려고 하였다. 이때 여인이 벼락 같은 소리로 꾸짖었다.

"이런, 송장 같은 이 보게! 한마디 일러라."

수좌는 갑자기 머리통을 돌멩이로 한 대 얻어맞은 듯 얼이 다 빠질 지경이 되어서 머쓱해지고 말았다.

그렇게 한참 동안 멍하게 서 있던 수좌에게 여인이 외쳤다.

"이보우, 스님. 그대로 갔다간 병들어. 어서 가서 불보살님께 기도를 올려요."

수좌가 간신히 입을 열었다.

"어디 가서 무슨 기도를 올리지요?"

"보궁에 가서 지장기도를 올려야 살지."

수좌는 이렇게 큰 선지식을 만나본 일이 일찍이 없었다. 그 길로 적멸보궁으로 가서는 생사를 목전에 둔 듯 지극정성 '지장보살'을 염하기 시작하였다.

"나무 대원본존 지장보살 마하살."

한 수행자의 자취

절에서는 초목을 이용하여 여러 가지 특이한 차茶를 만든다. 그때는 결제반산림結制半山林이 끼어 삭발 목욕을 한 날이었는데, 오대산에 많이 있다는 마가목차馬價木茶가 나왔다.

"차 향기가 특이한데 무슨 차입니까?"

다각실 안에 대여섯이 먼저 자리잡고 앉아서 시음試飮하다가 누가 물었다.

"마가목차라고 하는데 아주 귀한 차입니다."

다각 스님이 대답하였다.

"마가목? 그것 참, 이름도 특이합니다."

"옛날에 말이나 소나 쌀이 시장에서 돈 대신으로 쓰일 때 지어진 이름인데, 말값에 해당할 만큼 값진 차라고 해서 말 마馬, 값 가價, 나무 목木 자를 붙인 게지요."

"그런데 이것이 여기 희양산 봉암사에 있단 말이지요?"

"예, 오늘 낮 정상을 오르던 중에 마가목을 발견하였는데, 딱 한 그루뿐이었지요. 가까이 가니 나무 향기가 나서 그냥 알아보았습니다."

"향기라니요?"

"예, 저기 살구씨가 있지 않습니까? 그 살구씨 향기와 아주 비슷하지요."

이런 설명을 들으면서 나도 마가목차를 한 잔 마셨다. 맛과 빛깔과 향기가 과연 제 모습 그대로이다. 설탕은 물론 다른 첨가물이 없는 게 더욱 좋다. 절에서 마시기에 제격이라는 생각에 다시 한 잔을 마셨다. 목에서 넘어가는 느낌 또한 그만이다.

"오대산에는 마가목이 흔해요?"

"얼마 전까지는 흔한 편이였는데, 그 동안 수난을 당해 멸종되다시피 했지요."

"저런, 너무 잘난 나무라 탈이 붙은 게로군."

"사람 못된 게 중 되고, 중 못된게 수좌되는 격이군 그래."

"허허허."

"하하하."

한바탕 웃음 꽃이 피었다.

다각실과 마주한 구룡봉九龍峰은 언제 보아도 좋은 덕산德山이다. 무덤덤한 산세가 폭 익은 마가목 차맛에 비교된다고나 할까. 장엄하고 수려한 산세는 제쳐두고라도, 그저 제 모습을 지키고 있는 게 마치 묵묵히 앉아 있는 수좌와 같은 자세다. 산 깊숙한 곳에서 용이 꿈틀거린다고 하여 붙은 산명山名의 이미지 그대로가 구룡봉의 산 모습이다.

"오대산에서 살았어요?"

"아닙니다. 문중이 그쪽이라 간혹 들르는 편입니다."

"어느 스님 시자 되시는 지요?"

"두루 보普 자, 문 문門 자 스님 아니십니까? 그 스님이 저희 노스님 되십니다."

"아, 그 스님이라면 이 봉암사 도량에서도 정진하셨지요."

연세가 쉰이 넘은 대덕 스님들은 대개 보문 스님을 기억한다. 보문 스님을 아는 이는 모두 견처見處가 분명하고 수행정신이 투철하여 수좌로서 부끄러움이 없는 스님으로 존경하고 있다. 보문 스님의 일화 또한 귀감을 살 만한 것으로, 여기에 그 몇 가지를 적어본다.

🪷 공양주의 법문

속리산 법주사 선방의 결제가 끝나고 자자自恣를 행하는 날 저녁이었다. 이날은 큰방에 가사를 수한 대중 스님이 운집하여 어른 스님을 모시고 자기의 허물을 드러내고 다시는 허물을 짓지 않겠다는 결심을 보이는 날이다.

앉은 순서대로 자자가 행하여졌다. 그런데 본 뜻과는 달리 다른 이의 허물만을 잔뜩 드러내는 쪽으로 흘러가다가 뒤쪽 공양주供養主 스님의 차례가 왔다.

예로부터 덕이 있는 스님은 공부가 익어갈수록 어려운 소임, 하소임下所任을 맡곤 했는데, 이때 공양주는 바로 보문 스님이었다. 스님이 입을 열었다.

"이곳이 보은군報恩郡이오. 그런데 불보살님의 은혜와 시은에 보답한 사람이 누구입니까?

이곳이 속리면俗離面이오. 그런데 세속을 벗어나 출가한 사람이 누구입니까?

이곳이 법주사法住寺요. 그런데 정법에 안주한 사람이 누구입니까?"

조용하면서도 힘있는 목소리가 큰 방안에 울려퍼졌다. 대중들은 모두 법문도 그런 법문을 듣기는 처음이라고 감탄하며 공양주 스님을 존경하는 마음을 다시 한번 갖지 않을 수 없었다.

폐 수술

보문 스님은 폐병 환자였다. 제방선원에서 입승(立繩, 선방의 대표자)을 거친 납자들이 모여 결제한 자리에서도 입승으로 꼽힐 만큼 그 수행이 인정되었으나 불행하게도 건강이 좋지않아 고생이었다.

병은 전생의 과보로 업장을 녹이는 일이라고는 하지만 보문 스님에게는 그 정도가 심하였다. 그는 정신력 하나로 망가져 내리는 육신을 버텨내면서 조금도 아픈 내색을 밖으로 드러내 보이는 일이 없었다.

이제 목숨이 위태로울 지경까지 병세가 악화되어 폐 수술을 받기 위해 입원하였을 때의 이야기이다. 그는 제자들에게 다음과 같은 당부의 말을 전하고 마취 없이 수술에 들어갔다.

"내 얼굴 표정이나 몸가짐에서 어떤 변화가 나타나는지를 잘 살펴보고, 나중에 그대로 일러주기 바란다."

그는 수술 중 갈비뼈 세 개를 도려낼 때만 약간의 반응을 보였다.

첫 번째 갈비뼈를 도려낼 때에는 약간 눈살을 찌푸리다가 멈췄다.·

두 번째 갈비뼈를 도려낼 때에는 눈살을 찌푸리고 몸을 약간 뒤트는 듯하다가 멈췄다.

세 번째 갈비뼈를 도려낼 때에는 '으음' 하고 가느다랗게 신음했다.

나중에 이 사실을 전해들은 보문 스님은 깊이 탄식하면서,

"내 공부가 기껏 이 정도인가. 물러나도 한참 물러났군!"

하고는 더욱 열심히 가행 정진에 들어갔다.

🍃 부처님 공양

사시마지 예불 직전까지 보문 스님과 한 수좌의 법담法談이 계속되었다.

먼저 상대 수좌의 물음에 시원시원히 대답을 마친 보문 스님이 이번에는 질문을 던질 차례였다. 한데 사시마지 올리는 종이 법당에서 울려나와 법담이 끝날 판이었다. 이때 자리를 털고 일어서려는 상대 수좌에게 보문 스님이 일렀다.

"지금, 우리가 부처님께 마지 공양을 올리러 가는데, 부처님은 마지 공양을 받아자십니까, 못 받아자십니까?"

"……."

상대 수좌는 갑자기 멈칫하고서 입을 떼지 못한 채 엉거주춤한 모습을 하였다.

보문 스님은 상대 수좌를 지그시 바라보면서 다시 일렀다.

"부처님은 마지를 받아자십니까, 못 받아자십니까?"

아무 대답도 없이 잠시 조용했다.

보문 스님은 먼저 자리를 털고 일어나서 법당으로 향했다.

합장주 한 개

　여행 순례길에는 재미난 이야기가 따르기 마련이다. 미지의 세계에 대한 호기심으로 가는 곳마다 낯선 이들을 만나서 '지구촌 가족'으로서 함께 즐기는 동안 생의 환희를 느끼기도 한다.
　내가 인도 여행 순례길을 떠난 날이 5월 21일이니 벌써 두 달이 지난 셈이다. 인도로 떠나기 약 한 달 전에 성지 순례를 마치고 귀국한 송광사 스님들이 내게 들려준 이야기가 있다. 이제, 나는 그 이야기의 현장에 와서 재미있게 들었던 그 이야기를 다시 생각해 본다.

　약수암 주지스님은 작설차를 따라 건네주면서, 극적으로 청전 스님을 찾은 일을 풀어놓기 시작하였다.

　앞서 유학와 있던 청전 스님이 머물고 있는 다람살라에 두 스님이 늦게 도착하여 호텔에 숙소를 정하고 나니 한밤중이었다. 동행한 현음 스님은 약수암 주지스님의 길 안내역을 맡고 있었다. 여러 해 동안 스리랑카에서 유학한 경험이 있을뿐더러 영어에도 능하여 그 이상 좋은 안내역은 없는 터였다.
　그런데 피곤했던 탓인지 이튿날 아침이 되어서도 현음 스님이 그냥 잠에 빠져 있었다. 어쩔수 없이 혼자 아침 산보길을 나선 약수암 주지 스님은 숙소 주위를 거닐면서 거리 구경을 하기 시작하였다.

주지 스님은 영어도 못하고 더구나 인도어나 티벳어는 전혀 몰랐다. 다만 재치가 있고, 또 어떤 상황에 처하였을 때는 판단력이 빨라서 곧잘 위기를 모면하곤 했던 스님이다.

한번은 현음 스님과 주지 스님이 인도 버스에 함께 승차했다가 내릴 때는 따로따로 내려버려서 반나절을 서로 찾고 헤맨 일이 있었는데 그때에도 주지 스님은 기지를 발휘해서 숙소로있던 호텔에서 만난적이 있었다. 호텔 주소는 물론 전화 번호조차 모르는 주지 스님은 버스를 타고 지나쳐온 길을 더듬어서 정확히 숙소까지 걸어갔으니 놀라운 일이었다.

이날 아침 산보길에서 주지 스님은 한 티벳 할머니의 손목에 끼여 있던 한국 합장주合掌珠를 보고서 청전 스님이 머물고 있는 집을 찾아냈다.

"아니, 코리아!"

길거리에서 티벳 할머니의 합장주를 본 주지스님의 입밖으로 새어나온 말이다. 영어라고는 '코리아' 밖에 모르는 스님은 합장주가 한국 제품인 것을 알아채고는 '코리아'라고 한 것이다.

그런데 이 말을 듣고서 '코리아' 사람을 찾는구나 하고 생각한 티벳 할머니가 손짓을 해가며 방향을 일러주니, 주지 스님은 '내가 코리아라고 하니 한국 사람을 가르쳐 주겠다는 말이로구나.' 하고 얼른 그 뜻을 알아채고는 그녀의 뒤를 따라갔다.

골목길을 따라서 300미터 가량 들어간 곳에는 티벳 절의 비구니 처소로서 한국 비구니 경우 스님이 머물고 있는 방이 있었다. 경우 스님은 전날 밤부터 심한 감기몸살을 앓은 뒤 아침에야 겨우 정신을 차려서 깨어나 있을 때였다.

"똑, 똑, 똑."

노크소리에 경우 스님은 불편한 몸을 움직여서 몸을 반쯤 열고 내다보았다. 티벳 할머니는 뒷전에 물러나 있고 웬 스님 한 분이 큰 눈으로 빤히 쳐다보고 서 있는 것이었다. 경우 스님은 얼른 일본 스님일 것이라는 생각이 들었다. 얼마 전에도 일본 스님 한 분이 방문한 적이 있어서 얼핏 그런 생각이 든 것이다.

"……"

밖에 서 있는 주지 스님도 말을 못하고 방안에서 내다보는 스님만 말똥말똥 쳐다볼 뿐이었다. 두 스님은 서로가 어느 나라 스님인지 확실하게 짐작이 안되었다. 두 스님이 그렇게 마주보고 서 있는 동안 티벳 할머니는 그들 곁에서 떠났다.

한참만에 경우 스님이 손짓을 해보이며 방안으로 주지 스님을 모셨다. 주지 스님이 머뭇거리며 방안에 들어가서 침대 한쪽에 걸터앉으니 마침 경우 스님이 기침을 두어 차례 터뜨렸다.

"콜록, 콜록."

"아니, 감기?"

하고 주지스님이 혼잣말을 하였다.

이 말을 듣고는 경우 스님이 주지 스님에게 말하였다.

"스님, 한국 스님이서요?"

주지 스님이 대답하였다.

"예, 스님도 한국 사람 맞소?"

"예, 저도 한국 비구니예요."

두 스님은 서로 어느 나라 사람인지 궁금해하다가 말문이 열리자 반가웠다. 주지 스님이 말하였다.

"o 스님이 어디 있는지 아십니까?"

"o 스님은 어제 이곳을 떠났어요."

"청전 스님은?"

"여기서 공부하고 계십니다."

"청전 스님을 뵐까 하는데 집 좀 가르쳐 주겠소?"

경우 스님은 잠시 머뭇거리다가 말하였다.

"청전 스님은 지금 공부하고 있는데 좀 기다렸다가 가르쳐 드리겠습니다."

경우 스님은 다시 입을 다물고 가만히 있었다. 주지스님은 한시가 바쁜 마음에서 다시 입을 열었다.

"나는 청전 스님을 잘 아는 사람이오, 가는 길만 가르쳐 주면 그 뒤는 내가 알아서 할 터이니 가르쳐 주십시오."

경우 스님은 망설였다. 한국에서 온 여행객들과 스님들이 빈번히 찾아오므로 인도 현지에 유학 와서 머물고 있는 한국 스님들의 번거로움은 말할 수 없이 크기 때문이다. 찾아오는 이들은 박대할 수도 없는 일이니 매번 곤란을 겪는 것이다. 여행객들은 어떻게 주소를 알고 찾아오는지 잘도 찾아온단다. 며칠씩 묵고 떠나니, 만에 하나이긴 하지만 공부하는 이에게는 큰 불편이다.

"스님, 청전 스님이 머물고 있는 집이 어디입니까?"

경우 스님은 하는 수 없이 자리를 털고 일어나서 길 안내를 하였다.

청전 스님은 티벳 비구 스님들이 묵고 있는 집에 방을 한 칸 잡고 있었다. 창문을 열면 탁 트인 전망이 그만이다.

히말라야 기슭 위에 덮인 눈이 아스라이 내다보인다.

"아니, 스님이!"

청전스 님은 급히 뛰어나와 주지 스님을 맞아들였다. 두 사람은 긴 포옹을 하면서 기쁨을 나누었다.

그 후 …

약수암 주지 스님은 그 후 인도를 혼자 잘도 다니신다. 그새 영어와 인도말을 조금씩 익힌 탓이다.

현음스님은 인도성지 순례 안내를 마치고 돌아와 오래지 않아 열반에 들었다. 송광사의 학승 가운데 촉망 받는 입장에서 더욱 안타까운 일이다.

청전스님은 인도 다람살라에서 20년 유학을 하고 두 권의 번역서를 냈다. 달라이 최측근 수좌와 지낸다고 한다.

생남불공

🌸 애비를 알아보다

일제시대의 이야기이다. 춘성 스님이 하루는 기차를 타고 어딘가로 가는 중이었다. 스님은 점잖게 의자에 앉아 담배를 피워 물었다.

앞자리에는 나이 사십 줄에 접어든 목사가 아까부터 춘성 스님에게 수작을 걸어올 양 노려보고 있었다. 목사가 입을 열었다.

"여보시오. 보아하니 중 같은데 담배를 뽀금뽀금 피워대는 폼이 제법인걸."

"그래애? 담배 맛이 꽤 좋은데 넌 담배 맛이나 아는가?"

춘성스님은 주위의 호기심어린 눈초리에 아랑곳없이 대꾸하기 시작하였다.

목사는 시빗거리가 생긴 것이 꽤나 반가운지 쾌재를 부르며 스님에게 대들었다.

"담배 맛을 알기는 뭘 알아? 중들이야 계집 맛, 고기 맛 알지."

"허어, 그래애? 잘도 아는구나. 중 노릇은 그 맛으로 하는게야. 너희 목사는 한 계집 보고 무슨 재미로 사나?"

이 말에 목사는 분심이 나서 다시 욕을 쏟아냈다.

"그러고 보니, 절에 생남불공生男佛供하러 간 아녀자는 중들이 다 따먹는다면서?"

"허어, 그래애? 잘도 아는구나. 한 계집 보고 사는 목사보다 그래서 재미가 있지."

"에잇, 몹쓸 중들. 그래, 네가 생남불공하러 온 아녀자를 농간하였다 이거지?"

"내, 그런 이야기를 하나 해주마. 아주 재미있는 이야기이니 잘 들어봐라."

춘성 스님은 담배를 새로 하나 붙여 물며 짐짓 거짓으로 아주 태연하게 이야기를 꺼내기 시작하였다.

금강산 마하연에 머물던 시절이라 했다. 그리고 40년 전의 어느 날, 곱디고운 한 아녀자가 생남불공을 드리러 왔다는 것이었다.

하늘을 보아야 별을 본다고, 여인네 홀로 무슨 재주로 생남을 기대할 것인가.

하는 수 없어, 춘성 스님이 관계를 맺어주는 방편을 썼다. 7일 동안 생남불공을 지극지성으로 올리고 떠난 그 아녀자는 지금 기억에 떠오르지 않는다. 아마 떡두꺼비 같은 아들을 낳아 잘 지내겠지 할 뿐이다.

이야기가 이쯤에 오자, 목사가 큰 소리를 내어 웃으면서 말하였다.

"보래이. 너 같은 중은 천벌을 받아도 싸다."
하고는 손가락질을 하였다.

춘성 스님이 웃으면서 말하였다.

"허허, 그래애. 네가 중들 생남불공 일을 어떻게 알았느냐?

네 어미가 어려서 가르쳐 주어서 알았겠지. 나는 말아야. 사십 년 전의 일이라서 까맣게 잊고 지내왔더니만, 이제 아들 하나를 찾았군 그래."

"뭐, 뭐라고? 아들을 찾았다고?"

목사가 심각한 얼굴로 물었다.

"그렇다. 네 어미가 노상 네게 들려준 말이 절간의 생남불공 이야기가 아니더냐? 그래서 네가 잘 알고 있는 게야. 이제야 자식이 이 애비를 알아보는구나. 이래도 내 말을 못 알아들어?"

목사는 얼굴이 벌겋게 달아올라 안절부절하다가, 말없이 자리를 떴다.

🪷 돼지새끼 값이 얼마인데

극락전의 노장 스님에게 안면있는 노보살이 며느리의 생남불공을 모시기 위해서 왔다. 이번 칠석날에 삼성각에 기도를 올려서 꼭 손주를 보게 해달라는 부탁이었다. 노보살은 꽤 여유있는 살림살이를 하는 편이나, 인색하기가 말할 수 없을 지경이었다. 기도입재는 칠월 초하룻날이었다.

삼대 독자의 후손이 끊어질 위기라고 걱정은 태산같이 하면서, 노보살은 불공비로 1만5천 원을 봉투에 담아 내놓았다.

노장스님이 말하였다.

"요즘 장에 다녀보시오?"

노보살이 대답하였다.

"예. 장날이면 다닙니다."

노스님이 다시 물었다.

"돼지새끼 한 마리 값이 얼마던가요?"

"예. 한 3만 원쯤 합니다."

"거 보시오. 돼지새끼도 3만 원은 하잖소?"

"예? 돼지새끼 값이 3만 원 하는 것이 무슨 상관이 있나요?"

노장 스님이 웃으면서 말하였다.

"사람새끼 값이 돼지새끼 값보다 못해서야!"

노보살은 그 말에 쓴웃음을 지으며 3만 원을 채워서 불공비로 내놓았다.

🪷 음, 찰밥을 했어?

생남불공을 올리는 중이었다.

"관세음보살, 관세음보살, 관세음보살……."

정근이 계속되는 동안에 사시마지 공양이 올라왔다.

행자님이 탁자 위에 마지를 올려놓고 그 뚜껑을 열 때였다.

"음, 찰밥을 했어?"

마지 뚜껑이 열린 사이로 찰밥이 든 것을 보고 기도 법사가 말을 꺼내자, 행자님은 대답을 아니할 수 없었다.

"예, 스님."

"음, 잘했다."

기도 법사는 말을 이어 나갔다. 행자님은 기도중에는 말을 시켜서도 안 되고 말을 해서도 안 되는 줄은 알지만, 기도 법사가 말을 시키기 때문에 어쩔수가 없었다. 그런데 사다라니四陀羅尼를 요령으로 올리면서 또다시 기도 법사가 또다시 말을 하였다.

"희소식이다. 희소식이야!"

행자님이 의아해서 절을 하려다 말고 기도 법사 얼굴을 천천히 바라보았다.

"……?"

기도 법사는 요령소리도 그치지 않은 채 말하는 것이었다.

"최은희, 신상옥 내외가 탈출하였다!"

이 말에 행자님이 당황해하자,

"북한에서 탈출했다!"

하고 설명을 늘어놓았다. 아마 그날 아침에 라디오 뉴스에서 들은 이야기가 기도중에 생각이 난 모양이었다.

마음이 한가해야 수죽운산 주인이고　　閑爲水竹雲山主
고요한 마음이라야 풍화설월 즐긴다.　　靜得風花雪月權

산중에 몸을 담고 있다고는 하나, 생각이 딴 곳에 가 있으면 그는 이미 산중 사람이 아니다. 생남불공 염불을 떠나 단순히 타성에 젖어서 노랫가락 읊듯 불전에 나서는 일은 그 이치와 같다. 직업인으로서 생남불공의 기도를 한다면 어찌 돼지새끼 값에 비길 만한 불공비마저도 받을 수 있을까.

노래한 날

🪷 눈 오는 밤

눈 쌓인 새벽이었다. 밤새 펑펑 내린 눈으로 발목이 푹푹 빠졌다. 새벽녘에 달이 밝았다. 도량석 시간에 웬 유행가 가락이 천수경 대신 울려퍼지기 시작하였다.

오늘도 걷는다마는 정처 없는 이 발길
지나온 자국마다 눈물 고였네
선창가 고동소리 옛님이 그리워도
나그네 흐를 길은 한이 없어라.

세수하러 나온 스님들이 소리 죽여 웃었다. 도량석으로 부르는 노랫소리는 더 이어져 나갔다. 목소리가 구성져 조금도 어색한 느낌이 들지 않을 정도였다. 도량석 목탁을 두드리며 천하를 호령하듯 성대를 한껏 높여 그는 노래를 불렀다.

타향 땅 밟아서 돈 지 십 년 넘어 반평생
사나이 가슴속에 한이 서린다
황혼이 찾아들면 고향도 그리워져
눈물로 꿈을 불러 찾아도 보네.

"저 스님은 아마 오늘 아침 대중공사에 쫓겨나게 될 걸."

웃음을 참으면서 예불을 올리고 나서 누군가 수군거렸다. 그러나 이미 도량석을 마친 스님은 그 길로 바로 미리 싸둔 걸망을 진 채로 일주문 밖으로 사라진 뒤였다. 휘영청 밝은 달빛 속에 그가 남긴 발자국만 뚜렷이 눈 위에 남아 있을 뿐이었다.

🪷 시민회관 대법회

납월 팔일, 그러니까 12월 8일 성도절成道節 기념행사가 시민회관에서 준비되었다. 청년회 주관으로 예년에 없던 대규모 법회였다. 청년회에서는 법사로 선방 수좌 스님을 청하였다. 수좌 스님은 법사로 가겠노라 승낙은 하였으나, 원고를 준비하는 데에 익숙지 않았다. 그래서 그냥 평소의 실력대로 설법을 하지 싶어, 아무 준비 없이 연단에 나섰다.

그런데 막상 연단에 서니 입이 열리지 않았다.

난감한 시간이 흘렀다. 아무런 말도, 생각도 나오지 않아 말 없이 그저 서 있을 뿐이었다. 청중은 다만 법사의 입이 열리기만 기다리며 바라보고 있었다.

법사로 나선 수좌 스님은 답답하기가 이루 말할 수 없는 지경이었다. 무슨 말이든 해보려고 애썼으나 도저히 입이 열리지 않았다. 고통이었다.

순간, 최후 수단으로 좋아하는 유행가 한 곡을 느닷없이 불러대기 시작하였다.

꽃피는 유달산아 꽃을 따는 처녀야
달뜨는 영산강에 노래하던 총각아
그리움을 못 잊어서 천리길을 왔건만
님들은 어디 갔나 다 어디 갔나
유달산아 말해다오 말 좀 해다오.

스님은 노래의 마지막 구절 '말해다오 말 좀 해다오'에서 힘을 얻은 듯, 그러고 나서부터 슬슬 이야기를 풀어나가기 시작했다. 청중은 이 기이한 법문에 어리둥절하여, 서로 얼굴을 마주보다가 우레와 같은 박수로 일제히 찬사를 보냈다.

법사는 드디어 제 힘을 되찾아 정해진 그 한 시간을 멋진 법회로 이끌어나가 청중을 사로잡았다.

"야, 멋진 법사야!"

청중은 법회가 끝날 무렵에 다시 박수로써 아낌없이 찬사를 보냈다. 그리하여 뜻밖에 대성황을 이룬 법회가 되었다.

🪷 가사불사 뒷날

두 달에 걸친 가사불사가 회향을 보게 되었다.

비구, 비구니, 청신사, 청신녀를 합해서 60여 명이 동참하여 재단, 재봉, 포장하는 일을 드디어 마쳤을 때의 이야기이다.

한 비구 스님이 뒷산에 올라가서 고래고래 고함을 지르며 노래를 부르기에, 한번 올라가 보았다. 그 스님은 체격이 장군 같은 이였다. 평소에 건강하고 딴딴해 보이더니만, 왠지 그날은 달라보였다.

"아니, 스님이 웬일이오?"

내가 물었다.

"정말, 미치겠네!"

그는 더욱 크게 노래를 불렀다.

나중에 조용히 그의 속사정을 들어보니, 의외로 놀라웠다.

간밤에 가사불사에 동참하였던 사부대중이 모두 떠나고, 텅빈 방에 그 홀로 서 있자니 괜히 화가 치밀어 올라 그냥 있을 수 없었다. 다른 방은 어떤가 하고 가보아도 마찬가지였다. 신발로 가득 차 있던 댓돌도 쓸쓸히 그의 신발 한 켤레뿐이었다. 방마다 웃음소리, 재봉틀 소리가 가득하더니만 이게 웬 정적인가 싶었다. 빈 장터에 서있는 기분이었다. 처절한 슬픔 같은 게 고여왔다. 스스로고 이 슬픔에 놀랐다. 그래서 그는 갑자기 찾아온 정적을 이겨내지 못하여 화풀이마냥 한껏 고함치는 것으로 풀고자 하였다. 그러나 그 화는 쉽게 풀리지 않았고 그 여분은 눈물로 변하여 마구 쏟아져 내렸다. 참으로 정이 무엇인가 싶었다.

그날 그와 함께 시내에 나가 영화구경을 하고 돌아오는 버스에서 들은 이야기가 또 하나 있다.

군대생활을 하던 중에 죽을 고비를 넘기고나서 새 삶을 맞이한 기분으로 입산출가의 길을 나섰다는 이야기이다.

통신병인 그는 전화선이 끊어진 곳을 찾느라고 숲속에서 열심히 작업을 하고 있었다. 날씨가 더워 숨이 꽉꽉 막힐 지경이었다. 지루하게 계속 전화선 연결 부분만 찾다가 정신없이 내달려서 벼랑 아래로 곤두박질을 하게 되었다. 그는 다행히 벼랑 중간쯤에서 큰 나뭇가지에 걸렸다. 그야말로 구사일생의 순간이었다.

그때에 시간이 뚝 멈춘 듯한 느낌이었다고 기억을 되살리면서,

"부처님께 인연이 되려고 벼랑에 떨어진 것이지요."

하고 안도의 숨을 내쉬는 것이었다.

그리하여 제대 뒤에 집을 떠나 곧장 출가의 길을 나섰다. 그는 그때에 2년 남짓한 출가생활을 이어오던 중이었다. 연륜이 짧아서인지, 감정이 풍부하고 기분에 쉽게 좌우되곤 하는 그가 옆에서 보기에도 어려워 보였다.

나는 그의 이야기를 죄다 듣고나서,

"어디, 보궁 같은 성지 참배를 나서서 바람을 쐬고 오면 좀 나을 것이오."

하고 권하였다.

그는 쾌히 그 뜻을 받아들여 걸망을 챙겼다.

밤손님 이야기

🪷 코를 문 노스님

산골 외딴 암자에는 밤손님이 심심치 않게 찾아든다. 특히 초파일 뒷날에는 밤손님이 단골이다.

절에서는 헌 신발을 여러 켤레 줄지어 놓기도 하고, 아예 주지실을 비워두기까지 한다.

암자에는 노스님 한 분밖에 남아 있지 않은 어느 날 밤이었다. 밤손님이 왔다. 그는 검은 옷차림으로 나타나서 좌선중인 노스님 방을 열어제치고 소리쳤다.

"꼼짝 말어. 가진 것 모두 내놔!"

노스님은 벽장을 활짝 열고 알짜배기 살림을 다 내주었다.

"아참, 이쪽 서랍 속에는 불사에 쓸 돈이 따로 있지!"

노스님은 서랍 깊숙이 든 돈까지 모두 밤손님에게 내어 주었다. 밤손님은 웬 횡재인가 싶은 마음에서 모두 챙기기에 바빴다.

밤손님이 스님 방을 떠날 즈음이었다. 노스님은 도둑에게 손짓해 보이면서 친절하게 말하였다.

"이보게, 내 한 가지 해둘 말이 있으니 이리 와 보게."

밤손님은 몸을 돌려서 노스님을 보며 잠시 멈칫하였다.

"아주 좋은 걸 빠뜨렸어. 이리 가까이 와 보게나."

밤손님이 노스님 앞에 바짝 다가와서 앉았다.

이때였다. 노스님이 도둑의 양쪽 귀를 잡고 코를 콱 물어버렸다. 밤손님은 마음을 풀어놓고 있다가 졸지에 일을 당한터라 혼비백산하여 달아나 버렸다. 물론 코에 큰 상처를 입어서 아무 물건도 가져가지 못했다.

이튿날 아침 노스님은 읍내 경찰서에 전화를 하였다.

"병원마다 어서 연락을 취해서 코 아픈 남자가 오거든 붙잡아요. 그가 간밤에 암자에 와서 삼보의 정재淨財를 빼앗으려고한 자요."

정오 무렵에 밤손님은 코를 치료하려고 읍내 병원에 들렀다가 붙잡히는 신세가 되고 말았다. 오래 전에 나주에서 있었던 일이다.

🪷 송곳 가져와요

송광사 구대웅전 시절 이야기이다.

노스님이 노전爐殿으로 있을 때였다. 아침 예불 전에 도량석과 아침 종성을 마치고 사물四物 차례로 넘어갈 무렵, 갑자기 불전에 켜둔 촛불 하나가 탁탁 소리를 내며 연기를 피우니 화재의 위험까지 있었다. 노전 스님이 불량 초를 새 초로 갈아 끼울 양으로 탁자 아래 초 창고를 연 순간이었다. 창고문을 열자마자 노전 스님이 소리쳤다.

"보살님, 보살님, 송곳 가져와요!"

노전 스님은 창고 안에 웅크리고 앉아 있는 사람을 어렴풋이 느끼고는 창고문을 닫고 얼른 머리에 떠오르는 것이 송곳이었다. 노전 스님은 평소에 경첩고리에 송곳을 끼워두어서

문이 열리는 걸 방지해온 습관이 있는 탓으로 이번에도 송곳을 찾았다.

이때였다. 탁자 안에 숨어있던 밤손님은 정체가 드러나 크게 놀랐다. 더구나 송곳까지 찾으니 이젠 송곳에 찔리기보다는 도망쳐야겠다는 생각이 들었던 모양이다. 밤손님은 노전 스님이 송곳을 찾는 동안 급히 문을 박차고 나와 맨발로 법당 어간문을 통하여 밖으로 쏜살같이 달아나 버렸다. 그때까지도 스님은 그저 송곳을 찾느라고 두리번거릴 뿐이었다.

🌸 부둣가에서 찾은 탱화

비구니 절에서 있었던 밤손님 이야기이다.

저녁 예불이 끝난 뒤에 밤손님이 법당 안에 들어와서 밤을 새웠다. 새벽 예불 전에 밤손님은 오래된 상단탱화와 신중탱화를 칼로 오려서 둘둘 말아가지고 산문 밖으로 빠져나갔다.

대중들은 새벽 예불을 모시려고 법당에 운집했을 때서야 어이없는 일이 벌어져 있음을 발견했다. 밤손님이 떠난자리는 어수선했다. 귀중한 탱화가 없어져서 난감했다. 한데 주지 스님의 예불 전 새벽 꿈에 현몽이 있어서 약간은 안심이 되었다. 불전 신심이 갸륵한 주지 스님으로서 있을 법한 현몽이었다.

"빨리 부둣가에 와서 나를 찾아가시오."

호법신장이 나타나서 구해달라는 요청의 꿈이었다. 대중들은 아침 먹을 사이도 없이 모두 부둣가로 달려나갔다. 마침 이른 새벽 부둣가에는 사람이 적어서 다행이었다. 새벽 어둠속에서 웬 남자가 큰 짐 뭉치를 곁에 두고 있었다. 그는 첫 배를 기다리는 중이었다. 대중들이 이 남자를 파출소에 신고하여 짐을 조사해 보니 절의 탱화가 나왔다.

주지 스님의 꿈을 두고 꿈치고는 영특한 꿈이라고 여길 터이지만 청정한 도량에서는 그리 별다른 이야기가 아니다.

🪷 쓰러진 밤손님

주지 스님은 새 법당에 모실 신중탱화를 밤에 인수하였는데 밤중에 못을 치고 어렵게 해서 신중탱화를 모시고 잤다.

이튿날 새벽이었다. 주지 스님이 도량석을 하려고 법당 안에 들어가려는데 불이 훤히 켜져 있었다. 가만히 동정을 살펴보았다. 밤손님이 램프를 꺼내놓고 묶을 보자기나 끈을 찾는지 두리번거리고 있었다. 이때 주지스님이 가만히 법당문을 열고 안으로 들어가 조심조심 밤손님 등 뒤로 다가가서 크게

"이놈아."

하고 고함을 쳤다.

밤손님은 놀라서 엉덩방아를 찧으면서 그대로 쿵 주저앉고 말았다. 그리고는 힘없이 기어서 문 밖으로 나가려고 발버둥치기 시작하였다. 주지 스님은 그냥 밤손님의 모습을 지켜보다가 밖으로 나와서 법당문을 활짝 열어놓고는 잠시 자리를 피해 주었다. 한참 지나서 도량석을 하려고 법당 안에 다시 들어와 보았다. 밤손님은 흔적도 없이 떠나고 없었다.

주지 스님은 새로 모신 신중탱화를 향하여 절을 올리면서 혼자 중얼거렸다.

"자고로 도둑은 쫓을 일이지 잡는 법이 아니지."

만행중에 겪은 일

절집안 풍습 가운데서 밥 먹을 때 하는 이 발우 공양법은 처음 보는 이에게 특이하게 느껴진다. 밥알 한 톨도 내버리는 일이 없이 청정하고 고요하고 법다이 하기 때문에 발우 공양과정을 보지 않고 밥을 다 비운 빈 발우만 보게 되면 무슨 도술로 보여지기도 한다.

내가 전남 광주역 부근에서 겪은 일이다.

해제를 하고 인사차 송광사에 들르려면 광주는 으레 거치는 길목인지라 점심을 노상에서 간단히 때우곤 하였다. 그날은 중국집에 들어가서 자장면을 시켜 먹었다.

손님이 붐벼서 음식 나르는 초등학교 육학년 쯤 되어 보이는 사내아이는 혼자서 이리뛰고 저리뛰며 분주했다. 내가 그릇을 다 비우고 나서 무짠지 한 조각으로 깨끗이 씻어 그릇안을 다시 비웠을 때 사내아이가 나타났다. 내가 물었다.

"얼마냐?"

이때 사내아이는 입을 떡 벌린채 깨끗이 씻긴 그릇과 내 얼굴을 번갈아 바라볼 뿐이었다. 음식 찌꺼기는 물론 조그만 얼룩도 안진 깨끗한 그릇이었다.

"야, 얼마냐? 자장면 곱빼기 먹었다."

그제서야 값을 말하고 휘둥그레진 눈을 거두었으나 얼른

내곁을 떠나지 않았다. 내가 걸망을 지고 한길로 두어 걸음 나서고 있을 때였다.

고사리 같은 사내아이 손이 내 손안에 들어왔다. 사내아이가 말하였다.

"스님, 스님! 저 따라갈래요. 저 따라가도 되지요?"

"뭐, 따라온다고? 그런데 뭣 하려고 따라올려나?"

"저, 말이지요. 소림 삼십육방, 그걸 배우려고요."

"그래? 그걸 배워서 어디에 쓰려고?"

이때 사내아이가 어물어물 망설였다. 식당 안에서는 사내아이를 찾느라고 야단이다. 손님에게 날라야 할 음식 그릇이 많이 밀렸기 때문이다. 그래도 사내아이는 내 손을 꽉 잡은채 데려가 달라고 치근거렸다.

"야, 어서 들어가 봐. 네가 뭣 때문에 소림 삼십육방 배우겠다는 건지 바로 말한다면 그때 데려가마. 어서 들어가봐."

이러는 사이에 주방 안에 있던 뚱뚱한 주인 아주머니가 문 앞에까지 나와 이 광경을 지켜보고 있었다.

"스님, 그럼 꼭 데리러 오셔요."

내가 사내아이의 등을 떠밀어서 간신히 돌려보내자, 선생님 앞에서 절하는 학생처럼 얌전히 허리를 깊숙이 숙이고 물러났다.

그 후로 나는 광주를 들를 일이 있어 그 부근을 자주 거쳐 갔으나 한번도 사내아이가 일하는 중국집을 찾아간 일이 없었다. 왜냐하면, 어린 꿈이 깨지면서까지,

"야, 임마. 영화에서나 하는 소림 삼십육방이지 누가 지금 그

걸 가르치나? 난 말이야, 소림굴 도사도 아니고 아무것도 아니야. 알고보면 그릇을 깨끗이 씻어 먹는 법도 우스운 짓이야!" 하는 말을 전한다는 것은 무자비한 망언妄言 같아 차마 입을 다물고 있다.

"소림 삼십육방을 왜 배우지?"

이런 의문 속에서 사내아이는 자라서 자연히 내 뜻도 알게 될 것이라 믿기 때문이다.

정말 미치겠네

🍃 **정말 미치겠네**

한 수좌가 군에 입대하여 거짓 발병으로 제대를 하려고 몸부림쳤던 이야기이다.

그는 훈련병 생활을 마치고 전방에 배치된 어느 날 미친 짓을 보이기 시작하였다. 평소에 깔끔하고 얌전한 졸병이 느닷없이 새벽에 염불을 중얼중얼 외고 다니면서 만나는 이마다 한 대씩 패기 시작하였다. 지위 고하를 막론하고 주먹다짐을 해대니 부대에서는 이렇게 판단을 내렸다.

"중노릇을 하다가 갑자기 군에 와서 미친 게로구나!"

그리하여 그는 곧장 정신병원에 감호되는 신세가 되었다.

수좌는 정신병원에서 더 못되게 굴었다. 미친 짓을 독하게 해보이기 시작하였다. 닥치는 대로 물건을 부수고 난동을 부려서 광기狂氣를 한껏 내보였다.

그는 특별 감호실에 갇히는 신세가 되었다. 병원에서는 하루 세 끼 약을 먹이고 때로는 구타해서 병을 다스리고자 하였다. 약을 먹으면 늘 잠이 쏟아져서 걷잡을 수 없이 잠에 취해 쓰러졌다가 깨어나서는 수없이 얻어맞는 게 일과였다.

이런 생활이 계속되던 어느 날이었다.

수좌는 군의관 앞에 나서서 하소연을 하였다.

"군의관님, 저를 살려주십시오. 저는 환자가 아닙니다. 거짓 발병으로 병원에 들어와서 제대하려고 꾸민 일입니다. 제발 저를 귀대하게 해주십시오."

군의관이 지그시 바라보면서 말하였다.

"이놈 보게. 또 발작을 하는군 그래!"

이때 수좌가 고함쳤다.

"아휴, 정말 미치겠네!"

이런 지옥같은 병실 생활을 지긋지긋하게 해가는 동안 그는 반미치광이가 되어 버렸다. 후일담으로, 장기간 병실에 갇혀 있던 그는 다행히 병원에서 풀려나서 자유의 몸이 되었다고 한다.

잠꼬대

괴각 스님이 선방에 방부를 들였다. 그는 매사에 대중 호흡을 깨뜨리는 편이었다. 늘 불협화음으로 다른 스님들과 불편한 관계가 되었다.

장작패기 울력 시간이면 감을 따러 감나무에 올라가기 일쑤였고 대중이 단체로 등산을 가는 날에는 따로 등산로를 택해서 길을 헤매다가 대중의 걱정을 끼치곤 하였다.

사실 괴각 스님은 늘 외로운 처지였으나 제 괴팍스런 성미를 얼른 고치지도 못한 채 지내고 있었다.

대중방에서 취침시간에 일어난, 다음 일화를 보더라도 그가 얼마나 외톨박이 신세인지 알 만 하다.

괴각 스님이 이불 속에서 잠꼬대를 심하게 하기 시작하였다.

사뭇 뒹구는 시늉을 지으면서,

"아이고, 아야! 아야, 아이고!"

하고 소리를 쳤다. 주위에 잠든 스님들이 하나 둘 눈을 뜨고 괴각 스님 편으로 시선을 모았다.

"아이고, 아이고, 아야 아야!"

괴각 스님은 꿈 속에서 심한 구타를 당하는 모양이었다. 누군가 가만히 말하였다.

"깨우지 그래!"

그러자 괴각 스님이 더욱 괴로움에 찬 목소리로,

"아이고, 아야, 아야!"

하고 울음 섞여 애원하는 잠꼬대를 하였다. 곁의 스님이 허리를 세워서 일어나 앉았다. 그는 몸을 흔들어서 깨워줄까 하고 생각중에 있었다.

"스님, 그만 잡시다. 괴팍 부리더니 잘 맞는군 그래."

이 말이 끝나자마자 스님들이 자다말고 소리죽여 웃었다. 누가 다시 외쳤다.

"좀 맞더라고 약이 될 터이니 말리지 말아요!"

괴각 스님의 잠꼬대가 얼마간 계속될 때까지 아무도 그를 흔들어 깨워주는 스님이 보이지 않았다.

송아지도 막 뛰어다녀요

조계사 대웅전에서 초파일에 부처님 오신 날 봉축 법요식이 진행되고 있을 무렵이었다. 사부대중은 장내는 물론 경내에까지 꽉 차 있었다. 설법단 맨 앞자리 부근에 할머니와 아주머니가 이른 새벽부터 자리를 얻기 위해 모여들었고 법당 밖에는 연등 아래서 돗자리를 땅바닥에 깔고 앉은 젊은 법우들로 입추의 여지가 없었다.

잠시 석가모니불 정근 기도가 있은 후에 법사가 등단하였다. 경전에 해박한 지식이 있는 강사 노스님이다.

"오늘은 대자대비하신 우리 석가모니 부처님이 오신 날입니다. 천상천하 유아독존天上天下 唯我獨尊을 법문하신 때가 언제였습니까?"

노스님의 초파일 법문이 시작되었다.

노스님은 잠시 찻잔을 들어 목을 축인 다음 사방을 둘러보고 외쳤다.

"바로 태어나시자마자 일곱 발자국을 떼어놓으시고 외치신 거요. 보통 보면 어린아이가 태어나서 걷고 말을 하기까지 서너 살은 먹어야 하지 않습니까? 헌데 태어나시자마자 말씀을 하고 일곱 발자국을 떼어놓으신 것입니다."

이 대목에 이르러서 노스님은 숨을 죽이고 법문을 듣고 있는 대중을 한번 둘러보았다.

"부처님의 위대하신 점을 첫 번째로 든다면 태어나시자마자 말씀을 하시고 걸으신 사실입니다. 여기서 벌써 범부 중생과는 천양지 차이가 있습니다."

이때였다. 법사의 설법을 잠자코 듣고 앉아서 듣고 있던 한 시골 노인네가 자리에서 털고 일어나면서 말하였다.

"스님, 그건 그렇지 않아요. 우리 소가 새끼를 낳았는데 송아지가 태어나자마자 마당을 막 뛰어다닙디다. 또 병아리가 알에서 깨어날 때에도 여기저기 막 다닙니다. 어째서 일곱 발자국 걸은 부처님만 크고 위대하신 겁니까?"

시골 노인네가 노스님에게 대답을 재촉하면서 그대로 서 있자 사부대중은 영문을 몰라하였다. 시골 노인네에게 시선이 집중되었다. 법사인 노스님도 말을 더 잇지 못하고 잠시 법문을 중단하였다.

노스님이 시골 노인네의 말을 듣고는 그럴싸한 말이라는 생각이 들었다.

"그건 그렇군요. 그건 맞아요."

노스님은 이 말을 남기고 설법을 중단한 채 하단하고 말았다.

 후 기

마명馬鳴 스님의 『불소행찬佛所行讚』에서, 일곱 발자국을 떼어놓는다는 이야기가 나온다. 『불소행찬』은 아름다운 불교 문학의 금자탑으로 대서사시이다.

요즘도 역사와 문학의 구별을 하지 못하는 불자가 적지 않다.

불이야! 불

🍃 노스님 이야기

　노스님은 평소에 근엄한 표정을 짓고 지내는 편이었다. 방안 정돈 깔끔하고 옷차림도 단정하기 이를 데가 없었다.
　노스님이 법문을 하는 날은 법당 안팎을 청소하기에 바빴다. 먼지가 낀 유리창이 눈에 띄는 날에는 불호령이 떨어졌다.
　노스님은 한편으로 소시적 순수한 모습을 간직하고 있었다.
　어느 때에는 순진할 만큼 솔직하게 이야기를 늘어놓기도 하였다. 환갑 진갑을 다 넘긴 노인은 다시 어린아이로 되어 간다는 말처럼 동심童心 그대로였다.
　이 노스님은 아주 좋은 일화를 젊은 우리에게 남겨주었다.

　노스님의 일가친척 가운데서 생질인 처녀가 절에 와서 하룻밤을 머무르게 되었다. 처녀의 나이는 열여덟 살이었다. 그전에도 노스님의 절이라고 부담없이 자주 들르는 편이었다.
　처녀는 건강하고 산골에서 자란 순수성을 잃지 않고 있었다. 이제 갓 피어난 들국화 같은 깨끗한 인상이 주위의 눈길을 끌었다. 물론 불심佛心도 깊었다. 작은 절에 객실이 한둘 있으면 많은 편이다. 이날 갑자기 참배하러 온 관광버스 일행 때문에 크게 붐비었다. 밤에도 자고 가는 이들로 절집안이 부산하였다.

이날 저녁 처녀는 숙소가 마땅치 않아서 노스님 방을 쓰기로 하였다. 모두 이렇게 방을 정하는데에 별반 의심을 하지 않았다.

노스님은 평소대로 아랫목에 눕고 처녀는 윗목에 잠자리를 폈다. 밤 9시가 넘자 삼경三更 종소리에 맞춰 절간은 쥐죽은 듯이 조용해졌다. 나그네들도 비좁은 잠자리나마 한구석을 차지하고 곤한 잠에 떨어졌다. 풍경 소리가 이따금씩 정적을 깨뜨리곤 하였다.

이때였다. 한밤중에 노스님의 방에서 큰 외침 소리가 들렸다.

"불이야! 불이 났어!"

단 두어 마디의 외침이었으나 불이 났다는 말에 처음에는 한두 사람이 깨어나고 뒤이어 전 대중이 불을 켜고 일어나 노스님 방 앞에 모여 웅성거렸다.

그런데 노스님 방 안에서는 불은커녕 연기조차 나질 않았다.

"노스님, 불은 어디서 났습니까?, 잠꼬대하신 거예요?"

"노스님, 불 난 곳을 말씀해 주시겠어요?"

대중 가운데서 궁금증이 난 이들이 노스님에게 질문을 하였다.

"노스님, 잠자코 계시지만 마시고 말씀 좀 해보셔요."

이때 노스님은 대중을 돌아보고 입을 열었다. 목소리는 의외로 낮았다.

"내 아랫도리가 불난 게야!"

그래도 대중이 영문을 모르고 멀뚱멀뚱 노스님만 바라보고 있으니 노스님이 깊이 탄식을 하며 말하였다.

"내가 이날까지 부처님 밥을 축내고 살아왔지. 공부가 좀 되었는가 하였는데 그게 아니야! 글쎄, 저 조카를 곁에 두고 잠을 자는데 아랫도리에 불이 붙어 마음이 동한단 말이야!"

대중은 잠시 웃을 수밖에 없었다. 천진스런 노스님의 말씀을 어떻게 받아들여야 좋을지 아직도 감을 잡지 못하였다.

"이래선 안되겠다 싶어서 '불이야! 불이 났어!' 하였지. 이젠 불이 꺼졌으니 다들 제자리로 돌아가요."

대중은 다시 한차례 웃으면서 노스님의 곁을 떠났다.

🪷 절 앞마을 처녀 이야기

이 이야기는 내가 경남 의령 유학사留鶴寺에 객으로 머물면서 들었던 절 앞마을 전래 미담이다.

때는 늦은 봄날로 보리 추수가 한창인 무렵이었다. 일손이 모자라서 식구들은 누구나 할 것 없이 들판에 나가 일을 하였다.

그때 소나기가 갑자기 퍼부었다. 번갯불과 천둥소리가 연이어 지나갔다. 들판에서 일하던 이들은 모두 가까운 곳에 비를 피하여 숨어들었다. 이때 아버지는 보리낟가리를 들추고 잠시 비를 피할 양으로 몸을 숨겼다. 비는 더욱 억수같이 쏟아져 내렸다. 하늘에서 마냥 물을 퍼붓는 듯하였다. 주위는 낮인데도 어두컴컴해졌다.

이때 아버지는 정신없이 보리낟가리 속에 앉아 있다가 웬 처녀가 그와 함께 있는 것을 보았다. 아니, 웬 젊은 여인이 그와 살을 맞대고 비를 피해 있는 것이었다.

아버지는 손을 뻗쳐서 그 처녀를 범하려고 껴안았다. 사실 그 처녀는 그의 딸이었다. 그런데 천둥 번개 소낙비에 잠시 정신을 잃고 딸도 한 여자로 본 것이었다. 딸은 처음에는 아버지의 손길을 피하지 않았다. 한데 차츰 아버지가 이성을 잃고 짐승처럼 덤비자 정신이 번쩍 들어 머리를 쓰지 않을 수 없었다. 딸은 아버지의 손길을 멈추게 하는 방법을 생각해냈다.

"아버지, 아버지. 정신 좀 차려요. 제가 아버지의 뜻을 따를 테니 제가 시키는 대로 해주세요."

아버지는 처녀가 순순히 제 뜻을 따르겠다는 말에 귀가 번쩍 열렸다.

"아버지, 송아지 소리를 세 번만 내어주세요. 움메, 움메, 움메 하고 세 번 하셔요."

아버지는 아무렇지 않게 여기고 송아지 소리를 내기 시작하였다.

"움메, 움메."

딸은 재촉하였다.

"그래요, 한 번 더 송아지 소리를 내어 보셔요."

아버지는 그제야 정신이 번쩍 들었다. 마지막 송아지 소리를 더 잇지 못하였다.

"아이고, 내가 송아지보다 못한 게로구나!"

송아지 소리를 냈던 자신이 부끄러웠다. 아버지는 껴안았던 손을 풀고 딸에게 사죄하였다.

"내가 잠시 정신을 잃었구나. 네가 나를 살렸다. 우리 딸이 참으로 장하구나."

소나기도 차츰 물러나서 조용해지기 시작하였다. 천둥 번개도 멈추고 주위가 다시 밝아지고 있었다.

죽비 깎는 아침

제2부

고승 일화

천자암天子庵으로 올라가는 길에서 소나무를 휘감아
올라가는 칡덩굴 밑을 주머니 칼을 꺼내 잘라주면서
구산 스님께서 말씀하셨다.
"해탈해라."
다시 구산 스님께서 말씀하셨다.
"수행자는 길을 가다가도 돌멩이가 모로 나와 있는 걸 보면
바로 치워놓아야 한다. 칡덩굴에 얽혀서 나무가 잘 자라지
못한 걸 보면 그걸 끊어주어 편히 자라게 할 필요가 있다.
사람, 동물이나 마찬가지로 식물, 돌도 다 불성佛性이 있어
마치 제가 고통받는 걸로 생각해서 풀어주어야 한다."

춘성春城 스님 일화

🪷 죽었다 살아난 것

기차를 타고 가던 차에 기독교 전도사 한 사람이 이 사람 저 사람을 붙들고 예수님을 믿으라며 전도하고 있었다. 이윽고 그 사람이 춘성 스님 앞에 이르렀다.

"주님은 부활하셨습니다. 우리 주 예수님을 믿으시오."

그러자 잠자코 있던 춘성스님이 전도사에게 말하였다.

"뭐? 죽었다 살아났다고? 나는 여태 죽었다 살아난 건 내 X 밖에 못봤어."

그러자 주위 승객들이 박장대소하였고 전도사는 잠잠해졌다가 자취를 감추었다.

🪷 영부인의 생일

육여사陸女史의 생일 법문이 베풀어진 자리에서였다. 선지식이라고 모시는 노덕 스님네와 고관대작 남편을 둔 아낙네가 법석을 가득 메운 가운데 춘성 스님이 법좌에서 한마디하였다.

"오늘은 육영수 보살이 지 에미 뱃속에 들었다가 '응아' 하고 XX에서 나온 날이다."

듣고 있던 대중은 영부인의 생일에 한 이 법문에 놀라 서로 얼굴만 바라보고 어쩔 줄 몰라했다.

🪷 좁은 소견

소견이 몹시 좁은 딸을 둔 노보살이 있었다.

하루는 이 장성한 딸을 춘성 스님 처소에 보내서 법문을 청해 듣도록 하였다. 춘성 스님이 말하였다.

"내 그 큰 것이 네 그 좁은 데에 어찌 들어가겠느냐?"

딸은 얼굴이 벌개지면서 방문을 박차고 울면서 달아났. 집에 돌아와서 노보살에게 춘성 스님의 법문 내용을 사실대로 일렀다.

"스님은 엉터리요. 엉엉엉."

노보살은 잠자코 듣고나서,

"아이구, 이것아! 네가 그래서 소견이 좁지. 큰스님 법문이 네 쪼그만 소견머리 속에 어찌 들어가겠어?"

딸은 그제서야 울음을 그치고 스님의 소중한 법문을 잘못 알아들은 것을 깨달았다.

🪷 중대장과 중의 대장

통금시간이 넘어서 밤길을 가고 있을 때였다. 방범 순찰 중인 순경이 춘성 스님에게 말하였다.

"누구요?"

춘성 스님이 어둠 속에서 말하였다.

"중대장이다!"

목소리가 노인네 소리인지라 순경이 손전등을 비춰서 춘성 스님을 찾아냈다.

"아니? 스님 아니시오!"

"그래! 내가 중의 대장이야! 맞지?"

듣고 있던 순경은 웃음을 참지 못하더니 그냥 자리를 떴다.

🌸 도량신을 편안케 하다

춘성 스님의 은사恩師 만해卍海 스님은 『불교유신론』을 펴내서 불교 개혁 운동을 일으켰다. 처음에는 만해 스님의 취지를 잘 이해 못해서 스님에게 완고한 스님들이 몽둥이 찜질을 내리기까지 하였다. 독립운동가로서 서대문 감옥에서 굽히지 않은 지조는 대와 소나무 같아서 차츰 주위에 감화를 주었다.

춘성 스님은 만해 스님의 유일한 상좌가 되었다. 그는 은사 스님의 제창한 것 중에 산신각과 칠성각 등을 폐지해야 한다는 데에 동의하고 있었다.

망월사望月寺에서 조실로 주석하고 있을 때였다. 춘성 스님은 범성梵聲이 뛰어나 아침 도량석 목탁을 손수 해내곤 하였다. 대중 스님들은 말하였다.

"춘성 스님 도량석 목탁 소리를 듣고 눈을 뜨는 날에는 그렇게 기분 좋을 수가 없거든. 종성鐘聲도 그만이지요."

그런데 어느 날 도량석 중간쯤에서 목탁 소리가 뚝 그쳐버렸다. 대중들이 이상하게 여기어 춘성 스님을 찾아보니 법당 앞 축대 아래에 떨어져서 뒹군 채 쓰러져 있었다. 춘성 스님은 정신을 차리고 일어나 앉아 말했다.

"수행자라면 도량신道場神을 업신여겨서는 안돼. 산신각이나 칠성각 탱화를 불태웠더니 과보가 바로 오는구나. 도량신을 편안케 하고 공부해야지. 함부로 날뛰는 일은 삼가해야 해."

춘성 스님은 은사 만해 스님의 『불교유신론』 취지를 소중히 생각했으나 끝내 옛 고풍스런 산신각·칠성각은 물론이고 제반의식을 버리지 아니하였다.

🪷 방귀뀌는 법

춘성 스님이 제자들을 모아놓고 유언으로 말했다. 그 중에 방귀뀌는 법을 일렀다.

"사람은 기가 안 빠지게 방귀를 뀌어야 해. 힘 주어서 뽕뽕 뀌게 되면 첫째는 치질 등이 걸린다. 둘째는 기가 빠져서 좌복에 오래 못 앉아 있어. 좌선 중에나 그 밖의 처소에서도 소리 안 나게 가만히 뀔 것이다. 문 밖에 나가 바지를 헐렁하게 하고 시원히 뀌되 힘은 조금도 주지 말라."

춘성 스님은 육두肉頭법문으로 직설가이긴 하나 끝내 무소유로 일생을 마치니 만해 스님의 지조에 못지않은 청정한 납자의 귀감이라 하겠다.

구산九山 스님 일화

🌸 이 몸뚱이의 주인은 누구인가?

구산 스님이 두 일본인 여자 방문객에게 말했다.
"당신네는 주인이 있는 몸이오, 주인이 없는 몸이오?"
한 여자가 대답했다.
"저는 주인이 일본에 있습니다."
다른 여자가 대답했다.
"저는 미혼이라 주인이 없는 몸입니다."
구산 스님이 말했다.
"이 몸뚱이를 끌고 다니는 주인이 딴데 있다거나 없다고 하니 어찌 산 목숨인가? 남편은 금생의 배우자이지 주인이랄 수 없고, 이 몸뚱이가 있기 전에나 이 몸뚱이가 사라진 뒤에도 남아 있는 주인이 있으니 그걸 찾아야 산 목숨이야!

주인을 딴 데서 찾으려 말고 제 마음의 주인을 찾아야 바른 공부다. 반드시 이 마음공부를 통해 주인을 찾도록 해보지. 한국에 온 선물로 이 주인 찾는 공부를 하되 '이 뭣고?'를 잠잘 때에도 잊지 말라."

듣고 있던 두 여자는 일어나 절을 하고 그날로 화두話頭를 참구하게 되었다.

참된 예불

새벽 예불이 끝났을 때 구산 스님이 대중에게 말씀했다.

"부처님께 예불을 올릴 때 왜 그렇게 늘밭이 식으로 늘어지느냐? 길게 빼서 노랫가락만 좇아서는 원래 예경 뜻이 줄어들고 형식만 남게 된다. 염불이 아니고 송불誦佛이 되니 바로 잡아야 한다."

지난날 구산 스님은 병든 몸으로 진주에 있는 암자에서 천수기도千手祈禱를 올려서 기도성취를 얻은 뒤에 출가하였으므로 예불과는 인연이 깊었다. 아무리 바쁘더라도 예불 시간에는 방문객을 방에 놔두고 반드시 법당에 가는 일을 시종일관하였다.

예불 후에는 빈 자리를 돌아보고,

"아무개 스님이 몸이 불편한 게로구나." 하는 인사를 잊지 않았다.

오늘날 강원을 졸업한 뒤가 되면 법당 예불 시간을 더러 빼먹어도 부끄럽게 여기는 이가 많지 않은 점을 구산 스님은 고구정녕하게 말했다.

식물, 돌에도 불성이 있어

천자암天子庵으로 올라가는 길에서 소나무를 휘감아 올라가는 칡덩굴 밑을 주머니 칼을 꺼내 잘라주면서 구산 스님은 말했다.

"해탈해라."

다시 구산 스님은 말을 이었다.

"수행자는 길을 가다가도 돌멩이가 모로 나와 있는 걸 보면 비로 치워놓아야 한다. 칡덩굴에 얽혀서 나무가 잘 자라지 못한 걸 보면 그걸 끊어주어 편히 자라게 할 필요가 있다. 사람, 동물이나 마찬가지로 식물, 돌도 다 불성佛性이 있어 마치 제가 고통받는 걸로 생각해서 풀어주어야 한다."

자동차 타고 절에 나타나는 스님들에게

구산 스님이 말했다.

"송광사에 자동차 타고 다니기만 해봐라. 내가 휘발유 끼얹어서 불지르고 말겠다."

더러 송광사 사중용으로 자동차를 시주하겠다는 이들이 나섰으나 완강하게 반대한 구산 스님 탓으로 차를 두지 못하였다.

구산 스님은 대법회에 어른 스님으로 참석하는 자리에서도 터덜터덜 걸어서 나타나기 일쑤였다. 그럴 때면 시자들은 곁의 자동차를 타고 나타나는 다른 스님들을 보고는 안절부절 못하였다.

구산 스님이 말했다.

"나는 부끄러울 게 하나도 없다."

틀어지면 틀어진 대로

일주문 앞 소沼 막는 공사가 진행되고 있을 때였다. 도감 현고 스님이 암벽에 받쳐서 수문水門이 틀어질 것을 염려해서 그걸 석공을 시켜서 깨 들어가는 모습을 보고 구산 스님이 말했다.

"틀어지면 틀어진 대로 문을 만들 일이지 그걸 왜 깨느냐? 돌에는 생명이 없는 줄 알아?"

뒷날 틀어진 수문이 완공되었으나 사용하는 데에는 하나도 방해되는 점이 없었다.

해월 스님의 입적

입적하는 해월海月 스님 곁에서 구산 스님이 말했다.
"스님, 지금 화두가 들립니까?"
해월 스님이 눈을 부릅뜬 채 기어들어가는 목소리로 말했다.
"아, 제가 이 목숨 붙어있는 한 화두를 놓을 수가 있습니까?"
"스님, 내생에 다시 태어나서 총명한 아이로 동진 출가해 깨치도록 합시다."

울력하는 날

구산 스님이 말했다.
"한 말씀 하겠습니다. 일이란 게 몸에 좋고 작물도 가꾸고 하니 하루 두 시간씩 울력 시간을 정해놓고 해봅시다. 요새 가을 김장거리 준비도 해야 하니 대중은 그리 알아주시오."

울력 시간에는 반드시 스님께서 앞장서서 시작했다. 울력 도중에도 간혹 말했다.

"내가 불심이 있는 경상도 땅 마다하고 전라도 여기 송광사 가난한 절에 온 데에는 까닭이 있어. 첫째는 옛날 보조 스님의 정혜결사운동을 일으킨 근본 도량이 송광사이기 때문이지. 그 다음은 가난해야 도 닦을 마음이 일어나는 거야. 시은施恩

덜어가면서 공부하자는 거야."

노스님들이 많은 송광사인데 울력에는 노스님네가 오히려 젊은 스님들을 앞질러 일하였다. 구산 스님은 말했다.

"아, '노스님네는 이제 들어가시지요.' 이런 말 좀 해라."

그 뒤로 울력이 반쯤 지나면 젊은 스님들은 노스님들께 꼭꼭 이런 말씀을 드렸다.

"노스님께서는 이제 들어가시지요. 거진 일이 다 되었습니다."

노스님네는 허리를 펴고 대답했다.

"얼마 하지도 않았는데 그새 들어가? 하기는 수가 많아서 금방 하겠지."

이때 구산 스님이 덧붙였다.

"노스님네는 그만 들어갑시다."

선암사도 한 산중인데

구산 스님이 말했다.

"산 너머 선암사仙巖寺는 종파가 다르다고는 하나 본래 한 줄기 조계종이요, 요즘 정화를 세워 원수지간이 되어 신문지상에 떠들썩한데 송광사 대중은 외부에서 요청이 오더라도 조금도 동요 말고 제 본분사에서 벗어나지 않도록 하시오.

절은 누가 주지住持되든지 부처님 잘 모셔서 화합 잘하면 되는 것이오. 절이 세인의 이복을 끌어 이입 저입 오르내리지 않도록 하려면 정신을 바짝 차려야 해요."

그래서인지 거센 정화바람이 부는 시기에도 송광사와 선암사 스님들은 서로 오가면서 점심 공양 대접을 하였다.

하루는 효봉 스님 재일을 기념하여 어록강좌가 베풀어졌다. 수강 온 대중이 선암사에 몰려가 친선 축구 경기를 벌였고, 가사 불사를 회향한 날에는 20여 명 비구·비구니 스님들이 조계산 등산 길에 선암사에 들렀었는데, 마침 점심 공양 시간 직전이어서 융숭한 대접을 받았다.

선암사 대중 큰방에 송광사 대중을 앉히고 자기네가 들어야 할 점심 공양물을 죄다 객들에게 내놓고는,

"먼저 송광사 대중이 드십시오. 저희는 바로 지어서 새로 먹겠습니다."

하고는 물러갔다.

이리하여 비록 시장기가 있었다고는 하나 우리 대중은 진수성찬 이상의 음식 대접을 받은 듯 잘 먹으면서, 어디에서도 찾아보기 힘든 객 대접에 눈물겨워하였다.

조계산을 중심으로 북쪽에는 보조 스님 도량으로 송광사가 자리하고, 남쪽에는 태고 스님 도량으로 선암사가 자리하고 있는데 한 산중에 대본산이 나란히 형제 은의를 나누면서 저마다 직분에 충실할 수 있다는 것은 웃어른 스님네의 가르침이 법도에 어긋나지 않기 때문이다.

대저 총림이 들어서서 해이해져가는 절집안 법도를 바로 세우고 종풍을 만세에 떨치는 가장 주요한 근간은 웃어른이 지덕智德을 견비하여 취사取捨 진퇴進退를 분명히 보여주었는데 있다 할 것이다.

대추 방망이

구산 스님은 단구短軀이지만 옹골차게 살다 가셨다. 이래서 '대추 방망이'란 별호를 얻었다.

한번은 수선사에서 지낼 때 풍암영각 주위에서 아령, 역기, 줄넘기, 완력기 등으로 운동을 하고 있는데, 구산 스님이 나타나서,

"야 야, 그 심 있으면 정진해라."

하고 가버렸다. 운동을 하려거든 지게를 지고 일하고, 그래도 힘이 남으면 밤새 정진하라는 것이 노상 하시는 말씀. 그때 누가 말했다.

"대추 방망이."

이것은 약과다. 후원을 수시로 들러 그때마다 지적 사항이 있으면 '기한발도심飢寒發道心' 법문을 한 차례 하고 '일미칠근반一米七斤半' 법문으로 이어질 때까지 죽은 듯이 고개를 숙이고 꼼짝 않고 있으면 '가 봐' 하신다. '가 봐' 소리는 스님의 상투어가 되어 '대추 방망이'와 함께 우리도 흉내내어 말하고는 웃는다.

혹 밥알이 수채구멍에 떨어져 있는 날이면 공양주에게 날벼락이 떨어졌다. '이게 밥알이 아니고 뭐여?' 바늘은 언제 준비했는지 밥알을 꼭 찍어 눈 앞에 내보이는 바에야 앞발 뒷발 다 들기 마련이다.

이건 들은 이야기인데, 스님 글씨에 관한 일화 한 토막이다. 구산 스님의 글씨 가운데서 '불佛' '인忍' '시심마是甚麽' 등이 잘 알려져 있다. 하루는 상좌 한 사람이 서예가이자 목각을

잘 한다는 처사에게 스님의 붓글씨 한 폭을 건네 주었다.
　다음날 상좌가 스님께 말씀드렸다.
　"스님, 전번에 부탁드린 글씨는 서예하는 처사에게 전해줬습니다."
　스님이 물었다.
　"그래, 뭐라고 하든."
　이때 상좌는 머뭇거리다가,
　"배짱필筆이라고 합디다."
하니 스님은 아무 말씀 않고 그냥 웃기만 했다.
　어른들의 글씨는 신심으로 보는 것이니, 그때 한 폭 받아 두지 못한 게 못내 아쉽다.
　'대추 방망이' 지만, 스님도 늙으시니 감기에 걸리셨다. 스님은 대중 가운데서 감기 든 사람이 있으면, '사람이 시원찮아서 아픈 것이다' 하곤 하였다. 정작 스님이 감기 드신 것을 보고 누가 말씀드리기를,
　"스님께서도 감기 드셨네요."
하니, 스님은 콜록콜록하며,
　"오냐 이번 감기는 참 독하다."
하고 웃으셨다.
　스님은 이런 병고중에도 예불 공양은 꼭 대중과 함께 하산한 것이 오래 기억에 남는다. 우리들 중에서 예불 공양을 더러 한두 차례 빠지면,
　"어디 아팠냐?"
하고 물으시는데, 계속 빠져버리면 영 아무 말씀도 안하셨다.

이럴 때는 겁이 나서 스님 뵙기가 무서웠다.

그러나 자상한 면도 인상 깊다. 산에 올라가시면 주머니 칼을 가지고 다니면서 넝쿨을 끊어 주며,

"꽉 죄여서 나무가 못큰다."

하셨다. 그 주머니 칼이 스위스제로, 한 번은 잃어버리신 걸 내가 주워서 드린 적이 있다.

하루 지나서 드렸더니,

"이놈아, 찾지 않게 해야지. 이렇게 늦어?"

하며 받으셨다.

스님아, 밥먹으러 가자

우리말을 덜 익힌 외국인 상좌로 현조가 있었다. 아침 공양을 모시러 가려고 삼일암 스님 거소에 와서는,

"스님아, 밥먹으러 가자."

하고 구산 스님을 불러낸 적이 있었다. 혹은 스님 방문 앞에 와서 노크를 할 때, 구산 스님이 방안에서,

"누군고?"

하고 물으면,

"현조 스님이요."

하고 더듬거리며 대답하였다. 구산 스님은 이때 큰소리로,

"오냐, 너도 스님, 나도 스님, 어서 들어오너라."

하였다. 자기 이름 다음에 '스님' 붙인 것을 실수하니 스님이 유머로 받아준 것이다.

이렇게 외국인 스님들도 어버이같이 따랐다.

암자에서 수좌가 혼자 정진하고 있을 때에 스님은 혼자 올라와서는

"공부 잘 되어 가냐?"

한 다음,

"궁금할 때는 누룽지를 큰절에서 갖다 먹어라."

하시고 가버린 적도 있다.

함허涵虛 스님 일화

경북 점촌에서 서북쪽으로 50여 리 달리면 가은읍이 나온다. 여기서 좀더 들어가면 산봉우리가 대리석같이 흰빛을 띤 희양산에 자리한 봉암사鳳岩寺가 나온다.

문경군 가은면 원북리. 옛날 구산선문九山禪門의 하나요, 고려 때 보조국사가 주석한 적이 있고 여기서 이야기하고자 하는 함허 스님의 『금강경오가해설의金剛經五家解說誼』가 지어진 곳이다.

요즘 봉암사 선원의 대중들이 봉암사 일대가 공원화 계획에 밀려 정적의 수도장 분위기가 깨어질 위기에 처해 당국의 계획에서 제외해 주기를 건의하는 움직임이 전국적인 서명운동으로 널리 전개된 점은 깊은 주의를 끈다.

승가학원 소의경전으로 여럿 있지만 그 가운데서 우리나라 스님의 저서로 꼽는다면, 『초발심자경문』과 『절요』 및 『금강경오가해설의』를 들 수 있다. 저자로는 보조, 원효, 야운, 함허 스님 등이다.

함허 스님의 행장을 소개하면 다음과 같다.

고려 우왕 2(1376)년에 충주에서 유씨劉氏의 아들로 태어났다. 부모가 일찍이 아들을 두지 못하여 관음기도를 올렸다. 그로부터 꿈에 관세음보살이 손수 어린애를 품안에 넣어 주심을 보고 태기를 느꼈으며, 달이 차서 낳았는데 문장에 뛰어난 재주를 보였다.

하루 1천 여 마디 말을 외웠고 좀 커서 서당에 다닐 때쯤 문장을 잘 지어서 이웃을 놀라게 하였다.

아름다우면서 뜻이 깊은 문장이 옥구슬처럼 다듬어져 나왔다.

지나온 천겁 세월 옛 아니듯　　歷千劫而不古
만세를 흘러가도 오늘 그 자리.　亘萬歲而長今

이 주련柱聯은 해인사 일주문一柱門의 기둥 좌우에 걸려있는 함허 스님의 글인데 부처님 법문의 오묘한 뜻이 함축성 있게 배어 있어 두고두고 새겨도 싫증이 나지 않는다.

출가 전의 일이었다.

해월海月이라는 객승과 자리를 같이 한 적이 있었다. 해월 스님이 물어왔다.

"맹자님은 어진 분이시지요?"

"예, 그렇습니다."

해월 스님이 다시 물었다.

"닭, 돼지, 개 등도 만물에 들어가지요?"

"예, 그렇습니다."

이때 해월 스님은 다음과 같이 날카로운 질문을 던졌다.

"어진 이는 천지만물로써 자기를 삼는다는 말씀은 옳은 이치입니다. 그러나 맹자 같은 어진 이가 닭, 돼지, 개 등에 관해

평하되, '때를 놓치지 않고 잡아먹으면 70 노인도 먹기 좋다' 한 대목이 있으니 앞뒤가 안 맞는 말이 아닙니까?"

이때에, 왜 어진 이 중의 어진 이인 맹자님이 짐승 잡아먹는 말을 하였을까, 가슴속에 의문의 씨가 심어졌다.

21세 때 함께 수학중인 친구의 돌연한 죽음을 목격하고 문득 집을 뛰쳐나왔다. 삼각산에서 한 노선사의 법문 중에 '불살생不殺生'이란 말끝에 지난날의 의심을 철저히 타파하고 불법에 귀의하기로 결심하였다.

이듬해 양주군 소재 회암사에서 한순간이 영원으로 바뀌는 기연을 만났다. 무학無學 스님의 법문을 들은 다음 7년 동안 생각하다가 용맹정진에 들어갔다.

하루는 뒷간에 갔다가 나오는 순간 크게 깨닫고 자기도 모르는 사이에 게송이 흘러나왔다.

　　가다가 홀연 돌아보니　　　行行忽回首
　　구름 속에 산이 솟아 있네.　山骨立雲中

도를 얻은 뒤에 제방에서 『반야경』법회를 열어 수없이 많은 학인들을 제접하였다.

39세 때, 자모산(慈母山:해주에서 약 70km 떨어진 지점) 연봉사煙峰寺에 토굴을 짓고 '함허당涵虛堂'이라 이름 붙였다. 이로써 평생 당호가 된 셈이다.

세종대왕의 청을 받고 왕의 어머니 명복을 비는 법화회를 베풀었을 때 스님이 법주가 되었다.

56세 때 희양산 봉암사에서 가람을 크게 중수하고 지내다가 오래지 않아 미질微疾을 보이더니 세수歲壽 58세 되는 해 4월 1일 중야中夜에 정좌한 모습으로 법랍 38세를 일기一期로 입적하였다.

스님의 유저遺著로는 『원각경소圓覺經疏』 3권, 『금강경오가해설의』 2권, 『현정론顯正論』 1권 등이 있다.

생전에 그 발표를 몹시 주저하다가 책을 불전佛前에 두고 기도 발원하기를,

"만일 이 책이 세상에 유포되어도 정법에 하등 어그러짐이 없다면 이를 증명해 주시옵소서."

하고 간곡히 청하였더니, 문득 그 책들이 방광放光하여 사방을 훤히 밝혔다고 한다.

정수正秀 스님 일화

"아주머니, 정신 차리시오."

"으음……."

"아주머니, 정신 차리시오."

"으음……."

첫눈이 날리는 서라벌 거리에는 어둠이 깔리고 있었다. 정수 스님은 여자 거지가 처마 밑에서 웅크린 채, 아이를 곁에 버려둔 것을 보고 걸음을 멈추고 여자의 어깨를 흔들었다. 한 손으로 아이를 만져보았다. 아이는 이미 이승의 사람이 아니었다. 정수 스님은 합장했다.

"나무아미타불 관세음보살."

아이뿐만 아니라 거지 산모도 이대로 가다가는 안되겠다는 생각에 마음을 졸였다. 이 밤을 이대로 지낸다면, 분명히 죽을 것 같았다.

정수 스님은 다시 '나무아미타불'을 염하면서 여자의 손과 발을 만져보았다. 마치 얼음덩어리같이 딱딱했다.

정수 스님의 얼굴은 더 굳어갔다.

"나무아미타불 관세음보살."

이렇게 염하고 정수 스님은 여자의 헤쳐진 옷섶을 고쳐 주면서 자기가 입었던 옷을 벗기 시작했다. 누더기 옷이며 속옷이며 모두 벗어서 여자의 좁은 등을 덮어 주었다.

"이 옷에 따뜻한 기운이 남아 있으니 좀 추위가 덜하리라."

하고 위로하면서 죽은 아이를 안고 눈길을 걸어가는 스님의 마음은 무거웠다.

알몸뚱이가 되어 절에 돌아와서는 거적으로 몸을 가리고 지냈다. 혹 누가 물으면,

"이 몸뚱이도 내 것 아닌데, 무엇을 가질 것인가?"

하고 태연하였다. 모두가 그의 철저한 수행정신에 혀를 내둘렀다.

이 이야기는 신라시대에 황룡사에 출가하여 보살행을 철저히 닦기로 결심한 뒤부터 난행·고행을 주저하지 않고 수행한 정수왕사正秀王師의 일화이다.

지장보살은 성불해 마칠 기회가 주어지더라도 부처님의 지위에 오르지 않고 세세생생 이웃을 구제하겠다는 원을 세운 분이다.

수행이 무르익어 32상의 부처님의 위의를 갖추게 되는 것도, 크게 깨달아 위없는 지혜를 터득하게 되는 것도 다 물리치고 승상僧相으로 자비의 눈물을 머금고 있는 것이다.

명부전에는 이 대원력大願力 보살의 얼굴이 눈물로 마를 날이 없다. 모든 이웃이 성불하기 전에는 홀로 성불하지 않기로 결심한 원願이 있기 때문이다.

"여보시오. 옷을 벗어 주시오."

하고 말하면 기쁘게 옷을 벗어 준다. 그러다가 최후에는 알몸

뚱이인 채 만족한다.

"내가 희생되어야 남이 잘 된다."

이런 정신이 지장보살의 원이다. 그러나 오늘 당장 입을 옷 걱정을 안하는 사람이 얼마나 될까. 이런 바보는 세상에 없다고 한다. 내 먹을 것 준비 안하면 죽는다고 말이다. 이런 생각을 떠나지 못하고서 지혜의 바다에 노닐겠다니 나부터가 배짱이 두둑하기만 하다.

백은白隱 선사 일화

일본 도쿠가와德川 시대에 선기禪機가 칼날 같은 선지식, 백은 선사白隱禪師의 일화를 대강 추려 적어 본다.

❀ 염불을 사고 팔다

돈은 벌어야겠고 염불할 시간이 적었던 욕심 많은 상인이 있었다.

"어휴, 어느 세월에 염불하나?"

그의 입에서는 한탄소리가 절로 나왔다. 염불을 열심히 하자니 장사가 안되겠고, 장사만 계속하자니 또 백은 선사의 가르침을 따르지 못하게 되기 때문이다. 이 속마음을 들여다본 백은 선사는,

"좋은 수가 있어요. 아주 염불을 팔도록 하시오."

하고 욕심 많은 상인을 채근하기에 이르렀다.

이때 상인은 귀를 의심하며,

"예? 염불을 어떻게 사고 팝니까?"

하고 물었다. 백은 선사는 껄껄 웃으면서,

"그야, 방법은 수월하지요. 염불을 한 만큼 내가 살 테니 많이 돈벌이하고 싶거든 열심히 염불해 보시오."

하고 일러 주었다. 상인은 돈벌이라는 말에 귀가 솔깃해서 그

날부터 상점에서 염불을 헤아리며 열심히 하기 시작하였다.

"나무아미타불 나무아미타불 나무아미타불 ……."

염주를 한 차례 다 돌리고 나면 표시를 해두고 다시 시작하였다. 세상에 이런 돈벌이가 또 있나 싶었다. 그는 차츰 염불삼매에 빠져들어 갔다.

후일에 진실한 불자가 되어 지극성심 염불을 잘하게 되었음은 말할 나위가 없다.

오늘날에도 염불을 산다고 하면 대들어서 열심히 염불할 이들이 적지 않겠다. 하나 상술 좋은 백은 선사가 없으니 누가 사고 팔겠는가.

🍃 아, 그래요?

초연한 백은 선사의 모습을 엿볼 수 있는 일화가 있다.

마을 처녀가 결혼 전에 애를 배놓고는,

"이 애 아버지는 백은 선사요."

하고 위기를 모면하려고 했다. 부모가 무섭게 몰아붙여서 애 밴 허물을 추궁하니 그녀는 견디지 못해서 그만 고명한 백은 선사의 이름을 들먹이게 된 것이다. 혹시나 백은 선사라고 하면 죄가 좀 감해질까 싶어서 불쑥 내뱉은 말에 부모는,

"그래? 애가 태어나면 절에다 갖다줘야겠다."

하고 출산일을 기다렸다.

드디어 처녀가 옥동자를 낳았다. 부모는 부리나케 백은 선사 처소로 찾아와서 애를 내놓고는,

"여보시오. 이 애 아비가 당신이라지요?"

하고 무섭게 쏘아보았다. 백은 선사는 헛된 소문에 귀를 주지 않고,

"아, 그래요?"

하고는 흔연히 갓난아기를 받아 키웠다.

그 뒤로 처녀가 양심의 가책을 받고 자기 부모 앞에 진상을 털어놓게 되니 부모는 안절부절 몸 둘 곳을 찾지 못할 지경이었다.

이때에도 백은 선사는,

"아, 그래요?"

할 뿐, 더 말이 없이 다시 애를 내어 주었다.

대 잎사귀 그림자가 종일 뜰일 쓸어도 먼지 하나 일지 않는다던 경계가 바로 이를 이름인가.

어진 사람은 허욕을 내지 않는데	賢士不貪婪
어리석은 저 사람 용광로에 뛰어드네	痴人好爐冶
남의 보리밭을 내 것으로 차지하고	麥地占他家
대밭도 어느 거나 내 것으로 만들었다.	竹園皆我者

눈을 붉히어 재물과 돈을 찾고	努脖覓錢財
이를 악물고 종과 말을 부리네	切齒驅奴馬
그대 모름지기 저 성 밖을 보게나	須看郭門外
첩첩산중 송백 아래 총총한 저 무덤.	疊疊松柏下

— 한산 스님 —

🌸 지옥과 천당

백은 선사의 뛰어난 방편술을 엿볼 수 있는 일화이다.

어느 날 무인武人이 칼을 차고 백은 선사 처소에 찾아왔을 때였다. 먼저 무인이 물었다.

"지옥이 있습니까? 또, 천당 천당 하는데 그 천당은 있습니까?"

이때가 싶게 백은 선사는 고성으로 험담을 내쏟았다.

"뭐? 지옥과 천당? 너 이눔, 네가 그래 가지고 무인 대접 받느냐? 쓸개 빠진 얼간이 같은 녀석."

이렇게 말하면서, 무인이 안색이 금세 변해 칼을 빼든 것을 보고 몸을 피했다.

무인은 얼굴이 벌개지면서 백은 선사를 칼로 내려 치려고 대들었다. 백은 선사는 절 기둥 사이로 요리조리 피하였다. 이때 백은 선사가 기둥 뒤에서 고개를 내밀면서,

"여보시오, 지옥은 바로 이것이오."

하고, 손가락으로 무인을 가리켰다.

"지옥은 따로 없소. 성내고 고통받는 순간이 바로 진짜 지옥입니다. 칼로 사람을 내리쳤을 때, 그 지옥은 칼날지옥입니다."

이 말에 무사는 깊이 숨을 들이켜 쉬고 나오는 웃음을 참지 못했다. 백은 선사는 다시 말하기를

"천당은 바로 이것이요. 고통에서 놓여나 기쁨을 누리는 것, 이게 참 천당입니다."

하니 무사는 크게 감동하여 예를 올렸다.

> 한 생각 독을 품으니
> 마왕 파순이 부처님 연화좌에 가 앉고
> 한 생각 돌려 맑히니
> 불보살이 마왕 옥좌를 차지한다.

이런 내용의 게송이 『선가귀감禪家龜鑑』에 전한다.

천상과 지옥이 눈 앞에 전개되어 있는데도 눈뜨고 앞을 못 보는 장님. 이 장님이 바로 우리의 모습이다. 윤회의 굴레에서 벗어날 줄 모르고 등불에 뛰어드는 불나방같이 머리를 디밀 뿐이다. 그 속은 탐욕의 늪이고 열화의 도가니, 어리벙벙한 멍텅구리 세계. 제 좋아서 뛰어드니 누가 막을 수 있을까. 알면서 속고, 속아서 망하는 게 우리 살림살이이다. 번번히 뜬 눈으로 당한다.

백은 선사가 살다간 시간의 길이는 결코 백년을 넘지 못하였지만 우리에게 끼친 그 교훈은 날로 살아나 봄풀 피어나듯 피어날 것이다.

대은大隱 스님 일화

월출산에서 나온 작설차를 마시다가 150여 년 전에 청순한 연꽃같이 엄정하게 계율을 지키며 살다 간 대은 낭오大隱朗旿 스님을 생각하게 되었다. 이 작설은 '수북녹차藪北綠茶'요, 영암 월출산의 명차名茶로 알려져 있다.

월출산에 출가하여 고행정진하며 평생 일일일식一日一食하고 눈꼽만한 일이라도 계율에 어그러지는 일은 하지 않도록 힘쓴 대은 스님의 유훈遺訓을 기리는 것도 이 자리에 뜻이 깊다.

스님은 1780년에 태어나서 14살 되던 해에 월출산 금담金潭 스님에게 출가하여 뒤에 그 법을 이었다. 금담 스님은 연담 유일蓮潭有一 스님의 제자이다.

이 스님에 대한 평전적 소개는 우선 그치는데 연담 스님이 조선시대 불교에 끼친 비중은 '침체된 강학講學에 새 바람을 불러 일으킨 대강백大講伯'이라고 하면서, '오늘 우리 승가학원 현장에서 좋은 스승으로 모실 수 있는 분'이라고 선원에 안거중인 한 스님이 극구 찬탄해 마지 않는다.

평소에 대은 스님은 손닿고 발가는 데에 어디에나 깐깐하고 매진 성품 그대로 행하였다. 하루 세 때 불전에 예배 공양 올리는 일로부터 향로, 촛대, 다기 등의 준비와 관리에 이르기까지 티끌 하나 없이 깨끗이 잘하고 신심이 어리고 맺혀서 '남산도 선율사南山道宣律師가 나타났다'고 사람들이 말할 정도였다.

남산율사는 『속고승전續高僧傳』 『사분률행사초四分律行事鈔』 등을 저술하였고 현장 삼장법사玄奘三藏法師가 18년간 인도 수학을 마치고 돌아와 홍복사에서 역경 사업할 때 한몫 하였을 뿐만 아니라, 우리나라 율종의 원조 남산종南山宗의 시조로서, 부처님 재세시의 율사 우바리존자에 비견되는 분이다.

대은 스님 사경의 예를 소개하면 『법화경』 『법망경』 『지장경』을 손으로 낱낱이 베껴 쓰되, 한 줄 쓰고는 반드시 삼배하였으며 『화엄경』 80권을 쓰는 데도 또한 그러하였는데, 쓰기를 마친 날 문득 한 범승梵僧이 와서 사경공덕寫經功德을 지극히 찬탄하고 스님의 고행사경苦行寫經으로 수행하는 일을 권청하였다. 이때 대은 스님은 그 스님에게 차 한 잔을 드렸다. 아마 이 월출명차가 아니었을까. 그러나 범승은,

"나는 정오가 지나면 아무것도 입에 대지 않습니다."

하고 그냥 뒤돌아서 나갔다. 대은 스님이 배웅하러 문밖에 나서자마자, 어느덧 간 곳이 없었다. 사람들은 청량국사淸凉國師가 온 것이라고 말하였다.

청량국사는 화엄종 제4조로서, 반야삼장般若三藏이 『화엄경』 40화엄을 번역할 때 참여한 연유만으로도 큰 공덕이 있으리만큼 알려진 스님이니 그 좋은 자리에 나타날 법도 하다.

평생 동안 사경한 권수는 총 39권. 자획이 구슬 꿴 듯 한결같고 강철같이 곧은 느낌을 주어서, '법보法寶'라 사람들이 찬탄하였다. 해남 대흥사 만일암에서 설법을 마치고 그대로 열반하였다. 세수歲壽는 62세.

성철性澈 스님 일화

🌿 두고 봐라, 네가 제일 먼저 나간다

평소와 같은 법회날이었다.

백련암 성철 스님은 대적광전 법상에 올라 사자후를 토하였다.

"여기 말이지, 비구들을 보니 하나도 중으로 남을 놈이 없어. 내 말이 틀렸어? 예쁜 색시하고 돈 천만 원하고 멋진 아파트 한 채 사주면 다 나간단 말이여! 내 말은 틀림이 없어."

사부대중은 숨을 죽이고 활구活句 법문으로 청법하고 있을 뿐, 그 다음에는 또 무슨 핵폭탄이 터져나올 것인가 조마조마하고 있을 때였다.

공을 잘 차기로 유명한 축구선수 중강 스님이 강원 대중 앞자리에 앉아 있다가 불쑥 일어섰다. 그는 절을 올리고 나서 항변하는 목소리로 외쳤다.

"스님, 잘못 보셨습니다. 저는 나가지 않습니다."

이때 스님의 불호령이 떨어졌다.

"네 이놈, 두고 봐라. 네가 제일 먼저 나간다."

이 말씀에 주눅이 들린 중강 스님은 성철 스님의 매서운 호랑이 눈길을 피해 제자리로 돌아와 앉았다.

후일담으로 중강 스님은 '고향 앞으로' 해서 색시를 얻어 거사의 길을 걷고 있다는 소식이 바람결에 들려오곤 한다.

🪷 입니입수入泥入水

비구니 암자가 가야산 계곡마다 들어서 있는 만큼 비구니 스님 수효도 큰절 비구 스님 못지 않다.

한 번은 젊은 비구니 스님네가 비구 스님네에게 절을 잘 하지 않는다는 걸 성철 스님이 아시고 진땅에 가사 장삼을 수하신 채로 비구니 스님네에게 손수 절을 하신 일이 벌어졌다.

그날은 비가 추적추적 내려서 땅이 몹시 질었다.

법회날이라 우산을 받쳐 쓴 청법 대중이 구름같이 모여들고 있었다.

비구니 스님네는 대적광전 앞에서 성철 스님이 오신 걸 친견하느라고 모두 합장을 올리고 있을 때였다.

이때 느닷없이 성철 스님은 깨끗한 가사 장삼을 진 땅에도 아랑곳하지 않고 그대로 진 땅 위에 엎드려서 절을 하는 게 아닌가.

황송스런 마음에 노소 비구니 스님네는 너나할 것 없이 모두 진땅에 엎드려서 큰스님께 머리를 조아렸다. 모두가 흙투성이가 되어버렸음은 물론이다.

입니입수(入泥入水: 중생을 깨우치려면 더러운 진흙탕 속에 뛰어들고 더러운 물 속에 빠진다는 법문) 그대로입니다.

🪷 본사가 어딘데 낮잠을 자?

낮잠자는 스님은 삼천배 절을 시키기로 정하고 성철 스님이 친히 방마다 돌아볼 때가 있었다.

퇴설당, 선열당을 돌아 나올 때 선불장 대중들은 모두 긴장을 했다. 혹 자는 사람이 있을 때에는 깨워서 정신을 차리게 하였다.

그 다음이 관음전 경반 인법당 차례였다.

"어어, 성철 스님 내려오고 계신다. 어서 일어나!"

지대방에서는 점심 후에 낮잠을 자는 이를 깨우느라고 초비상이었다.

이때 담요를 뒤집어쓰고 잠에 취해 구석에서 곤하게 자는 한 스님을 아무도 깨우지 못하였다. 사람이 자는 것 같지 않아서 그냥 넘긴 게 탈이었다.

"네 이놈, 그렇게 낮잠을 자지 말라고 했는데!"

성철 스님께 발각된 스님은 반수면 상태에서 깨어났다.

몽롱하여 정신이 오락가락하고 있을 때였다.

다시 성철 스님의 바른 말씨가 귓전을 때렸다.

"네 이놈, 본사가 어딘데 낮잠을 자?"

낮잠을 잔 학인 스님은 그때서야 정신이 번쩍들었다. 하고 많은 본사 가운데서 엉겁결에,

"송광사입니다."

라는 대답을 하고 말았다.

실제로는 송광사가 본사가 아닌데도 아마 부끄러운 생각에서 제 본사를 욕되게 하고 싶지 않았던 모양이다.

"그럴 줄 알았다. 송광사 중들이나 낮잠을 자지……. 약속대로 삼천배 해! 알았어?"

성철 스님은 그렇지 않아도 송광사 국사의 돈오점수頓悟漸修 견해를 두고 한참 공격하던 참이었다.

그런데 송광사 스님들이 들고 일어났다. 삼천배를 한 스님을 뒷방에 데려다가는 참회를 받아냈다.

"왜 그런 말을 했지요? 송광사가 동네 북입니까? 좋은 일에 송광사를 들먹여야지. 낮잠을 자고 들켜서 송광사라니 말이 됩니까?"

기세등등한 송광사 스님네가 빙 둘러앉아서 훈계를 하는 것으로 이 일은 일단락되었다.

🪷 오직 일념 화두

학인시절 용맹정진이 있기 전에 삼천배의 절을 올리고 화두를 타려고 백련암에 올라갔을 때의 일이다. 대나무 의자에 앉아 계신 스님은 우리의 절을 받고나서,

"그래, 힘들었제? 얼굴들이 좋은 걸 보니 절 밥이 다 맞는 모양이제?"

이렇게 서두를 뗀 다음 시자를 시켜서 화두가 적힌 종이쪽지를 하나씩 나눠 주었다.

그때의 감지덕지 들뜬 마음이야! 우리 학인들은 부처님을 친견한 듯한 흥분으로 격해 있었다. 삼천배를 기를 쓰고 쉼없이 올린 뒤에 친견한 성철 스님의 존안이 불보살님처럼 거룩해 보였다. 때때로 꿈속인 양 환상처럼 느껴진 것도 무리가 아니었다.

더욱이 우리 학인들은 삼천배를 하느라고 기진맥진한 상태에서 반은 엉금엉금 기어서 백련암 산길을 올라갔던 것이다. 그때 성철 스님이 내린 화두 종이쪽지가 얼마나 금쪽 같이 귀

하게 여겨졌는지 모른다.

 그런데 우리는 크게 실망하는 빛을 감출 수가 없었던 걸 기억한다. 왜냐하면 화두 종이쪽지는 기대처럼 붓으로 창호지에 멋있게 쓴 그런 것이 아니고 청색 볼펜 글씨로 보통 종이에 쓰여 있었기 때문이었다.

 '이것도 성철 스님 친필이니 잘 보관해야지.'

 그러나 이 추측도 빗나갔다. 스님의 시자가 많이 써 두었다가 나눠 준다는 사실을 뒤늦게 알고 부터는,

 '화두 그 자체를 내리신 성철 스님의 법문이니 아무럼 어때?' 하는 정도로 위로하였다.

 무척이나 외형 모습에 팔리는 시선을 거두지 못한 채 화두를 받았던 초참시절의 일을 돌이켜볼 때마다 쓴웃음이 나온다.

 그 후로도 낮잠을 잘 때마다,

 "너 이놈, 낮잠 자지 말랬지?"
하는 불호령이 떨어질 것만 같은 생각이 떠오르며 성철 스님의 호랑이 눈초리에 정신이 바짝바짝 차려진 때가 한두 번이 아니었다.

 "책? 다 소용없어. 화두 들어 공부하는 수좌는, 다만 화두뿐이야! 이 화두 속에는 삼세제불의 법문이 다 들어 있어. 팔만사천 미묘 법문, 정법안장이 다 갖추어져 있단 말이여. 참선하는 수좌는 오직 일념 화두, 이것이 생명이야! 다른 것은 없어!"

 오늘같이 눈비가 내리기 시작한 밤에도 백련암 스님의 간절함 경책소리가 앙상한 나뭇가지 너머에서 들려오는 듯하다.

후 기 …

성철 스님이 내려주는 화두 마삼근麻三斤 세 글자는 한 보살님이 지금도 장농 속에 깊이 넣어두고 있단다.

그것도 제록스 복사본이지만 산은 산, 물은 물山是山 水是水로 유명한 이면에 기실 성철 스님이 살아 생전에 '산은 산, 물은 물'을 당신 법문이 아니라고 하신 대목이 생각난다. 이유인즉, 당시 총무원장 노스님이 본의 아니게 대필하여 초파일 법문으로 불교신문에 실려 나온 탓이다.

그 이후부터 성철스님은 불교신문사 쪽에 말하였다.

"내 친필이 아니면 절대 싣지 말어!"

그런 까닭인지 열반송이 육필로 공개 되었다.

죽비 깎는 아침

제3부
백팔염주

출가를 잘못하면 이중죄인이다. 첫째는 부모에 불효요.
둘째는 시주 은혜를 저버린 죄인이다.
그러나 한 아들 출가 잘하면 그 공덕으로 아홉 친족이
천상락을 받아 태어난다고 하였다.
흐지부지 시은만 축낼 바에는 아예 부모봉양 잘하는 편이
좋다는 말은 이런 뜻에서 나온 말 같다.

여백이 차지하는 공간

🍀 승방

어른 스님을 찾아뵙고 인사드릴 겸사로 스님방 문을 두드릴 때마다 느껴지는 인상이 있다. 정갈한 방안 정돈에서 무언의 법문(法門 : 진리의 말씀)을 깨닫는다. 향로·불경·가사 장삼·죽비·차 도구·난초 화분 그리고 걸레와 휴지통까지도 놓일 제 위치에 적절히 놓여 있기 때문이다. 그 외는 텅 비어 있다.

벽지는 한지로 흰 벽인데 은은한 향 냄새가 배어 있다. 깔끔하게 닦은 누런 장판지 방바닥에 앉아서 작설차를 한 모금 마시고 나면 한꺼풀 탈속한 기분마저 든다.

허리를 곧추세우고 좌복 위에 앉아 죽비소리를 내고 입정入定. 고요 속에서 천불千佛이 곁에 다가와 함께 정진하는 느낌도 받는다. 스님 방이 곧 부처님 방이라는 생각이 줄곧 떠나지 않는다.

🍀 개인 법당

새벽녘에 창을 마주하고 앉아 있을 때에 갖가지 흰빛을 본다. 약하게 밝아오는 여명에서부터 환한 아침 투명한 흰빛에 이르기까지 수십 수백 가지가 넘을 것 같다. 이 흰빛을 보고 문득 생기가 차오름을 느낀다.

새벽 3시부터 밤 9시까지 승방에서는 눕지 못한다. 물론 이부자리를 깔아서도 안된다. 승방은 개인 법당이라고 할 만큼 엄격하게 규칙이 지켜지는 곳이다. 긴요한 일이 아니면 서로 방문하여 승방을 드나들 수 없으며, 발이 드리워져 있는 곳을 기웃거리며 안을 들여다보아서도 안된다.

송광사를 중창한 보조 스님이 쓴 『계초심학인문誡初心學人文』에 나오는 말씀이다.

승방에서 밤 9시가 넘어서 삼경 종소리를 듣고 자리에 누울 때에 머리 위치는 부처님 쪽을 향하도록 한다. 비록 자는 순간이지만 부처님 쪽을 향하여 발을 뻗을 수 없기 때문이다.

모두가 잠이 든 시간, 승방 앞에 가지런히 놓인 신발 위로 달빛이 비치다가 사라지곤 할 뿐 인적이 끊어진다. 적적하기가 이를 데 없다.

🌸 당호

어른 스님을 부를 때에는 불명 대신 당호堂號를 쓰는 예법이 있다. 당호는 승랍 10년이 넘은 스님으로서 수행력을 갖춘 이가 법사를 정하여 호를 받는 데서 시작한다. 그러나 진즉부터 전해 내려오는 당호가 승방에 붙여진 경우에는 그대로 따른다.

조실 스님방의 당호에는 대개 삼소굴三笑窟·미소실微笑室·염화실拈花室 등이 있다.

그 밖에 뒷방 승방에는 각자의 개성에 맞추어서 당호가 주어진다. 당호를 가졌다는 말은 바로 스승의 자격을 갖추었다는 것으로 통한다.

조고각하照顧脚下

승방 앞 댓돌 위의 신발은 늘 가지런하다. 댓돌 곁의 기둥에는 '조고각하照顧脚下'란 말이 표어처럼 붙어 있어 신발 벗은 뒤를 돌아보라고 경계한다.

'조고각하'는 물론 신발을 가지런히 놓으라는 뜻이 주여져 있으나 교훈적으로는 다음과 같이 달리 쓰일 때가 많다.

"삼업(三業 : 몸과 입과 뜻으로 지은 허물)을 청정히 하기 위해서는 늘 행위를 되돌아보고 참회해야 한다."

승방 앞 댓돌에 가지런히 놓인 신발을 보고 발심(發心 : 구도에 대한 마음을 내는 일) 출가한 예가 있다.

또 승방 안의 청정한 분위기에 매료되어 발심 출가한 예도 있다. 승방 안은 화려한 장식, 화려한 색상을 피하고 단순하기를 요구한다. 담박하고 소박해야 제격이니만큼 따로 실내장식에 신경 쓸 일이 없다. 하지만 정작 이렇게 승방다운 모습을 갖추자면 쉽지 않다. 무소유 그대로를 보여주는 일이 소유로써 가득 채워서 보여주는 일보다 익숙하지 못하기 때문이다.

실내장식이랄 것은 없으나 등불 곁가리개·찻상·난초화분·죽비 등을 안선安禪여가에 손수 만들어 사용하는 승방은 옛스럽다. 심지어는 대나무로 깎아서 만든 찻잔·찻잔받침·가사걸이 등을 사용하고 있는 방도 있다.

하여간 승방은 포근하고 청정하여 수행자의 정신 자세만큼이나 중요한 의미를 갖는다.

절拜

　절寺에 오면 절拜을 많이 한다. 그릇이 기울어져야 속에 찬 것이 쏟아지듯 몸을 자빠뜨렸다 일으켰다 하여 나의 아만我慢·편견偏見·욕심慾心 등을 쏟아버려야 한다. 단순한 방아찧기 굴신屈身 운동이 아니라 한 번 절할 때마다 매미가 껍질 벗듯 해야 한다. 껍질이 벗기고 벗겨지면 금강석같이 단단한 바탕이 드러날 것이다.

　요즘도 남방에서는 절하는 방법이 특이한 게 눈에 띈다. 자기집에서부터 절까지 절하고 가는 것. 자로 땅을 재는 것처럼 오체투지(五體投地:두 팔 다리와 이마가 땅에 닿게 하는 절)로 행진한다.

　인도의 한 남자.

　두건을 질끈 동여매고 맨발이다. 몸을 납작 땅바닥에 엎드렸다가 일어나서 앞으로 돌맹이를 밀어놓은 만큼 나아가서 절한다. 집에서 절까지 가는 길을 절하면서 무려 백수십 킬로미터 행진하는 모습이 한 인도 여행기 속에 생생히 담겨 있다. 손발에 피가 맺혀 옷을 얼룩지게 하지만, 이런 신체적인 고통에도 불구하고 그의 얼굴은 기쁨과 확신에 가득 차 있다.

　부처님이 수가장자首迦長者를 위해서 설한, 『업보차별경業報差別經』에는 절하는 공덕이 실려 있다.

첫째, 묘색신妙色身을 얻는다. 튼튼한 몸, 아름다운 얼굴을 갖는다는 말.

둘째, 말을 하면 남들이 믿어준다. 자기 말에 신용 잃은 이들은 절을 많이 해볼 필요가 있다.

셋째, 대중 속에 섞여 지내도 두려움을 느끼지 않는다.

넷째, 부처님이 언제나 보살펴 준다.

다섯째, 품위가 고상해진다. 매일 삼천 배씩을 하는 스님 한 사람이 기억에 새롭다. 그는 힘이 무쇠장사였다. 법당에서 절하고 내려와 가사 장삼을 벗은 그의 몸에서 나는 것은 땀냄새라고는 조금도 없고 은은한 향냄새, 부처님인 양 우러러 보인 적이 한두 번이 아니었다.

여섯째, 여러 사람이 친근히 지내고자 한다. 각박해지는 생활 속에선 미운 것, 보기 싫은 것이 많기 마련이다. 이런 때 고요한 마음으로 절함으로써 세파의 번뇌에서 놓여날 수 있을 것이다.

일곱째, 천상사람이 아끼고 공경한다. 절하는 이의 주위에는 늘 선신善神이 옹호하고 악신惡神이 숨는다.

여덟째, 복덕을 두루 갖춘다. 일이 안된다 안된다 하지 말고 부처님께 절을 올리면서 복덕을 쌓도록 할 일이다.

아홉째, 죽으면 극락에 왕생한다. 살아서도 당당하게 제 모습대로 살았으니 죽음인들 그를 가둘 수 없는 것이다.

열째, 열반에 거의 이르게 된다.

여기 실린 내용 중에서 우리 주위에 실제 영험靈驗으로 보인 것들이 요즘에도 더러 있다. 곁사람이 뭐라고 하든, 절 많이 해서 스스로 부처님의 가피를 입은 이들은 확고부동하다.

절 많이 함으로써 병이 났다거나 궂은일 만났다는 사람이 없는 걸 보면 절은 하여간 하고 볼 일이다.

그러나 절하고 나서 '절 자랑'을 하는 것은 오히려 업만 쌓는 일이다. '나는 삼천 배 했다' '나는 매일 108배 한다'는 등등.

절하는 뜻은, 자신이 쌓아온 무명無明을 무너뜨리고 성현을 우러러 지극한 마음으로 공경의 예를 올리는 데 있다. 자신의 가장 높은 이마를 숙여 상대편 맨 아래의 발등에 내려뜨린다. 달리 돈이나 재물로 내미는 것이 아니라 참 마음을 내밀 뿐이다.

절에 얽힌 이야기 한토막.

옛날 부처님 재세시의 일이다. 신통이 자자한 빈두로존자란 스님이 아라한이 되었던 만큼, 출가 전날 그가 신하의 몸으로 모셨던 우진왕도 이제는 빈두로존자를 친견할 때마다 꼬박꼬박 세 번 절을 올리는 처지가 되었다.

그러던 어느 날, 왕을 모시고 절에 따라다니던 신하 한 사람이 볼멘소리로 토로하였다.

"왕이 지난날의 신하에게 절하니 민망합니다. 저 빈두로존자도 기실은 범속한 저희들과 다름없는데 왕의 절을 받고 있으니 불칙스럽습니다."

마침 절하는 일에 신심도 적던 차에, 이 말을 들으니 우진왕은 한번 혼내줘야겠다는 생각으로 꽉 찼다. 이튿날 우진왕은 칼을 허리 밑에 숨겨 차고 빈두로존자를 찾아 나섰다.

이런 차에, 빈두로존자는 친히 거소에서 나와 왕을 영접하고 먼저 절을 올리는 게 아닌가. 왕은 의아해하며 빈두로존자에게 물었다.

"전날에는 앉아서 절을 받으시더니 오늘은 웬일이시오?"

빈두로존자는 태연히 다음과 같이 대답하였다.

"전날에는 왕의 복덕을 위해서 앉아서 절을 받았고 오늘은 왕의 살생죄를 면케 하기 위해서 절을 먼저 하였습니다."

"그렇다면, 절하는 저의 복덕이 감하여졌다는 뜻입니까?"

"장차 감복減福한 왕위는 오래 지탱키 어려우리라."

그로부터 우진왕은 7일이 지나서 인접국과 싸우다가 포로가 되는 불행을 겪게 되었다.

절을 할 때는 흔연히 밝은 표정으로 해야지 우진왕처럼 신심없이 하는 절은 하나마나다.

옛사람들은 절을 예의의 첫걸음으로 삼았다. 또, 절을 함으로써 자신의 인내력을 기르고 내면에 깊이 잠든 잠재력을 일깨워주는 작업이라고도 하였다.

기실 절은 하는게 아니라 스스로 받는 것. 108배하는 동안 108번 절을 받는 것이다.

행자생활

행자行者 기간은 6개월.
연 2회씩 한 사찰에 모여 수계산림授戒山林을 한다. 6개월 행자생활을 한 출가자가 스님이 되는 과정이다.

행자실에 입방入榜할 때 처음 듣는 생소한 말 가운데서 '하심下心'이란 말이 있다. '나'라는 상相을 버리고 겸손한 자세로 돌아가 수행자의 본 모습을 갖춘다는 말이다.
"행자님, 끝까지 하심하겠습니까?"
"예, 열심히 노력하겠습니다."
대답하는 신입 행자는, 묻고 있는 선행자先行者에게 합장하며 간청한다.
"행자님, 저는 절집안에 와서 얼마 지나지 않았기 때문에 여러 모로 미숙합니다. 생활에 익숙해질 때까지 잘 지도해 주십시오."
'입방식'의 절차도 있다. 순전히 행자실 자체 안의 규율에 따라 행해진다.
입산하면 나이, 학력, 지위 등이 모두 무無로 돌아간다. 철저하게 무소유無所有로 돌아간다. 과거의 몸은 죽고 새 몸이 태어나듯 이 세속의 일은 입산하는 것으로 두 번 돌아보지 않게 되는 것이다.

혹 스님의 고향이나 속명俗名을 묻는 경우를 본다. 스님에게 관심이 있다 보니 출가자에게는 꺼리는 것인 줄 모르고 물은 실수, 성직자에게는 맞지 않는 관심거리이다.

이제는 후원後院생활이 시작된다. 후원에는 대중 스님의 공부 뒷바라지를 하는 소임에 원주 스님과 그를 돕는 별좌別座 스님이 있어, 밥 짓고 청소하는 등 일을 맡는다.

원주실, 맨 처음 입산자가 들르는 곳이다. 입산자뿐만 아니라 절에 온 기도신도, 용건 있어 온 손님이 모두 이곳을 거쳐간다.

입산자는 일정한 면접전형을 거치고 나서 서류수속을 종무소에 가서 밟는다. 함께 수도생활 하는 데 적합한가 알아보는 과정이다. 고등학교 이상 졸업자로서 건강해야 하며 발심發心이 되어 있다고 믿어져야 한다.

왜 출가 입산하였는가, 여기에는 구도求道에 대한 결의가 필요하다. 다음 경우는 발심이 전혀 되어 있지 않고 그저 조용히 지내고 싶어 온 예다.

"스님, 논을 몇 마지기 가져와야 스님이 될 수 있습니까?"

가톨릭 어느 수도회 수사修士 입문에서 현금이 '5만 원 가량'이라고 한 안내서를 본적이 있다.

구도는 흑색 한 켤레, 양복, 작업복, 작업화, 내의 두 벌, 이불호청, 수도생활에 필요한 책 몇 가지 등등이 요구된 데 비하면 입산 출가는 아무 부담이 없다.

입산하고 나서 행자실에 들어가기까지를 '처사處士'라고 한다. 아직 입고 온 그 옷이며 머리는 삭발하지 않은 채이다. 적어도 한 달 이상의 유예 기간이 필요한 이유는 첫째 처사는 자신의 입산 결심을 재삼 확인할 수 있고, 둘째 원주실에서는 과연 입산자로서 적합한가 생활하면서 지켜볼 수 있기 때문이다. 비공식 집계에 의하자면 입산자가 스님이 되는 비율은 10:1, 열 명의 입산자 가운데 한 사람만이 스님이 된다고 하는데 이 비율은 좀 낮은 듯하다. 12:1이나 15:1 정도가 아닐까? 하여간 출가입산하려고 마음 내기도 어렵지만 스님 되기는 참으로 어려운 것임을 실감한다.

후원에서 반찬 손질하고 상 놓기, 찌개 만들기, 국 끓이기를 거쳐서 밥 짓는 공양주供養主가 되면 수계할 날이 얼마 남지 않게 된다. 그 외에도 절집안의 크고 작은 일에 행자들의 손이 가지 않는 곳이 없다. 밥 일, 법당 청소, 노스님 시봉 등등. 이런 가운데서도 염불과 『초발심자경문』을 익힌다.
  간혹 괴각乖角 부리는 행자가 있으면 참회시키는데 그치지 않고 하산下山 시키기도 한다. '괴각'은 하심에서 벗어나 머트러운 행동을 하는 일이다.
  이와 같은 대중공사大衆公事를 통하여 은연중 계율 정신과 대중 화합 정신을 불어넣는 데 힘쓴다.
절에서 쓰는 말로 삭발한다를 '무명초無明草를 벤다'고 한다.
  머리카락을 잡초에 비유해서 한 말이다. 머리카락은 중생의 무명無明 업장業障의 상징이기 때문이다.

하긴, 꼭 이 뜻이 아니라고 하더라도 수도생활에 위생적이고 간편하고 시원해서 좋다. 보름마다 삭발 목욕하는 날에는 '새로 입산하는 기분을 맛본다'고 할 정도다. 매일 삭발한 머리를 만져보며 발심이 약해지지 않도록 경계한 어느 노덕 스님 이야기는 무척 감동적이다.

　은사恩師 스님을 정하는 과정은 행자들에게 희비를 엇갈리게 한다. 원하는 스님을 은사 스님으로 모시고 법명法名까지 받게 되면 수계 준비가 일단락된 셈이다. 그러나 얼른 은사 스님을 정하지 못하거나, 정하였어도 그다지 탐탁지 못할 경우는 곤란하다.

　『율장』에 따르면, 은사제도의 필요성이 실려 있는데, 늙거나 병약해서 곁에서 거둘 필요가 있기 때문이라고 한다.

　수계 준비가 끝나면, 드디어 가사·장삼도 입어보고 발우공양도 해보며 스님이 다 된 양 우쭐대게 된다. '먹어도 음식 맛을 모르고 잠을 자도 잠이 안오는 시절'이 오기도 한다. 부처님 제자로서 나서게 되니 어찌 잠인들 깊게 올 것인가. 길고 긴 소원이 이뤄지는 감격 속에서 신심信心이 샘솟듯 한다.

　수계식. 드디어 사미沙彌 스님이 된다. 그러나 아직은 완전한 스님은 아니다. 비구比丘 스님 후보랄까 준準 스님에 해당한다. 사미기간에는 강원에서 부처님 경전과 계율을 익힌다. 이 강원생활에서 출가의 본뜻을 싹 틔우고 승행僧行을 익힌 후에 비구계를 받는다.

　'크게 자랄 나무는 떡잎부터 알아본다.'

큰절 행자생활을 잘 거쳐서 계를 받은 스님은 강원에 입방해서, 4~6년 동안 실로 익히고 싶었던 부처님 경전과 조사어록祖師語錄을 대하면서, 여전히 하심하고 또 하심하는 행자시절의 자세를 잃지 않는다. 이만큼 좋은 행자시절은 뒷날에 커다란 영향력으로 작용하는 것이다.

죽비 깎는 아침

　죽비竹篦를 많이도 깎았다. 어제 그제도 계속해서 밤낮없이 죽비를 깎았다. 나무를 깎아서 만든 적이 있지만 이번은 순전히 대나무만으로 만들었다.

　농막 제재소에 가서 봄철에 대밭 솎음질 해놓은 대 뭉치를 추려서 임경당臨鏡堂 마루로 가져와 작업을 시작했다. 무엇보다도 도구가 풍부해서 일하기가 수월한 듯했다. 전각篆刻에 쓰던 칼, 도장 파는 칼, 나무 조각칼 등에다 등산용 다목적 주머니칼까지 합하니 그만하면 연장은 충분했다.

　다 된 죽비는 소리를 내보지 않아도 짐작이 간다.

　"이건, 아주 소리가 좋겠는데."

하면 틀림없다. 누가 그때 구경을 하다가 몇 번,

　"딱, 딱, 딱." 치고는,

　"내가 사용해야지."

　한다. 이렇게 해서 만드는 족족 죽비가 나가버렸다. 하루 보통 열 개씩 만들었지만 다 나가고 지금은 다섯 개 남아 있다.

　죽비 모양도 가지가지. 아이들 팔뚝만한 굵기의 죽비가 있는가 하면, 엄지손가락만한 굵기의 죽비도 있고 길이도 들쭉날쭉 여러 가지이다. 취향에 따라 좋아하는 모양도 사람마다 다르다는 것을 알았다.

엊저녁에는 선방에나 맞지 얼른 임자가 나타날 것 같지 않는 큰 죽비를 새 암자 주인인 호주 비구니 지광智光 스님이 몇 차례 소리내어 보고는,

"이게 소리가 시원스러워요."

하고는 나중에 '인월암印月庵'이란 글씨를 파 달라고 하였다.

지광 스님이 물건을 볼 줄 안다. 조각 솜씨가 보통 이상인 줄 짐작은 하고 있었지만 죽비 고르는 솜씨를 보고는 다시 한 번 확인하였다.

오늘 아침에는 재료가 딱 하나 남아 있어서 그걸 마지막 작품으로 생각하고 시간을 끌어가며 천천히 깎았다.

죽비등에다가, '일념일행一念一行'이라 새기고 날짜도 넣었다. 이걸로 칼질이 끝났다.

이때 곁에서 누가,

"선방 가려고 죽비 깎는구만."

하였지만, 그게 아니다. 착잡한 마음을 정리하고 앞으로 어떻게 생활해야 할지 가다듬기 위해서 죽비를 깎는 것이다.

한 어르신 스님은 간곡히 일러주셨다.

"나이도 생각할 때요. 이제 이리저리 다닐때가 아니니 생각 잘해요."

나의 방랑벽이 발동할까 봐 그러시는 줄 안다.

"가려고 생각하지 말아요. 명성각明星閣 뒷방에서 『치문난자집緇門難字集』 정리도 해야지요."

아주 떠나는 줄 짐작하는가 보다.

나는 훨훨 날개를 달고 날아가는 기분을 맛보았다. 칼질이

훨씬 시원스러워진 느낌이다. 대나무를 베는 일부터 한다면 아주 멋지게 해낼 수 있을 것 같다.

뿌리 밑부분을 바짝 붙여 베어서 마디가 많을수록 좋게 만든다. 그늘에다 말려서 곱게 손질해 두면 작품이 나온다.

잡념이 생기다가도 일에 열중해 있으면 마음이 그렇게 편할 수가 없다. 손놀림을 한다는 것은 확실히 마음에 평온함을 가져다 주는 비결이다.

마지막으로 죽비 끝을 불에 그을리고 끈을 달아 걸어놓을 수 있게 하는 작업으로 일단락된다. 그런 후에, "딱, 딱, 딱." 하고 죽비를 쳐보면 참 좋다.

이 방 마루에서 주인 노릇하기도 오늘이 마지막 날인 것 같다.

어느 스님은 와서 보고는 하는 말이다.

"아, 죽비는 이게 진짜 죽비구나. 나무로 깎은 건 목비木篦지, 죽비가 아니어."

그 말끝에,

"스님, 죽비라 해도 안 맞고 죽비가 아니래도 안 맞아요." 하였더니, "하하하." 하고 웃고 말았다.

소위 배촉관背觸觀이라고 해서 죽비라고 한다면 집착에 떨어져 상견외도常見外道이고, 죽비가 아니라고 한다면 어기고 등져서 멀어졌기 때문에 단견외도斷見外道가 된다는 이야기가 있다.

죽비를 만들면서 줄곧 이 생각을 했다.

떠나는 일은 확실히 스트레스를 풀어주는 약효가 대단하다. 이미 떠나기 전에 이리도 흔쾌한데 떠나는 시간은 얼마나 좋을까. 해젯날 빈 걸망이라도 지고 일주문 밖을 터덜터덜 걸어 내려갔다가 올라오는 맛도 이해가 가는 이야기다.

  해젯날, 그렇다. 오늘은 묶어놓은 짐을 부치고 나서 홀가분한 차림으로 나서는 날이다. 구름 가듯 물 흐르듯 간다고 해서 운수납자雲水衲子라고 했다. 조롱 속에 갇힌 새가 창공으로 날아가는 기쁨이 있다.

  깎은 죽비를 마지막으로, "딱, 딱, 딱." 세 번 치는 것으로 모두 해 마쳤다. 끝나는 죽비소리다. 아니, 새로운 출발의 죽비소리, 명쾌하기 그지없다.

묵언도량

　해인사에서 한때 인연 있었던 기후 스님을 찾아서 길을 떠났다.
　막연히 한 철 지냈다는 인연이 아니라, 스님의 상像 같은 걸 생각케 하여 오랫동안 기억에 남는 스님이었다.
　큰방 공사에서는 한 말만 꼭하고 불필요한 말을 하지 않았는데, 늘 침묵이 따르는 스님이었다.
　경주에서 감포행 버스를 타고 70리 동쪽으로 달리면 어일. 여기서 내려서 샛길로 20리 들어가면 옛날에 불국사의 큰절이었다는 기림사가 나온다.
　큰절에서 다시 오솔길을 따라 가다가 나무층계로 바닥을 깐 긴 내리막길을 내려가니 '해동선림海東禪林'이란 현판이 앞을 막는다. 솜씨가 이곳의 선원장 스님 솜씨일 거라는 추측이 들었다.
　도량 안에 들어서니 고요하기 이를 데 없다.
　한두 마디 말이 있을 법도 하다. 그러나 침묵. 바람소리, 물소리, 그리고 새소리.
　아침 공양 때의 일이다. 반찬으로 감자볶음이 나왔는데, 기름이 부족하고 설익었지만 아무 말이 없다. 그냥 그대로 먹을 뿐이다. 탄 것은 탄 대로, 쓴 것은 쓴 대로 먹으면 그만이다.

공양주를 스님이 지원한다. 그렇다고 정진 시간에 안 들어가는 것도 아니다 난(蘭:15종 400여분)을 가꾸는 스님도 마찬가지다. 자유로운 분위기 속에서 정진하고 일한다.

이 묵언 덕에 대중은 제 일에 충실하고 시비에서 벗어나서 자유롭게 지낸다.

수행에는 고행이 따르기 마련이다. 묵언默言, 장좌長坐, 오후불식午後不食이 다 마찬가지다. 들리는 바로는 지리산 칠불암에서의 위의 세 가지 가운데서 하나라도 택해서 매진해야 하는 방부 조건이 있다는데, 이렇게 해서라도 탐염貪染에서 벗어나려고 하니 높이 살 만하다.

역대로 장좌불와長坐不臥로 이름 높은 분은 협존자(脇尊者 : 불멸 후 600년경 인도 스님)와 근세의 효봉(曉峰:1888~1966) 스님을 들 수 있다. 협존자는 허리를 땅에 대본 적이 없는 용맹을 떨친 분으로 불조 이후 제10대 조사가 되었다. 효봉 스님은 '절구통 수좌'의 별호를 얻으며 정진하였다고 전한다. 절구통처럼 까딱 않고 지낸 분이니 늦게 출가하였지만 일심불란一心不亂한 경지를 곧 이룬 것은 당연한 일이다. 효봉 스님은 남들이 상좌 둘 나이에 입산출가하였는데 38세였다.

오후불식은 정오가 넘으면 물 이외 아무것도 먹지 않는가 하면, 차茶 정도는 허용하고 있는 경우도 있다. '차 정도'이니 밥 외는 융통성이 가능하기 때문에 차담까지 발전하는 경우가 있다는 뜻이다. 오후불식하면, 첫째 밤에 꿈이 없어서 좋고, 둘째 심신이 거뜬하게 맑아서 좋다는 정평이 있다. 음식 먹는 시간은 하늘, 신선은 아침, 부처님은 정오 무렵, 축생은 오후, 아귀는 저녁, 귀신은 한밤중. 이 때문에 훗날 스님들은 부처님 법을 배우는 까닭에 정오가 지나면 먹지 않아야 한다는 계율이 생겨났다. 그러나 차츰 근기가 약해졌다. '약석藥石'이라고 이름지어서 허기를 면하고자 했으나, 이제는 으레 정한 공양인 줄 알게 되었다. 게송에 이르기를,

> 모은 중생의 죄업이
> 거진 다 먹는 것으로 생겨났듯이
> 지금 탐내고 애착하는 이 마음도
> 먹고 마시는 데서 일어나네.

하였다.
 마지막으로 묵언은, 대중 속에 있으면서 독살이를 맛보는 방법이라고 한다. 최근에 장기 묵언하는 스님들이 선원마다 늘어가는 추세다.

> 나의 참 모습, 얼굴, 제 목소리를 찾고자 한다면 말 없는 곳,
> 생각이 끊어진 곳에 가야 한다.

 선사의 어록 어디에고 나오는 법문이다.
 침묵이 토해낸 사자후를 진정 듣고 싶을 때가 있다. 이웃과 관계를 끊고 제 자신의 시간 속에서 출가본분을 되새기고 싶을 때, 묵언이라도 해야 하는 것인가? 이웃도 때로는 귀찮은 존재이다. 일상의 타성에 실리다 보면 세월이 덧없다.

제3부 백팔염주 123

흐릿한 머릿속에 한줄기 맑은 샘물이 흘러들었을 때, 아침에 동트듯이 뭔가 깨어날 수 있다. 이래서 일상의 그늘에서 벗어나야 한다.

소중한 삶. 용기 있는 사람들이 열었던 문門 앞에서 서성거리다 되돌아가기는 아깝다. 실은 묵언해야 할 사람은 나 자신인 줄 그곳에서 빠져 나오면서 느꼈다.

침묵할 줄 안다[知默].
나의 이름 속에는 '묵언패默言牌'가 들어 있다.

삭발한 날

내가 절에 와서 처음 삭발한 이야기이다. 송광사에 출가하여 행자실에 막 들어가 차례에 따라 그릇 씻는 채공 행자로 지내던 어느 날이었다.

산내 암자인 천자암天子庵이 비게 되니 열두 살짜리 최행자崔行者와 함께 지내라는 부탁을 받았다. 아직 구두를 신고 남방셔츠에 가르마 탄 긴 머리인, 온 그대로의 모습이었다.

천자암에서 2,3일 지내던 어느 날, 나는 세숫대야에 물을 떠서 마루에 올려놓고 삭발을 시도하였다. 긴 머리인지라 잘 안되었다. 피가 많이 났다. 거울을 보고 하였으나 허사였다. 더구나 면도날이 무딘 탓도 컸다. 한 시간 가까이 씨름해 가며 조심을 다해 삭발을 모두 마쳤다.

"중이 제 머리 못 깎는다."

이런 속담이 무색하게 되었다. 나중에 안 일이지만 웬만하면 제 머리를 제가 손수 깎는 스님이 많았다. 혼자 차분히 삭발하고 나면 그렇게 기분이 좋을 수가 없다.

그러나 나는 승복이 없어 당황하지 않을 수 없었다. 긴 머리카락을 깨끗이 삭발만 하고 지금처럼 그냥 속복으로 지낼 수는 없기 때문이었다. 내가 앞뒤 가리지 않고 하루라도 빨리 스님 모습을 갖추고 싶은 욕심 때문이기도 하지만, 텅빈 암자에 스님이 아닌 속복 입은 행자가 있어야 되겠느냐 하는 생각도 컸기 때문이었다.

　하여간 앞뒤 생각 없이 삭발을 하고 벽에 걸린 헌 승복에다가 가사 장삼이란 걸 처음 몸에 걸치고 불전에 섰다. 가사 장삼은 계戒 받은 스님의 전용물인 줄도 모르고 한 일이다.

　가사를 입는 방법이 까다로운데 어떻게 하였느냐 하면 이건 순간의 아이디로로 넘겼다. 방울 단추와 고리를 맞춰 끼우고 그 사이로 몸을 디밀어 넣으니 영락없이 스님들처럼 되었다. 부처님 앞에 정중히 나서려면 가사 장삼을 갖춘 복장이어야만 한 줄 알았다. 만일 스님들이 이 모습을 발견하였다면 즉시 절에서 떠나게 될 정도로 크게 잘못된 일을 저지르고 만 것이다. 하지만 나는 이것이 옳은 줄 알고 법당 안에서 향·초에 불을 붙이고 절을 올리기 시작하였다.

　한 번. 먼저 온 행자님에게 배운대로 천천히 하였다.

　두 번 세 번. 고두叩頭 절을 마치고 일어서서 합장 반배를 하는 순간이었다.

　나는 깜짝 놀랐다. 부처님을 모신 닫집 대신 간이 닫집 유리 상자로 만든 앞유리에 웬 스님이 비춰 보였기 때문이다.

　얼른 뒤를 돌아다보았다. 아무도 없다. 단지 양명한 햇살이 창지문에 환하다. 주위를 살펴보아도 아무도 없고 오직 나 혼자뿐이라는 사실에 실소하였다.

　'이런, 내 모양을 보고 놀라다니…'

　이런 생각이 떠오르자 나는 다시 한 번 거울처럼 비친 내 모양을 찬찬히 살펴보고 웃음을 참지 못했다.

"허허, 이런 나야, 나."

나를 보고 놀랐다. 갑자기 스님 모습으로 변한 모양을 보고 놀라지 않을 수 있을까. 조금 전까지 긴 머리 속복 행자는 어디 가고 의젓한 한 스님이 여기에 있다.

"나를 보고 깜짝 놀라다니…."

그 이후로도 간혹 이 문제가 생각나곤 한다. 내가 화두話頭란 걸 참구參究한다고 버틸 때, 억지였지 의문은 일지 않았다. 해야 한다고 하니까, 그래야 도道를 깨친다고 하니까 하였다. 그러나 나를 보고 놀란 사건은 저절로 생각에 떠올라 의문이 되곤 하였다.

고대 희랍신화에,

"어려서는 네 발, 커서는 두 발, 늙어서는 세 발 가진 것은?"

하는 질문을 재미있어했는데 나에게 그런 우스개 사건이 생겼다. 어리석은 중생이라더니.

옛날에 어떤 아버지와 아들이 천재지변으로 생이별을 하였다가 만났다는 이야기가 있다.

거지로 동냥나온 아들은 너무 어려서 헤어졌기 때문에 부잣집 대감님인 아버지의 얼굴을 알아보지 못하였으나, 아버지는 곧 아들임을 알아보고 맨발로 방에서 뛰어나와 아들의 손목을 꽉 잡고,

"너, 내 아들이구나."

하고 어쩔 줄 몰라했다. 이때 아들은 영문을 몰라 손을 뿌리치고 도망치려 하였다. 비럭질을 다니느라고 근성이 비루해져서

부잣집 대감이 자기 아버지라는 사실이 믿어지지 않은 것이다.

집안 일꾼들이 붙잡아서 내빼지 못하도록 하고 밥도 주고 옷도 주고 똥, 거름 치우는 일을 시켜 일자리를 내주었다. 시간이 경과함에 따라 아들은 세수도 할 줄 알게 되고 사람 구실을 조금씩 익혀나갔다.

이제는 문밖 출입이 자유로워지고 어른을 보고 절을 할 줄도 알게 되었다. 이 이후로 상수上首 머슴이 되어 장성한 아들은 아버지의 유언遺言을 받았다.

"너는 내 아들이다. 이 집안 살림살이를 모두 네게 상속한다."

이때에야 아들은 목놓아 울면서,

"아버님, 아버님."

하고 애통해하였다.

우리는 부처라고 경전 어디서나 말씀하신다. 중생이 바로 부처라고. 그러나 우리는 이 말을 곧이곧대로 믿기에는 의심이 많고 오염이 커서 오히려 놀랄 수밖에 없다. 욕심덩이며 성내기 잘하며 어리석은 짓을 밥먹듯이 해내는 내가 부처일 까닭이 있을까 한다. 부처와 중생의 차이는 이런 데서 난다는 것이다. 한 생각 의심내고 안 내는 데서 차이가 난다.

절 앞에 사천왕문 들어가기 전에 일주문一柱門이 있다. 절 안과 절 밖의 차이, 곧 승속僧俗의 차이는 이 일주문에서 시작된다. 그런데 재미있는 것은 일주문은 이름 그대로 기둥이 하나씩 양쪽에 세워져 있어 눈길을 끈다.

"중생과 부처는 본래 하나다. 승속이 원래 하나이듯이 경계로 선 기둥 하나 차이로 승속이 나뉜다. 한 생각 일으키고 안 일으키고에 따라 부처와 중생도 달라진다."

대체로 이런 뜻이 담겨 있다는 이야기를 노스님들로부터 듣고는 일주문이 예사로 보아지지 않았던 기억이 새롭다.

내일 모레면 삭발 목욕일이다. 오랜만에 내가 처음 삭발한 절에 가서 깨끗이 삭발하고 부처님 앞에 서보고 싶다.

후 기 …

삭발한 절인 천자암에는 천연 기념물 88호 쌍향수雙香樹가 여전히 푸른 빛을 띠고 있다. 출가를 생각하면 먼저 머리에 떠오르는 것이 이 쌍향수. 그 만큼 쌍향수는 내 출가의 상징처럼 되었다.

여기에서 있었던 일화 하나.

송광사 여름 수련회 법사로 나갔더니 현묵·유나 스님이 소개하면서 말하였다.

"지묵 스님은 얼마나 꼼꼼한지 아시겠어요? 송광사 대웅전에서 천자암 법당까지 1m 대 막대기로 자 벌레처럼 쟀어요. 그 결과 종전의 거리가 잘못된 것을 수정한 장본인이랍니다."

이때 대중이 크게 웃었다

"하하하"

이야기를 듣고 보니 스스로 그런 때가 있었는가 돌아봐진다. 늘 덜렁거린다고 지적받는 내가 그런 때가 있었다니!

백팔염주

새벽 세 시에 도량석 소리를 듣고 바로 법당에 올라가서 백팔 배를 하고 큰방에 들어갔다.

몸이 한결 가볍다. 정신이 또렷하기가 이를 데 없을 정도이다. 좌선을 하는 동안 졸음도 산란심도 접근치 못한다. 오늘은 별일이다. 잠이 많은 편인데, 게다가 망상도 끝이 없는 주체덩인 줄 누구보다 내 자신이 잘 안다.

쉬는 시간이면 백팔 배를 하고 또 한다. 절이 큰 힘이 된 것 같다. 백팔염주 줄이 늘어져라 알을 또렷이 헤아리며 절을 무수히 한다.

끝없는 참회, 삼업의 허물을 씻고 사홍서원을 발한다. 이 서원이 기필코 이루어지이다.

염주 한 알 헤아리며 한 번 절하고 일어선다. 등 뒤에 땀이 후끈 젖어온다. 무릎에서 뼈마디 소리가 난다. 입에서 단내가 난다. 절을 거듭할수록 호흡이 다급해지지만 자제해 늦추려고 노력한다.

어떤 불치병 환자가 불전에 절을 올리며 기도해서 완쾌되었다는 이야기가 있다 실어증失語症 환자도 마찬가지였다. 신경쇠약, 노이로제의 경우 등을 기도로 치료한 이들을 흔히 보아왔다. 가능한 이야기들이다.

어떤 암 환자는 낫는 길이 딱 한 가지 치료방법밖에 없었다고 한다. 왜냐하면 고질에 가까워 수술에 들어가기조차 어려워졌기 때문이었다. 그래서 한 가지 방법을 택하기는 해야겠는데 그것 역시 병이었기에 난감했다.

장질부사에 걸려 앓는 방법이었다. 열이 고열로 높아가서 암이 치료된다나. 한데 장질부사 치료방법이 더욱 문제로 남기에 선뜻 나서기 힘들었다.

생각해 보니, 이 암 환자가 불전에 열심히 신심껏 절하며 기도해서 나은 것도 기적이 아니다. 과학적인 근거가 뚜렷하다. 이런 경우 신심이 살려냈다고도 말한다.

옛날 부처님 재세시에 있었던 일화가 해인사 장경각 염주 경판에 담겨 있다.

한 나라에 기근과 재난이 해를 거듭해서 나라가 위기에 처해 있었다. 왕은 묘안이 떠오르지 않아 부처님께 나아가서 이 사실을 고하고 대책을 부탁드리기에 이르렀다. 이때 부처님은,

"모감주 열매 백팔 개를 실에 꿰어서 이렇게 일념으로 염하도록 하시오. '나무불타, 나무달마, 나무승가' 하고 온나라 백성들이 백팔염주를 돌리며 삼보를 염할 때 재난은 사라지고 화평한 시대를 맞이하게 될 것이오."
하고 일러주어 난국을 이겨내게 하였다.

한 나라의 재난을 백팔염주 힘으로 이겨내게 해서 염주의 시초가 되었다는 이야기이다. 기적같은 일이지만 기적이 아니다.

염주는 절하는 동안에도 헤아리고 염불하는 동안에도 헤아린다. 화두를 들 때에는 염주 대신 소염주인 단주短珠알 굵은 걸 사용하는 일이 많다.

절을 시간을 정해 놓고 하는 경우가 있다. 한 시간 계속 절하면 대개 칠백 배 한다는 등 자기 절하는 속도를 짐작해서 계산하는 방법이다. 그러나 나는 절하는 속도가 대중없기 때문에 시간을 정해서 절하는 일이 드물다. 혹시 염주가 준비 안 된 경우에만 하는 수 없이 하는 편이긴 하지만, 어떤 때는 무거운 돌덩이 움직이듯 꾸무럭거리며 절하기도 한다. 그래서 염주를 사용하기를 좋아하는 편이다.

새벽에 냉랭한 법당 안에 들어섰다가도 백팔염주를 굴리며 절을 한 차례 하고 나면 더운 숨통이 터진다. 감기 기운이 있을 때에도 마찬가지로 더운 기운이 솟는다.

내가 혹 누구에게 염주를 보시할 때,

"이 염주로 절 많이 하시오."

하고 계속 염주만을 사용한 적이 있다. 율무 염주, 보리수 염주, 향나무 염주, 금강주 등 종류도 여러 가지. 실제로 염주알을 실에 꿰어 만들어서 보시한 적도 있다. 누구에게나 부담없이 부처님 법을 전하는 데에 이보다 더 좋은 보시물이 있을까 싶다.

어느 스님에게 들은 이야기 하나가 오래 생각난다. 평생 율무 염주를 지닌 스님이 인적 드문 토굴에서 지내다가 돌아가셨다. 누가 화장해 줄 이도 없기에 토굴은 초토화되어 갔다. 해를 넘기자 토굴 자리에서 율무가 피어나 자라게 되었다. 그 스님이 지녔던 율무 염주알이 싹튼 것이다. 마치 그 스님의 혼적을 기념이나 하려는 듯이.

　율무 염주알은 암만 세월이 오래가도 썩는 일이 없다고 한다. 노스님네가 열반할 때가 가까워져서 산야에 나가 산화하였다는 예가 적지 않다. 대중 공부하는 데에 번거로움을 덜어주자는 뜻에서이다.

　관 짜고 화장하기까지 모두 수고로움만 끼친다고 해서 하는 배려이다. 절에 남은 이들은 추모재를 노스님이 절에서 떠나신 날로 잡고 모신다. 흔적을 알 수 없기에 취한 방편이다. 뒷날 골짜기 어느 양지바른 쪽에 율무가 피어난 곳을 보고서 노스님 열반터이거니 여길 따름이다.

　그런 염주알이 익어갈 때 노스님의 영혼을 거두듯이 한알 두알 따서 백팔염주를 실에 꿴다.

　오늘날에도 그런 백팔염주를 헤아리며 무수히 절하는 이의 가슴속에는 노스님의 맑은 숨결이 흐르고 있지 않을까. 비록 세월이 흘러도 이 미더운 가풍은 살아남을 것이다.

용맹정진

용맹정진은 '잠 안자기 울력'이라고 하고 '수마睡魔를 조복 받는 수련'이라고도 한다. 절집안에 들어와서 이 용맹정진을 모른다면 헛 살았다 할 수 있다. 이 무렵이면 고참 신참 할 것 없이 큰절에서는 누구나가 겪기 마련이기 때문이다.

해마다 성도절(음력 12월 8일)을 기념해서 제방 선원에서는 용맹정진을 한다. 우리 봉암사도 예외가 아니다. 초하루 아침 3시부터 시작한 시간표는 다음과 같다.

아침 예불	오전 3시
보　　행	오전 5시 반
아침 공양	오전 6시~7시
사시예불공양	오전 11시~12시
청소 오후	오후 4시
저녁 공양	오후 5시~6시

자정 무렵에 30분쯤 죽 먹는 시간이 들어있는데 이번에는 빼버렸다. 잠이 오는 걸 막기 위해서 그렇기도 하지만 후원 사정을 고려해서 편의를 준 것.

차는 꿀차, 인삼차, 구기자차, 우유차, 생강차, 쌍화탕 등이 준비되었다. 역시 잠이 온다고들 해서 반수 이상은 차를 마시는 일이 별로 없다.

　게다가 하루 한 끼니 먹는 스님네가 두 사람. 그야말로 생사를 목전에 둔 수행자 모습이다. 맹물 마시며 일주일 용맹정진이다. 또 묵언默言하는 이가 두 사람. 정열이 열화같이 타오르는 무사장부 같다.

　눈이 소복히 쌓인 산사에서 장작, 쌀 걱정 없으니 이제 한판 벌이는 게다. 창이 눈빛에 훤하다. 눈빛이 이렇게 밝은 줄 새삼 깨달았다. 희미한 의식 속에서도 변소 걸음하는 자세로 하늘을 올려다보고,

　"별도 참 많구나."

하기도 했다. 자연의 품에 포근히 안기는 시간이다.

　아무 근심 걱정없이 이렇게 잠과 싸우며 7일을 보낸다.

　거꾸로 매달아도 시간이 간다는 마지막 날 밤에는 잔잔한 희열이 느껴진다. 화두를 들고 누런 장판 바닥과 앞 사람만 보고 지낸 결과가 바로 이건가 느껴진다. 잠이 쏟아질수록 화두타파에 심혈을 기울인다.

　다각실에 쌓인 차와 과일 등은 쉽게 줄지 않는다. 먹을 시간이 없기 때문이다. 소화시켜 내자면 쉬는 시간이 필요한데 그게 없어 탈이다. 놀 때에는 많이 먹힌 것과 반대이다. 용맹정진 기간에는 그저 적게 먹어야 탈이 적다. 꿀차, 인삼차도 잠을 불러일으키는 데에서는 예외 없다. 웬 잠을 그렇게 내뿜는지.

　장군죽비 치는 데에서 일이 터질 때가 있다. 시간마다 좌차 순坐差順으로 자는 이, 조는 이, 자세가 불량한 이 등을 경책하

는 인례引禮. 그는 능숙하게 죽비를 후려쳐야 한다.

어물어물하면서 자는 이를 설 건들다가는 일이 터진다. 예의 정중하게 경책을 청해서 정확히 견정혈肩頂血을 내려치지 않으면 실격. 요령을 터득하기까지 시간이 걸린다.

한 시간만 자리에서 빠져도 좌복을 치워버린다. 냉엄한 규칙이 내려지기 때문에 이런 일이 간혹 있으나 좀체 드물다. 환자라면 몰라도 꾀 부리는 좀스런 일은 없다.

'탁마상성 붕우지은琢磨相成 朋友之恩'은 용맹정진에서 크게 발휘된다. 벗의 힘으로 공부가 절로 절로 되는 것. 이 용맹정진의 폐단은 경책을 잘못 써서 조는 듯 싶은 이를 경책하는 데서 생기곤 한다.

혹 신도들간에도, '선방이라고 가 봤더니 조는 일 뿐이더구먼' 한다. 지리산 칠불암 아자선방亞字禪房에서도 이 조는 때 한 원님이 이 선방 안을 들여다 보고서, '저런, 고얀 짓들만 하는구나!' 하고 안색을 달리했다는 일화가 있다. 언변이 좋은 주지 스님은 원님에게 이를 네 가지로 설명한다.

첫째, 춘풍양류관春風楊柳觀. 앉아서 전후좌우로 몸을 흔드는 수좌는 호시절 극락세계를 관하고 있는 이들,

둘째, 앙천성수관仰天星宿觀. 고개를 쳐들고 입을 떡 벌리고 있는 수좌는 천기天氣와 별자리를 관하고 있는 이들이다.

셋째, 지하망령관地下亡靈觀. 고개를 푹 수그리고 있는 수좌는 업보로 고생하는 지옥 중생을 자비로 관하고 있는 이들이다.

넷째, 칠통타파관漆筒打破觀. 간혹 방귀를 뀌는 수좌는 번뇌망상의 어두운 구멍을 뚫는 관을 하는 이들이다.

하여간 원님은 스님의 설명에도 이해가 안가서 급기야 문제를 내기에 이르렀다.

"그런 인재들이 가득 모인 선방이라면 문제될 것이라곤 없소. 내달 안으로 목마木馬를 만들어 놓을 터인즉, 이를 채찍질해 달아나 보시오."

이 곤경에서 탁자 밑에 자리한 초학자 하나가 이 문제를 제게 맡기라고 나섰다. 그는 쉽게 목마를 타고 승천하였기에 문수동자文殊童子라고도 말하여진다.

이 이야기는 대웅전 벽화 소재로 흔히 나와 있을 만큼 유명하다. 물론 깨어 있는 상태와 조는 상태는 분명 다르다. 어찌 맑은 날과 흐린 날에 빨래 말리는 정도에서부터 곡식이 익어가는 과정까지 같을 수 있을까.

하지만 외형으로 봐서 꾸벅꾸벅 조는 듯해 보이나 이를 보고, '순전히 자기만 하는구나!' 해서는 안된다. 경책하는 인례스님의 멋진 솜씨는 여기서 달라진다. 망상이 성성해서 눈만 멀뚱멀뚱 뜬 이를 보고 참선 잘한다고 말하는 어리석음과 같다.

조는 듯한 속에서 공부가 되어가고 있는 깊은 도리를 이해하는 이가 얼마나 될까.

    배울 것 없이 할 일 없는 한가한 도인은
    망상을 지우려 하지 않듯 진리도 구하지 않네.

    絶學無爲 閑道人
    不除忘想 不求眞

선문제일송禪門第一頌이랄 수 있는 중도가의 첫 구절이다.

용맹정진이 끝나고 나니 이제 감옥에서 해방이나 된 듯 놓여나서 푹 쉰다. 한편 가일층 바짝 조여매는 이들도 얼마든지 보인다. 용맹정진 뒷날 잠을 자고 나서, 모두가 '아, 잠이 이렇게 좋은 건 줄 몰랐네!' 하고 이구동성으로 말한다.

경책만 잘 쓰는 용맹정진이라면 한두 달 계속해도 될 법한 일이다. 여기서 지난 겨울에는 맹물 마시고 한 달 열흘이나 했다고 한다.

참으로 용맹정진을 마치는 날은 일대사를 해마쳐 견성見性한 날일 게다. 해제니 회향이니 하는 말이 다 본분사를 두고 하는 말이지 단순히 시간 길이만을 이야기할 수 없기 때문이다.

앉아 있기

서울 사람들은 복이 참 많은 것 같다. 왜냐하면 멀리 산사를 찾지 않고도 참선할 기회와 장소가 쉽게 주어지기 때문이다. 게다가 큰스님들께서 오셔서 법문을 해주시니 그보다 더 큰 행운이 어디 있을까.

오랫동안 산사에 묻혀 있다가 근래에 와서 잠시 도시 한 중심가에 위치한 절에 머물게 되었다. 이곳에는 금요일 밤에는 저녁에 두 시간 정도 좌선 모임이 있고, 토요일 밤에는 용맹정진을 하고 그 다음날 아침 예불에 참례하고 집으로 돌아간다. 피곤할 터인데 직장인들이 많은 것 같다. 그 중에는 처녀들도 여럿 끼어 있고, 노보살님들도 끄덕하지 않고 앉아 있는 모습이 인상적이다. '출가해서 가사 장삼 걸치고서 저보다 덜 해야 되겠는가' 라는 경책의 소리가 귓전을 맴돈다.

간밤 용맹정진 때에는 죽비를 내가 쳤다. 처음 시작 죽비는 9시 정각에 세 번 친다. 자정에는 차 마시는 시간으로 30분간 휴식을 취한다.

자정이 지나면 주위 분위기가 정진하는 데 절정에 이른다. 좌선할 때에는 앉는 요령이 있다. 시간이 흐르면 정신이 흐려지곤 하는데 이때에는 항문 조임 운동을 한다.

단전호흡은 아무리 하려고 애를 써도 잘 안되더니 이젠 쉽게 할 수 있게 되었다. 선도仙道에 관한 책에는 호흡하는 요령이 자세하게 나와 있다. 그 요령은 간단하다. 먼저 자기 호흡 속도대로 순조롭게 시작한다. 항문을 꽉 조이면 아랫배 단전에도 함께 힘이 들어간다. 가능하면 자연스럽게 숨 쉬도록 노력해야 한다. 나는 혼침에 빠져 잠이 많은 사람으로 꼽혔으나 이젠 의욕을 갖고 늘 깨어있게 되었다. 그리고 허리를 똑바로 펴는 일도 중요하다. 단전호흡을 잘하면 허리에 자극이 되어 아픈 것이 덜해진다.

달마대사가 했던 면벽구년面壁九年이란 말이 처음에는 아찔한 생각이 들더니 이젠 앉는 요령이 생겨 그 뜻에 조금씩 젖어드는 느낌이다.

아침 예불 후에는 몸에 땀이 나서 속옷이 착 달라붙도록 절을 했다. 피곤하지만 희열이 차오름을 느낀다.

'앉아있음, 그 자체가 무엇보다도 값진 법문', '한 시간 앉으면 한 시간 부처, 열 시간 앉으면 열 시간 부처다' 이런 법문들은 너무 편하게만 지내려는 우리들에게 큰 자극제가 된다. 늘 허둥거리며 밖으로만 날뛰기를 좋아하는 우리들에게는 조금이라도 엉덩이를 땅에 붙일 시간이 더 필요하기 때문이다. 안으로 돌아보는 내성內省의 화살을 지니는 데 좌선보다 더 좋은 것이 없다고 생각한다. 허리를 쭉 곧게 세워 펴고 당당한 모습으로 대지와 맞설 수 있어야 한다. 등을 굽히고 가슴을 조이며 이리저리 천방지축 날뛰는 모습은 우리의 본래 모습이 아니다. 그 어떤 희생의 대가를 치르더라도 살 길이라면 마다하지 않고 자기의 본래 모습을 살펴 찾는 일에 시간을 늦추지 말아야 한다. 악의 소굴에 빠지더라도 자신을 붙들어 맬 수 있고, 혼란한 사회에서 한마음을 지킬 수 있는 길도 자기의 본래 마음을 회복하는 데 있는 것이다. 매일 잠들기 전이나 자리에 일어나 단 5분이나 10분씩이라도 노력 없이는 어떤 대가도 기대할 수 없는 것이다.

  정진의 힘을 길러두어야 눈이 잠길 때에 정념正念이 흔들리지 않는다고 한다. 온갖 잡된 생각이 끊이지 않으면 그건 이미 잘못된 상태이다. 허공처럼 뜻을 담박하게 맑히라고도 한다.

결제를 맞으면서

결제날이 기다려진다. 석달 해제 동안 도반들도 못 보고 공부를 짬지게 해보지 못했기 때문인가. 간혹 객실에서 만나서,
"다음 철은 어디서 지낼거요?"
하고 인삿말을 건넨다. 말사에서 토굴삼아 지낸다느니, 몸이 안 좋아 결제에 못 들어가겠다느니, 또 어디 선방에서 더 눌러앉아 지낸다느니 한다.
"그때 함께 지낼 때 좋았어요."
하고 용맹정진 일을 꺼낸다. 눈이 소복이 쌓인 산사에서 장작도 산더미같이 갈무리해 두고 쌀도 많겠다 그저 아무 걱정없이 마음 툭 놓고 7일 용맹정진을 보람있게 마친 이야기가 나온다.
"헌데 도반이 입적한 건 마음에 안 좋아요."
사실 마음에 걸리기는 내가 제일 먼저 꼽힐 것이다. 입적한 스님의 바로 옆 좌복에 앉았었으니까. 간암으로 병원에 입원한 뒤에 유서도 내가 받아썼다. 절에 돌아온 나는 입원중인 그에게 편지로,
"죽을 때 어찌 생사에서 해탈하겠소?"
眼光落地時 也麼 生死解脫
하는 말을 썼다. 옆에서는 너무 심한 말 같다고 했으나 수좌 본분사를 생각할 때 꼭 하고 싶은 말이었다. 그는 내게 그냥

빈 종이 편지를 보내면서,

"밖은 은세계요."

하는 말만 써서 보냈다.

빈 종이 속에 많은 내용이 담긴 듯했다. 큰방에서 나는 빈벽과 마주앉아서 그의 빈 좌복에 눈길을 주곤 했다. 아, 그는 끝내 불귀의 객이 되고 말았고….

벽제 화장터에서 그의 유골을 습득해서 소원대로 영덕 동해바다에 아침 일찍 유골을 뿌릴 때 ― 이제사 그가 갔다는 생각에 울컥 목젖이 뜨거워짐을 느꼈다.

그는 우리 남은 도반들에게 큰 법문을 남기고 갔다. 육신은 이렇게 눈덩이 녹듯 쉽게 사라진다는 사실을 눈앞에 보여 주었다. 공부를 매지게 하라고 몸으로 법문하고 갔다.

입적한 도반 이야기가 나오자 갑자기 분위기가 숙연해졌다. 이 육신도 내 것일 수 없는데 걸망은 조금도 줄어들지 않은 제 자신이 돌아봐진다.

엊그제는 연중 행사로 치르는 삼월불사 보살계단에 필요한 방榜을 짜는 데에 동참하였다. 말하자면 소임을 나눠 분담하는 육색방六色榜이다. 큰방 안에 좀 늦게 들어갔는데 청산靑山 쪽에 모르고 앉았다. 응당 선방 대중이니 나는 백운白雲 쪽에 낮아야 할 일이었다. 구름처럼 떠도는 만년 객승이 될 터이니까.

삭발하고 목욕한 대중들이 여법히 가사 장삼 수한 채 가득 방안에 차 있는 모습을 오랜만에 보고 기뻤다. 그동안 토굴에서 멋대로 자유롭게 지낸다고 불규칙하게 기거한 탓이리라. 역시 결제 때는 대중과 함께 지내야지 싶다. 그대로가 법문이다.

옛 스님들이 세가지 인연을 들어 도를 이루는 지름길을 밝혀 놓았다.

첫째, 좋은 도량이다. 공부할 장소가 여법如法한 아란야라야 한다. 적정처寂靜處 아란야에서 수행해야 득력한다고 하였다. 물론 특수한 예는 인정한다. 역경逆境 공부로 시끄러운 시장 속 같은 곳에서도 여여如如한 이들도 있으나 우리 범부로서는 흉내도 내기 힘들다. 진묵대사 같은 이는 능히 가능하셨으니 상근기에게나 맞을 것이다.

둘째, 좋은 스승이다. 아마 요즘 같은 수좌계에서는 더욱 좋은 스승이 필요하다고 생각한다. 왜냐하면 요 근래에 어르신 스님네가 줄이어 입적하시어 빈 자리가 많기 때문이다. 살활殺活을 자유자재로 쓰는 칼을 쥔, 눈 푸른 선지식이 하필 이때만 필요하겠는가.

초심납자들은 조실 스님의 법력을 좇아 방부 들이려고 한다. 그러나 지객은 초심자들을 덜 받으려고 한다. 10년 이상의 구참 납자들은 제 스스로 공부할 힘이 어느 정도 무르익었을 터인데 구참 쪽을 대우하고 있으니 딱한 일이다. 분위기를 맞추려고 그런다고 한다. 초심자가 많을 때에 공부 분위기가 염려된다는 것은 일종의 기우일 뿐이다. 조실스님이 매지게 법을 세워 나간다면 문제가 없다는 생각이 든다.

초심자는 이래저래 방부 들이기가 어렵다. 초심자들을 잘 대접하는 조실 스님이 기다려진다.

셋째, 좋은 도반이다. 어느 분은,
"도반은 공부하는 데에 그 전부이다."

라고 말씀하셨다.

　정말이지 도반을 잘 만나는 일만큼 귀한 인연은 없다. 격려가 되고 자극제가 된다. 흉허물 없이 제 단점을 바로 지적해 주는 도반이 진짜 도반이리라. 하여튼, 이런 곳을 찾아가서 객실에서 방부 들이려고 할 때 가슴이 조마조마해진다.

　들리는 말로는 이 절 선방 대중 수효가 다 찼다고 하니 더욱 초조해진다.

　"저어, 방부 들이시려면 입방원서를 쓰시지요."

　객실에서 방부 들일 때마다 쓰는 입방원서를 또 지객이 내민다. 지겹다. 그래도 고분고분 따를 수밖에. 조금 딴 눈치를 채는 날이면 지객의 눈 밖에 나서,

　"대중 스님이 스님 방부를 원치 않습니다."
하고 지객이 내쫓는 말을 할 수 있기 때문이다.

　아무리 정진 잘하는 수좌라고 해도 한 번 지객의 눈 밖에 나는 날이면 쫓겨난다. 지객 앞에서는 꼼짝 못한다. 기껏 찾아간 선방에서 방부를 받아주지 않아 그냥 걸망을 지고 나설 때 쓸쓸한 뒷맛을 맛본다. 이유가 무엇이든 헛걸음했기 때문에 허전하기는 마찬가지다.

　예전 이야기 같은 일화가 있다.

　해인사에서 선방 방부 들일 조건으로 외워야 할 게 있었다. 해인총림 초기 시절이니 20년도 훨씬 넘은 때 이야기다.

　능엄주楞嚴呪를 다 외우는 일이다. 또 시식施食도 외우게 하였을 때가 있었다. 문자를 접어두고 오로지 화두 하나로 선방

에 들어갈 줄 알았지만 그게 아니었다. 수좌로서 최소한 마장魔障을 물리칠 방편이 필요했고 이웃을 위한 염불도 필요했기 때문이다.

방부 들이기 위해서 객실에서 모두 능엄주를 외우던 선배 스님들 이야기는 아주 오래된 전설같이 들린다. 요즘 능엄주를 외워야 방부 받는다고 하면 이를 외우기 위해 기를 쓰는 수좌가 몇이나 될까.

방부가 결정되어 큰방 대중 앞에 절을 올리는 절차가 끝나야 안심이 된다. 선방에서 좌복 자리를 정해 주고 간물장을 내줘서 걸망을 풀어 놓게 하는 일 등은 지객이 다 알아서 해준다.

긴장이 선다. 이번 철은 좀더 잘 지내야지 싶은 생각이 굴뚝같다. 대개는 낯익으나 새로운 도반들이 섞여 어울린 탓인지 분위기도 영 달라진다. 누구는 한철 석 달 동안 묵언默言 수좌로 끝내 입을 닫고 침묵 속에서 정진하였는데 다시 몇 사람이 묵언 수좌로 늘고, 혹은 눕지 않고 장좌불와長坐不臥하는 패가 몇이고 오후불식午後不食하는 율사律師가 더 생기고 하여, 철마다 모이는 수좌들이 다르듯이 분위기도 조금씩 달라진다.

결제 전에는 속담처럼. '여름은 초파일 봐주고 겨울은 김장을 봐줘야 살 자격이 있다'고 하지만 반드시 지켜지는 형편이 아니다. 제가 결제하고 살 절에 도움주는 일이라기보다 모두 자신들을 위해 직접 필요한 울력인데도 그냥 무덤덤히 관심이 적은 점은 고쳐져야 할 것이다.

쌀을 탁발해서 석 달 식량 대고 공부했던 옛 스님들 일은 잊을 수 없다. 모두 우리 스님네가 겪은 경험담 속에 들어있는 이야기이다.

정진 여가에 울력해서 건강을 돕고, 함께 울력하는 속에서 화합심을 기르는 가풍도 살려야 한다.

절 공양주가 마을 사람들 손으로 차츰 넘어가서 으레 스님들은 안 할 일로 치는 경우도 흔하다. 공양주가 복 짓고 신심 기르는 데에서 으뜸인데도 차츰 스님들이 그것에서 멀어져가고 있으니 딱한 일이다. 큰절에서는 행자 교육으로 행자들이 공양주를 하고 있으니 독립된 선방에서는 차츰 마을 사람의 공양주로 바뀌고 있는 경향이다.

한편으로, 보살행을 닦는 수좌가 나와서 어려운 일을 도맡아 하는 경우도 보게 된다. 결제 전날 방을 짤 때 다각茶角, 화대火台, 정통淨桶을 비롯해서 위로는 열중悅衆, 청중淸衆이 곧 나온다.

공부하려면, 힘든 소임이나 신경 많이 쓰는 책임자는 그만큼 부담이 커서 피하려고 하는데 의외로 쉽게 나오는 경우가 많다. 어차피 대중을 시봉하거나 통솔하는 소임자는 나와야 한다.

또 방 짜기에도 필요하다. 스스로 제 공부를 늦추고 도반들의 공부를 생각해서 보살행을 나선것이다. 결제 때마다 이런 분들에게 미안한 생각이 든다.

결제날이 가까워지면 새로 출가하는 기분이 난다. 늘 새롭다. 그렇다. 결제가 있기에 운수납자의 기분이 난다. 3년 결제나 무문관無門關 6년 혹은 종신선원終身禪院이 없지 않으나, 이는 고봉 스님의 사관死關이지 일반 결제가 될 리 없다.
 일반 대중에게는 계절이 바뀜이 그러하듯이, 변화하는 결제와 해제 날짜에 늘 기대가 간다. 해제라고 해서 그저 먹고 노는 것이 아니고 자유롭게 정진하는 날이 아닌가.
 출가수행길에 해제, 결제는 마치 달이 커졌다 줄어 들었다 하는 변화만큼이나 뜻이 깊다.

죽비 깎는 밤

어느 해 여름 수련회에서 제3차 기간 중에 지도법사로 있을 때의 일이다.

고단하였지만 죽비 두 개를 밤새워 깎았다. 하나는 남편이 교수이고 부인이 약사인 부부 수련생 몫인데, 대 매듭 끝에 구멍을 뚫어 실을 매달아 두었다. 다른 하나는 그보다 좀 작은 죽비인데, 공무원인 부부 수련생 몫이다. 이건 아직 덜 되어서 깎는 중이었다.

방바닥이 어지러져 먼지투성이다. 대를 깎은 꺼풀이 책상과 좌복에 안 앉은 데가 없을 정도이다. 그래도 군고구마 냄새 같은 구수한 냄새가 좋다. 대를 구워서 껍질을 벗겨내는 작업에서는 잔손질이 많이 간다. 누런 대 바탕이 드러나야 제격이다. 누런 빛깔인 죽비 표면에 글씨 새기는 일이 아직 남아 있다. 죽비 머리 부분에 '일행一行'이라고 음각陰刻한다. 일생 동안 한 생각으로 한 가지 일에 몰두해 산다는 뜻이다. 아랫부분에는 간기刊記로, '정묘여름丁卯夏'라 해둔다.

죽비 만들기에서 제일 기술적인 면은 역시 소리내는 데에 있다. 큰 죽비는 큰 대로, 작은 죽비는 작은 대로 제 소리가 나오도록 깎아야 한다. 그러기 위해서는 칼질을 조금씩 해가면서 소리내 보기를 몇 번이고 되풀이한다. 여기서 시간이 꽤 오래 걸린다. 죽비의 우열은 이 과정에서 판가름 난다. 나는 칼질을 해가면서 죽비 임자가 될 부부 수련생 생각뿐이었다.

초저녁 '차를 나누면서' 시간이었다. 수련생 가운데 두 부부가 나란히 소개되어 주위의 부러움을 산 일이 있었다. 긴장 속에서 즐거움이 고조되는 시간. 부부가 수련회에 동참하기까지의 어려움을 털어 놓으면서,

"이 분(남편 쪽을 가리킴)의 휴가가 두 번이나 취소 변경되는 바람에 애를 먹었습니다. 겨우 비행기에 몸을 싣고 서울을 떠나오고 있었을 때에는 이미 수련회가 시작되는 시간이었지요. 비행기 안에서도 수련회에 지각하였다고 안 받아주면 어쩌나 하는 걱정뿐이었습니다."

하여 우리 마음을 뭉클하게 하였다. 대부분 수련생들도 속사정 이야기를 개개인이 꺼낸다면 이와 비슷하다. 특히 금년에는 폭우로 인해 수해까지 겹쳐서 어렵게 동참하였던 터이다.

'차를 나누면서' 시간 다음으로 가행정진加行精進은 자정까지 좌선하는 시간이다. 모두가 들뜬 마음을 가라앉히고 묵묵히 자리를 지키고 앉아 있다. 이때 나는 부부 수련생을 눈여겨봐 두고 죽비를 깎아 드리기로 마음먹었다. 집에서도 죽비 소리를 내가면서 부부가 정진한다면 멋진 일이라는 생각이 들었다.

가행정진을 마치고 문수전文殊殿 뒷방에 돌아와 죽비를 깎기 시작하였다. 밤이 으슥해질수록 끝마무리가 남아서 도무지 잠이 잘 오지 않았다. 죽비 깎는 밤, 열기 탓인지 온몸에 땀이 배었다.

아침 예불 후에 사자루에서 4백여 배 절을 할 때 자꾸 죽비

소리가 빨라졌다. 더러는 빠른 죽비 소리에 절을 따라 하지 못한 이가 있었다고 한다. 나는 잠이 부족한 상태에서 절을 시작하였지만 그렇게 피곤하지 않았다. 오히려 절을 거듭할수록 힘이 나서 거뜬해짐을 느꼈을 정도이다. 이 때 친 죽비가 간밤에 깎은 죽비였기 때문이었는지도 모른다. 하여간 죽비소리가 시종 짝 짝 갈라지는 소리로 좋았다.

　회향식 중간쯤에서 두 부부가 나란히 나와서 죽비를 선물로 받아 가는 모습을 보고 부러워할 때에 법정 스님이,

　"다음에는 짝지어서 오도록 하시오."

하여 웃음바다가 되었다. 죽비를 깎느라고 손이 아리하게 아팠지만 그만큼 보람을 느꼈다.

한 끼 먹는 날

아침과 저녁은 거르고 점심만 먹은 날이다. 쌀이 없어서 그런게 아니고 그냥 먹지 않았을 뿐이다. 부처님은 이렇게 점심 한 끼니만 잡수셨다고 들었다.
"아주 살 빼기 작전이오?"
주위에서 한마디씩 한다.
밥을 적게 먹으니 위 부담이 적어서 좋고 몸이 거뜬하니 날 것 같다. 왜 사서 고생 고생인가 할지 모르나 나는 어느 때쯤 한번 씩 대목대목에서 단식 비슷하게 굶는 습관이 있다. 이래야 제대로 돌아간다.
"먹어서 생기는 병은 백 가지인데, 안 먹어서 생기는 병은 단 한 가지. 그건 죽는 일."
이건 나의 굶기 예찬의 한 대목이다.
"건강하고 오래 병이 없이 살려면 적게 먹으라."
이런 말은 흔한 장수 비결 중의 하나다.
학의 위는 늘 비어 천 년의 수명을 누리는데, 돼지의 위는 반대로 꽉 차 있어 십 년을 간신히 넘긴다고 한다. 한 지압사 指壓師의 말이다.
"위는 좀 빈 듯해야 활동이 왕성해집니다. 꽉 차 있으면 핏줄이 막혀서 혈액순환이 잘 안되기 때문이지요."

나는 이 말을 듣고부터 식사량을 줄였다. 특히 밤에는 일체 위에 부담가는 것은 먹지 않도록 하였다. 너무 단 것, 딱딱한 것, 많은 양의 음식 등은 피하였다.

"춥고 배고파야 도道 닦을 마음 일어난다."

옛 사람 말씀은 언제 새겨들어도 좋다. 의식주가 풍족하다고 모두가 잘된다는 보장은 없다. 오히려 약간 어려움이 있어야 약이 된다.

"생활이 너무 편해지면 게을러지고 병이 생기기 시작한다."

이런 말씀들을 이제야 조금 알겠다 싶다. 먹는 일은 결코 작은 일이 아닌만큼 관심이 무엇보다 클 수밖에 없다. 세상사에 먹는 일 빼고 나면 더 무엇이 남는가 하는 '식충이족'도 있고 보면 알 만하다. 그러나 다음 구절은 선가禪家에서 전해 내려오는 명언으로 큰 경책이다.

"먹는 양을 조절할 줄 아는 수좌는 공부를 절반 한 거나 다름없다."

식사의 양뿐만 아니라, 먹는 시간까지 잘 지켜서 제때제때 밥을 먹을 줄 아는 이라면 범상치 않은 사람이라고 보아야 할 것 같다. 어느 암자에서 본 일인데 그 스님은,

"아침은 가볍게, 점심은 정식으로, 저녁은 약식略式으로 식사한다."

고 하면서, 아침은 빵 조각이나 미숫가루로 때우고 점심은 보통 식사, 저녁은 밀가루 음식으로 국수, 수제비, 떡국 등을 해 잡수셨다. 별 하는 일 없이 지내는데 세 끼 다 찾아 먹으면 큰 부담이 온다는 설명을 덧붙이신다.

지금까지 식사를 해온 내용을 점검해 보니 나의 경우는 질적인 면에서 크게 떨어졌고 그저 양적인 면에 치우친 느낌이 든다. 사실 채식 위주 식사는 양적인 데로 떨어지는 경우가 허다하다. 그렇다고 식사 방법에서 육식 위주로 바꿀 수는 없고 오로지 솜씨를 부려서 맛있게 정결한 음식을 많이 만들어 먹을 수밖에 없다.

내 요리 솜씨는 별로 믿을 만한 게 못된다. 그렇다 하더라도 몇몇 음식은 특식으로 해낼 수 있다. 무슨 국이든 국은 괜찮게 끓일 것 같고 수제비는 일품이라도 칭찬받고 있으니까.

절 음식은 얼마 전까지만 해도 스님들이 손수 할 줄 알았다는데 이제는 웬만하면 공양주를 보살들에게 맡기기 일쑤이다. 해주는 음식을 마다할 수 없고 주는 대로 먹는 수밖에.

간식으로 과일, 빵, 차 등을 곁들여서 먹어두면 식사의 양은 훨씬 줄어들고 위의 부담도 덜어줄 것이다. 그러나 이것도 실천하기 쉬운 일은 아니다. 간식으로 차담이 그리 흔할 수 없기 때문이다. 내 생각으로는 간식으로 깨끗한 물을 먹어두면 실리적일 것 같다. 청정수淸淨水야말로 그 무엇보다 훌륭한 간식이 아닐까.

배가 고프니 모두가 아쉽고 그리워진다. 하다못해 거지까지도 배고픈 친구로 여겨진다. 남의 어려운 속사정이야 알기 어렵다고손 치더라도 겉으로나마 조금 이해할 수 있다는 건 이 배고픔의 덕이 아닐까.

탁발托鉢을 해본 경험이 약간 있는데, 대체로 시주하는 층은 가난한 사람들이고, 그들이 인정있고 후하다는 점을 발견하였다. 그렇다고 아주 찢어지게 가난한 사람들은 아니다. 그날 벌어 그날 살아가는 사람들을 말하는 것이다.

　여비가 떨어져서 혼이 난 적이 있는 나는 누가 여비로 걱정할 양이면 곧 주머니 돈이 허락하는 대로 내어주면서,

　"이 돈으로 좀 보태 쓰겠소? 적지만 받아 두시오."
하고 내민다. 여비 걱정하는 그가 내 일같이 생각되기 때문이다. 정말이지 배고픈 사람 속사정은 배고파 본 사람만이 안다. 호의호식하면서 남의 아픔을 느끼기란 하늘의 별따기일 게다.

　만일 사정이 허락되어 스님네가 매일 가가호호 방문하여 탁발을 해다가 연명해 나갈 수 있다면 그야말로 하심제일존자下心第一尊者가 될 듯싶다.

　부처님이 열반에 드시기 직전까지도 탁발을 멈추지 않으셨다는 점에서 그만큼 중생과 함께 계셨다는 데에 생각이 미친다. 언제나 헐벗은 이웃을 만나고 그들과 함께 식사를 해결할 수 있었다는 말도 된다.

　또 한 가지, 없어서 굶은 사람은 패기가 다 빠져서 탈진해 보이거나, 먹을 걸 두고 굶은 사람은 아직도 눈만은 초롱초롱해 보인다. 그만큼 여유가 있다.

　철마다 용맹정진이란 걸 실시해서 밤낮 일주일을 잠 안 재우고 참선만 시키는 훈련을 하는 반면, 어느 때에는 일주일쯤 단식을 시작해서 배고픔을 함께 나눌 수 있는 방법은 고안해 낼만하다. 날로 편해지려는 세상에 그런 고행을 쉬 하려고할지 궁금하다.

내 몸무게가 48kg까지 내려간 적이 있다. 세 끼 먹고 지냈는데도 하숙집 밥을 먹은 탓이었는지 모르겠다.

집에서 하숙비가 오면 가까운 친구와 함께 식당으로 달려가서 양껏 먹는 걸로 즐거움을 삼았던 때였다.

이제 67kg까지 몸무게가 나간다. 무려 20kg 가까이 몸무게가 늘은 셈이다. 48kg 때의 사진을 보면 내 모습이 아닌 듯해 보인다. 물론 24,5세 때의 이야기로 입산 전에는 극도로 몸이 쇠약해져서 부처님의 '고행상'을 닮은 꼴이었다. 마음이 편해지고 초식이나마 자유로 먹는 밥이 되어서 그렇게 몸이 불은 것 같다.

또 하나 생각난 것은, 내가 콜라를 좋아해서 '콜라살'이 올랐는가 싶다. 엽차를 좋아하지만 음료수로서 콜라는 내 기호식품. 늘 끊어야지 하면서도 인이 박혀서 그런지 자꾸 먹게 된다. 아마 밥을 배부르게 먹고 소화제로 생각하고 먹는 탓일 게다. 조금씩 나눠 먹을지라도 배가 부르게는 먹지 말라고 한 지압사는,

"숙변宿便이란 게 있어요. 그게 가스로 몸에 차면 기분이 안 좋고 안색이 흐려집니다."
하면서, 매일 한번씩은 변소에 다녀와야 숙변을 예방할 수 있다고 하였다.

식사를 적게 한 사람은 한 가지 폐단이 따른다. 숙변이 큰 문제, 단식할 때 그래서 꼭 숙변을 빼내기 위해서 설사약을 사용한다. 그런데 자연요법으로 지사제 대용이 있다.

"일본에서는 우유 단식이란 새로운 단식법이 개발되어 있

어요. 우유를 먹으면 설사가 자주 나온 걸 이용한 것이지요. 따로 지사제나 피마자 기름 등을 먹을 필요가 없어진답니다."

이런 정보를 얻어듣고 보니, 나는 이 우유 단식법을 대충은 혼자서 알아내서 해본 경험이 있으니 일맥 상통한 데가 있음을 깨달았다.

"많이 먹는 사람은 바보 중의 바보다."

밥을 먹을 때마다 이렇게 외치면서 조금씩 조금씩 식사량을 줄이려고 노력한다. 그렇다. 살기 위해 먹는다.

어허, 무상한 세상이여!

　사람 일이란 참 모를 일이다. 그와 내가 작년 가을에 L.A. 고려사 이층방에서 누더기를 서로 입어보고 웃던 때가 바로 어제 일 같기만 하다. 마흔 다섯의 사내가 세속적인 의미로 자수성가했고, 30년 이상을 부처님과 인연해서 불사에 몸 바치다가 갔으니 복도 갖춘 현봉玄峰 박용심朴用心 거사이다.
　"스님, 누더기를 가져올 생각을 어떻게 냈어요?"
하고는 한 번 입어 보면 어떨까 망설이기에 내가 권했더니,
　"참, 누더기가 입기 편해요."
하면서 동안童顔에 웃음짓던 얼굴이 눈앞에 선하다. 게다가 내가 의자에서 누더기를 입고 자는 걸 보고는 밤에 깨어나서,
　"스님, 건강하셔야 해요."
하고 오히려 염려해 주던 그가 아니던가.

　　처자 권속이 삼대밭같이 무성하고
　　금은 옥백이 언덕만큼 쌓였어도
　　임종 때에는 홀로 떠난다네
　　어허, 무상한 세상사여.

조석으로 날고 뛰다가
겨우 남부끄럽지 않게 되었다 싶으면
염라사자가 이런 걸 거들떠보지도 않고 채가네
어허, 무상한 세상사여.

부설浮雪 거사의 노랫소리가 귓전에 따갑다.
그가 부처님과 인연이 깊어지기는 강화 보문사에서 동자童子로 자란 데서 출발한다. 본디 이북 태생이나 6·25 무렵 가족을 따라 월남하여 정착한 곳이 강화도 보문사. 초등학교 상급반을 마칠 때쯤 기연奇緣이 맺어졌다. 그것은 불상 조성의 대가 불모佛母 신상균 선생을 만난 일이다.
그는 신상균 선생의 손을 잡고 서울 우이동 대성미술연구원으로 거처를 옮긴다. 그가 부평초같이 가난과 고독 속에서 흐늘흐늘 어린 시절을 보낸 것이 그의 불심佛心에 열화로처럼 뜨거운 힘을 주었다.
신상균 선생의 문하에는 늘 10여 명의 연구생이 일을 배우고 있었다. 그도 15,6세 때부터는 타오르는 가슴속의 힘을 쏟아 불모佛母의 길을 들어섰다.
불상은 만드는 게 아니란다.
부처님은 그 누구도 만들 수 없기 때문이다. 있는 부처님을 우리 눈앞에 드러내 주는 일을 하는 이가 불모佛母라고.
이런 불심佛心으로 30여 년 한 길을 걸어온 자취는 국내외 어디서나 찾아볼 수 있다. 용인 와우정사, 내장사, 백양사, 증심사를 비롯하여, 해외로는 하와이 대원사, L.A. 관음사, L.A. 고려사, 일본 고려사, 일본 보현사 등 헤아리기 어려울 만큼 많다.

　마지막으로 송광사 배웅보전의 삼존불과 사대보살, 지장전의 지장보살과 승보전의 본존불을 모시고 1천2백 성상聖像은 미완성인 채로 남겨 두고 떠나갔다. 다행히 현봉 거사의 두 동생이 모두 불모佛母의 길을 걷고 있어 회향을 볼 날은 멀지 않다.

　그가 위암으로 쓰러져서 법정 스님을 모시고 문안 간 때는 임종하기 1주일 전의 일이다. 마지막 그의 모습을 내가 본 것은 임종 3일 전 명의名醫 한 선생을 모시고 간 때였다. 10월 24일(음 9.1) 밤 8시 30분에 자택에서 운명하였다는 소식을 접하였을 때 나는 향로에 향불 태워 올리고 잠시 그의 마지막 모습을 떠올렸다.

　경經에서는 공덕을 쌓은 이가 조사早死한 까닭을 이렇게 설명하고 있다.

　"몇 겁의 악업惡業이 일시에 녹아져서 즉시 보報를 받기 때문이다"

　몇생을 두고 갖가지 악업의 보報를 받을 것이나 금생에 돌연히 죽음이 따른 이유가 부처님의 본생담(本生談 : 과거 인욕시절 이야기) 속에서도 들어있다.

　태성불교사 현봉 거사의 자취는 어떤 모습일까.

눈앞에 큰 산玄山 하나 있어	目前一玄峰
그 용태를 측량키 어렵네	不可測量窮
안개 걷히면 봉황이었더니만	散霧有鳳凰
저 짙은 안개 속에는 바람조차 없어라.	濃結無氣風

죽비 깎는 아침

제4부

한 생각의 시작

오늘은 묶어놓은 짐을 부치고 나서 홀가분한
차림으로 나서는 날이다.
구름가듯 물 흐르듯 간다고 해서
운수납자雲水衲子라고 했다.
조롱 속에 갇힌 새가 창공으로
날아가는 기쁨이 있다.

법보의 소중함

해인사를 떠났다가 며칠 전 잠시 둘러보았다.

해인 대가람 속에 노상 묻혀 지내다가 객이 되어 참배하니 감회가 새롭고 만나는 이마다 반갑다.

장경각 입구를 지나려는데 머리 위의 서가가 크게 눈길을 끌었다. 이 자리가 특히 일반인들에게 알려진 연유는 〈해인〉을 통해서 흑백사진으로 소개된 데 있다.

작년 가을 무렵이던가 대구의 한 사진작가가 장경각 입구의 특이한 원형문과 처마 기와 끝의 그늘이 어우러져 연화대 모양이 떠오르는 것을 오후 2시경에 렌즈로 잡았다. 이것을 〈해인〉에 컷으로 실었다.

일주문에서부터 장경각 꼭대기까지 염주알 수효와 같은 계단, 계단 하나에 번뇌 하나씩이 해당하여 맨 위에 오르게 되면 연화대에 들어서서 위로는 대장경 서가를 이고 부처님 세계에 들어선 형상이었다고 한다. 한번 계단 수를 세어보니 이젠 10여 개가 더 늘었다.

그러나 계단 수는 달라졌어도 연화대의 연꽃 그늘과 대장경 서가가 머리 위에 놓여 있는 위치는 옛 모습 그대로이다.

겉으로 절 구경 다니는 여행가들도 변소 깊이가 몇 길이라는 표현으로 화제를 삼다가, 앞서 말한 이야기를 듣고는 옛 선인들의 지혜 앞에 숙연해진다.

"부처님 경전이 이렇게 잘 보관되었습니까?"
하고 물으며, 대장경 서가 아래를 오고가고 할 때마다 부처님 법문을 되새기듯이 발걸음도 정중히 떼어놓는 모습을 본 적이 있다. 이야기 나온 김에 절집안에서 경전이나 책을 소중히 하라는 노스님들 말씀을 살펴보자.

> 경전을 맨 방바닥에 놓지 않는다.
> 경전 위의 먼지를 입김으로 훅 불지 않는다.
> 깨끗하지 않은 손으로 경전을 만지면 안된다. 화장실에
> 갔다온 뒤에는 물론 평상시에도 경전을 보기 전에 깨끗이
> 손을 씻고 책장을 넘겨보라는 뜻이다.
> 경전을 대하면 부처님 대하듯 하고 웃거나 장난하면 안된다.

이와는 달리 다음 경우는 특히 주의를 준다.

뒷간 화장지로 글씨 쓰인 종이, 신문지든지 노트든지 어느 것이나 써서는 안된다. 백치白痴의 과보를 받는다고 덧붙여 주의를 준다.

이상의 내용은 크게 어려운 문제없이 행할 수 있는데, 요즘도 해인사에 계시는 한 노스님의 경우는 흉내내기도 힘들다.

경전을 구입하여 버스에 실어올 때에는 사람 차표와 경전 차표를 구별하고 끊어서 경전을 옆자리에 정중히 모셔온다.

'꽉 막힌 노장'이라고 일축해 버리기보다 그 정도의 노력과 정성이 있다는 사실에 자극받아서 방바닥이나 마루에 부

처님 법문을 늘어놓는 일은 없어야 할 것이다.

작년부터 절마다 회보를 내는 바람이 불었다. 가히 '회보 풍년 시대'이다. 그렇다고 이 점만 들어 작년부터 갑자기 포교를 잘하고 있다는 식의 생각은 성급하다.

대구의 어느 절에 가봤더니 뒷방 마루에 발행 한 달 지난 회보가 뭉치로 쌓여 있었다. 그게 웬것이냐고 물었더니,

"남은 겁니다. 돌리고 나니 많이 남는군요."

라고 태연히 대답하였다. 그 곁을 지나가다가 포장지로 몇 장 집어가도 본체만체 한다.

부처님 법문이 담긴 회보가 이렇게 버려진다면, 절마다 내는 회보 발행의 일련 행사가 오히려 포교는 고사하고 법문을 천히 여기게 하는 업을 짓는 악덕과 무엇이 다를 것인가 생각해 볼 일이다.

부처님 법문이 바로 부처님이라는 말이 있는데, 이런 악덕을 쌓은 결과로, '아는 것 없이 아만만 남은 우물 안 개구리'라는 소리가 차츰 높아가는 것도 결코 우연한 일은 아니다.

회보로 남는 경우, 대학생 써클을 통하면 금세 수백 부를 소화시킬 수 있고 교도소·소년원에 갖다주면 며칠 굶주린 자가 밥을 만난 듯이 귀하게 대하는 모습을 보게 된다. 뿐만 아니라 군법당·각 사암 신도회나 학생회로도 나눠 줄 수 있다. 정 남아 있으면 깨끗이 소각하는 편이 좋다.

지식 포교를 부르짖기 전에 부처님이 담긴 경전이나 회보를 아끼고 소중히 여길 줄 아는 신심信心을 심어주는 일이 더 시급한 문제일 것이다.

 후 기 …

〈해인海印〉법보의 창간에 관한 이야기 이다.

1980년 대 초에 당시 학인인 현장玄藏 스님의 발의로 시작하여 초대 편집위원은 종묵宗默 스님, 홍선興善 스님, 필자 등 세 사람이다. 물론 현장스님이 편집인 겸 발행인.

돈 한푼 없이 시작하여 백련암, 지족암 등에서 큰 스님네가 원고를 주면서 이렇게 말씀하였다.

"이건 원고 게재료야!"

원고료 대신 게재료를 시작한 〈해인〉이 이제 명실공히 법보의 상징이 되었다.

발 씻어주기

　남의 발을 처음 씻어 본 경험으로는 재작년 여름, 무슨 교육 과정 속에 프로그램으로 들어 있어 할 수 없이 따른 때였다. 발 씻어주기 하기 전에 한참 동안 웃고 소리치게 하고는,
　"이젠, 웃거나 소리내면 실격입니다."
하던 지도교수의 지시가 있었다. 모두 처음이라고 했다. 결혼 생활하던 이들도 몇 사람 끼어 있었지만, 아직 배우자 발을 씻어보지 않았다고 한다.
　우리는 각기 자기 짝의 발을 번갈아 씻어 주는 일을 시작했다. 물론 남녀가 한 명씩 모여 짝이 되었다. 나의 짝은 서울에서 직장 다니는 노처녀였다. 먼저 여자 발을 씻어주고 그 다음 남자 발을 씻어주었다. 혹 잘못 알아 내가 수녀님과 짝이 되어 발 씻어주기 했다고 이야기한 사람이 있어 그냥 변명 같이 들릴까봐 그렇다고 시인했지만, 그렇지 않다. 수녀님과는 오리엔테이션 때 비오는 밤 아카시아 숲 속을 뚫고 6시간 돌아올 때 짝이었지, 발 씻어주기에서는 아니었다. 아마 내가 수녀님과 짝을 자주 했기 때문에 착각한 것인지도 모른다.
　대체로 여자들은 비눗물을 헹구기도 전에, 새 물을 뜨러 간 사이에 양말을 신어버렸다. 남자들도 그런 사람이 많았다. 나는 양말 벗기부터 시작해서 비눗물 헹구기, 발 닦고 양말신기

까지 늠름히 버티었다. 그렇게 하라고 했기 때문이다. 아마 이 지시대로 끝까지 잘 따른 사람은 나 하나뿐인 것 같았다. 시간이 오래 걸렸다. 그러나 웃지도 않고 조용히 참선하는 자세로 허리를 쭉 펴고 숨을 고르게 쉬고 있으니 덜 간지러웠다. 내 살에 남의 살이 닿으니 '아하하' 웃음이 터져나오려고 했지만 잘 참아냈다. 평가 시간에,

"참 늠름하게 발 씻기한 사람이 있어요. 웃지도 않고 어디서 그런 힘이 나왔는지 모르겠어요."
하고 나를 들먹이더니,

"이 발 씻어주기는, 가장 많은 베풂을 뜻합니다. 돈이나 먹을 걸 주는 것보다 손님이나 길거리 방황하는 아이들의 발을 씻어주면 그렇게 좋다고 합니다. 몸과 몸이 맞닿아서 한 몸을 이루는 뜨거운 정, 이것이 필요합니다. 애정 어린 손길로 베푸는 발 씻어주기를 권합니다."
하였다. 많은 것을 생각게 하였다.

그 이후 기회가 있으면 세숫대야에 물을 떠 놓고 발 씻어줄까 하는데 영 잘 안되었다. 떠놓은 물은 쓰겠는데 씻어주는 것만은 참으라고 하였다.

남에게 베풀 때에 얼마나 정성이 있었던가 생각해 보니, 형식적이었고 흔연스럽지 못했다는 생각이 든다. 악하다는 사람일지라도 악수를 나누고 함께 밥 먹고 함께 자고 나면 정다워진다. 따로 악인이 없는 것 같다. 더구나 목욕탕에서 함께 등 밀어주기를 하고 나면 미운 감정이 싹 가신다. 이래서 목욕탕 안에서는 좀 멀어졌던 사람 곁에 가서 자리를 잡곤 한다.

'아프겠지' 와 '아프다' 의 차이는 크다고 하는 어느 분의 글을 읽고 느낀바 많았다. 관념적인 자비 – 이런 말이 있는지 모르나 생각만으로는 많이 부족하다는 점을 느낀다.

다음은, 어느 회합에서 만난 분으로 스님과는 처음 대화하였다고 하면서 마음의 벽 같은 걸 깨는 데 좋은 계기가 되었다고 술회한 편지의 내용이었다. 그녀는 개인적인 면담을 한 10분 정도 밖에 나누지 않았으나, 마침 분위기가 겨울 강둑이었고 아침 조반 전의 일이라 서로 유쾌한 대화가 되었다.

스님,
얼마 전 어느 그림첩에서 이런 그림을 보았다.
제 그림 솜씨가 엉망이어서 어떻게 잘 전달이 되는지 모르겠습니다만, 아마 미로 속을 헤매지 않고 바로 곧 길로 나온다는 뜻이 담겼습니다. 그 사람이 꼭대기에 올라가서 뭐라고 외쳤는데 잘 생각나지 않습니다.
"이런, 알고 보니 별거 아니군. 내 자신도 이렇게 오를 수 있는 힘이 있구나."
아마 그런 뜻으로 말한 듯합니다.

이런 서두로 시작된 편지 끝에 다음과 같은 말이 나왔다.

저는 여태껏 마음의 벽을 높이 쌓아 왔어요. 이론으로, 들은 풍월로 살아왔지요. 스님을 아주 멀리 있는 걸로 – 이분은 기독교인으로 초등학교 선생님이다. YMCA에서 농악을 지도하는 등의 일을 하고 있다 – 여겼더니만, 그게 아니었어요. 갑자기 무장된 벽이 쉽게 무너지는 느낌을 받았어요.

그리고는 끝맺음에 와서 이렇게 말했다.

제가 한국에서 태어난 것을 자랑스럽게 생각합니다. 제 할 일이 많기 때문이지요. 그래서 더욱 더 '우리의 것'에 애착이 크게 갑니다. 산, 풍경소리, 목탁소리, 새소리, 향내음 이 모든 것이 우리 것이기에 자랑스럽습니다.

우리는 4박 5일 회합을 가지는 동안 농악을 사이사이에 끼웠다. 흥겨웠다. 어깨춤이 절로 났다. 양 춤을 춘다고 댄스 스텝 밟는 일도 없고 그저 구성진 소리가 자연 발생적이다. 땀을 흘리며 마당을 빙빙 돌다가 노래를 하였더니 쉽게 친해졌다. 어떤 이는 말하였다.
"아주 친한 사이라면 적어도 사계절은 함께 지내야 하고, 함께 밥도 먹고 함께 놀이도 하고 함께 취미 생활을 나눠 가져야 한다."
회합에서 밤새워 토론하고 나니 한식구되는 느낌이 들었다. 멀리서 이름과 그의 글만을 익히 알고 지내다가 함께 농악 춤을 추더니 한결 가까워진 듯했다.
이해를 가장 잘하는 방법으로 그와 함께 지내며 고락을 나누는데 있다고 믿고 싶다. 비난이 나오는 것은 잘 이해 못하기 때문일 게다.

부모 원수가 있는데, 알고 보니 지금까지 의식주를 함께 해 온 친구의 아버지였다고 치자. 아마 쉽게 적의를 나타내기 어려울 것이다. 우리는 이성으로, 또렷한 정신으로 일을 처리하고 받아들이기보다는 감정의 힘이 더 많이 작용하는 경우를 본다.

저 사람은 모두가 훌륭하다고 하니 나도 존경해야겠다 하는 것은 생각일 뿐이요, '첫인상이 안 좋아, 거북스럽고, 특히 내게 뻐기는 짓은 아주 참을 수 없어' 하는 감정이 깔려 있을 때에는 거짓 웃음, 거짓 악수로 관계를 맺기 십상이다.

큰일의 결정은 또렷한 이성의 작용이라기보다 감정이 좌우하는 일이 더 많다고 본다. 이해하고 사랑하기까지는 정情이 크게 작용하기 때문이다.

이렇게 보니, 문제의 벽에 부딪혀서도 정情이 흐르면 통한다는 데에 왔다.

선입관, 고정 관념, 마음의 벽 등은 이해가 부족한 데서 생긴다. 여기서 벗어나기 위해 보다 많은 사랑의 손길로 '발 씻어주기' 하는 날이 왔으면 싶다.

돌부처님

경주 자랑거리 가운데서 인간문화재인 '윤경렬' 선생님은 참 훌륭한 분이다. 『신라 이야기』란 책을 내서 한 번 읽어 본 적이 있는데, 그 뒤 경주 무슨 호텔에서 열린 문화재 관리 책임자 교육 기간 중에 뵙게 되었다.

경주 남산 '돌부처님' 이야기를 비롯해서 슬라이드로 경주 고적을 소개한 윤선생님은 인기였다. 예정 시간보다 한 시간 가까이 지났어도 강의는 그칠 줄 몰랐다. 체험에서 우러난 생생한 말씀은 한마디 한마디가 심금을 울렸다. 대학 교수니, 박물관장이니 하는 이들의 강의가 재미없던 차에 윤선생님이 나타났으니 대성황을 이룰 수밖에 없는 일이다.

백발에 훤칠한 키가 멋있고, 흰 두루마기 차림에 흰 고무신마저도 잘 어울렸다. 신선이 흰 학을 타고 나타난 모습같았다.

윤선생님은 일찍이 미술학도로 출발하였다고 자기소개를 하였다. 경주 고적에 관심을 가지고 남산 돌부처님께 관심을 쏟는 것은 환갑이 지나서부터였다고 하였다. 지금은 70이 넘은 고령자답지 않게 더 많은 활동을 하고 있다. '일요 박물관 학교'를 열어 어린이들에게 우리 얼 심기에 혼신을 다 바친다고 한다. 욕심이 하나도 없이 정열적으로 일하는 윤선생님과 보낸 시간은 아주 큰 소득이었다.

윤선생님은 강의 도중에 다음과 같은 이야기를 들려주었다.

"…경주 남산의 돌부처님들은 이렇게 만들어졌습니다. 석공들의 표현을 빌자면, 하나같이 '나는 부처님을 돌에 새겨 만들지 않았습니다. 단지, 돌 속에 계신 부처님을 돌 밖으로 꺼내모셨을 뿐인 걸요. 누운 부처님, 선 부처님, 앉은 부처님들이 다 그렇게 해서 되었어요.' 라고 한답니다.

석공이 남산의 돌을 보면, 첫눈에 척하니 부처님이 보인다지요. 그러니까 이미 돌 속에 계신 부처님만 그대로 밖으로 꺼내 모시는 작업이랍니다.

석공들에게도 이런 신념이 깔려 있기 때문에 도처의 돌부처님이 살아 있는 것입니다. 신라인의 정신이 살아 흐르고 있단 말이지요.

가까이 가서 살펴보면, 맥박이 뛰는 소리가 들릴 듯합니다. 사람 재주로야 무슨 신통으로 부처님을 만들겠어요?"

이건 의외의 놀라움이요, 충격이었다. 그때까지는 그냥 '돌 쪼아내는 솜씨 정도이겠고 더 나았다고 해도 그 정도겠지.' 하였다. 윤선생님은 '계림의 꿈이 서려 있다' 고도 하였다.

옛 글에서 '흉중유성죽胸中有成竹'이란 이를 두고 한 말 같다. 죽竹을 잘 치는 사람은 먼저 마음을 안정시키고 호흡을 잘 가다듬는다. 이런 다음 마음속에 죽이 쳐져서 완성된 다음에야 붓을 잡는다. 마음속에 죽이 완성되지 않으면 결코 붓을 잡는 일이 없다는 이야기이다.

또, 운동 선수에게도 해당한다. 승부를 시합 전에 결판낸 자라야 금메달감이다. 해 보다가 혹은 시합이 끝나서 심판이 이겼다고 판가름해 주어야 이기는 선수 — 이런 선수일수록 많은 요행심이 있다.

　규봉 스님이나 보조 스님의 주장을 따르면, '돈오점수頓悟漸修'란 게 있다. 먼저 깨닫고 나서 점차 닦아나간다는 뜻이다. 남산 돌부처님 이야기를 듣고 보니 쉽게 수긍이 간다. 무엇보다 중요한 것은, 부처를 이루고야 말겠다는 철석같은 원력과 신심이 먼저 서야 한다.『화엄경』에 '초발심시 변정각初發心時 便正覺'이라고 하였다. 처음 도道를 닦아야겠다고 마음 낸 때, 이때가 바로 부처를 이룬 순간이라고.

물 마시고 자기

새로 입산한 지 닷새밖에 되지 않아서 아직 입고 온 옷 그대로인 한 출가자와 차를 나누며 이야기할 기회가 있었다. 아마 얼마 전까지 행자실 강의를 맡았던 인연으로 행자님들과 왕래가 여전한 듯싶다. 얼굴이 앳된 동안童顔 그대로이다. 말하는 폼도 선하디 선하여 어디 저런 사람이 있었던가 생각이 들 정도다.

그는 그래도 26세이며 73kg 체중을 가진 남자임에 틀림없었다. 수년 수행 쌓아온 스님처럼 부드러운 그의 몸짓이 절 분위기에 어울린다는 점을 내가 먼저 이야기 했다.

그는,

"어려서 모친상을 입었고 2년 전에 부친상을 입었는데, 그 후로는 잠을 자도 밥을 먹어도 책을 봐도 제정신이 아니었어요. 절에 온 지 5일 되었는데 그 동안 별 잡념 없이 지내고 있습니다."

하고 차를 마셨다. 누나가 절에 지극지성으로 다녀서 많은 영향을 받았다고 했다. 그리고는,

"생각보다 스님들이 훌륭하다고 할까, 수준이 높다는 생각이 듭니다."

하는데, 그 이유를 다음과 같이 털어놓았다.

스님들은 부모를 잃고 오갈 데 없는 사람이 많을 것 같고 그래서 초등학교나 겨우 나올 정도일까 했는데 그렇지 않단다.

내가 알기에도 평균 전문대학 수준이 작년 행자님들이었다.

그러나 학력으로 평가한다면 좀 어긋난 일 같다. 승가의 현실이 질서를 잃다 보니 그런 제도가 생겨나서 고졸 이상으로 못을 박았다, 융통성 있는 면접으로 좋은 마음으로 출가한 이들에게 두루 기회를 주었으면 싶다.

그는 궁금한 일을 물었다.

"왜 행자님들이 많이 자기 집으로 돌아가게 됩니까?"

나는 그동안 지켜봐 온 바를 이야기 할 수밖에 없었다.

"아마 스님들 보고 실망해서 간 숫자가 그 중 많을 걸요. 옛말에 '중 보고 중 못 된다' 했지요. 우리가 인간인 이상 단점을 많이 가지기 마련입니다. 부처님이나 진리에 의지해서 출가했다면 끝까지 부처님과 그 진리에 의지할 일이지 인간에 의지하지는 말아야 하지 않나 이렇게 생각합니다."

그는 후렴처럼 '중 보고 중 못 된다'를 되뇌이다가 웃었다. 잠은 잘 자느냐고 물었더니, 그렇다고 하면서 한마디 덧붙였다.

"저녁에 자기 전 물을 많이 마시고 자지요. 오줌이 마려우면 자연 깨기 마련인 걸요."

그리고는 그의 말 끝에, 독학으로 검정고시에 합격하여 직장에 다녔다고 덧붙였다.

"아, 그랬어요? 열심히 하셨군요."

그러고보니 나도 요즘은 안하지만 오래 전 물 마시고 자기를 많이 했던 경험이 되살아났다. 공부하려면 그렇게 애써야 하는 건데 요즘은 많이 느긋해졌다는 생각이 들었다.
"자, 오늘 저녁은 함께 물마시기 합니다."
이렇게 말하면서 이번에는 한 대접씩 물을 마셨다. 배가 불러온다. 공부하려고 애쓰던 때가 먼 옛날이 아니다.
갑자기 출가했을 때 내 모습이 눈앞에 다가왔다. 긴박감이 팽배해지면서 다시 출가의 의미가 강하게 느껴졌다. 마주앉아서 물대접에서 입을 떼어놓는 그의 모습이 어쩌면 내 자신의 모습같이 비추인다.

돌 담

돌담을 가만히 보고 있으면 재미가 있다. 대웅전을 뜯어내고 그 뒷돌담이 훤히 드러나, 이번 결제 동안거 사진도 거기서 찍었다. 큰 돌을 깨지 않고 아래에 쌓고 작은 돌은 위에 쌓는다. 아주 작은 돌은 그 사이사이에 박힌다.

돌 축대를 쌓는데, 왜식으로 쌓는 견치犬齒법이 있다. 규격품으로 돌을 깨서 마름모로 쌓아 올리는 방법이다. 이건 참 날카로운 인상을 준다. 딱딱하고 규칙적이다. 곧 싫증이 난다.

왜 좋은 돌들을 깨서 쌓는 것일까? 일제 때 들어온 것인데 기술자들이 옛날 우리가 쌓아온 방법을 가벼이 여긴 까닭이다.

해인사 팔만대장경을 봉안한 장경각 축대를 살펴보면, 얼마나 힘들여 이뤄놓았는지 알 수가 있다. 기계나 연장이 지금처럼 좋을 리 만무한데 바윗덩이를 그대로 큼직큼직하게 쌓아놓았으니 참 견고하다. 꾀부려서 조그맣게 깨서 쌓았더라면 금방 해치울 일이다.

그런데도 우직스럽게 자연 돌덩이 그대로 옮겨와 쌓았다. 적어도 750년 이상 견디어 온 축대를 보니 우리 선인들의 솜씨에 고개가 숙여진다. 해인사에서 좀 떨어져 있는, 해인사 대적광전 부처님을 전에 모신 절터에 가보니 이건 더 놀랄 만했다. 왜냐하면 절은 이미 흔적 없고 석탑만 하나 남아 있는데 주위는 모두 논이지만 물이 조금도 새지 않는 돌축대이기 때문이었다. 아주 큰 바윗덩이로 두어 길 쌓여진 돌축대는 여전히 원상태로 남아 있었다.

범어사 원효암에서 한철 지낸 적이 있는데, 역시 옛 절터가 있는 데를 가 보니 큼직큼직한 돌덩이가 축대로 남아 있었다.

그때 밭을 내다가 한 스님이,

"이런 돌은 어떻게 다 옮겨 놓았을까, 이해가 안갑니다. 굉장히 어려웠을 텐데 말이지요. 순전히 사람 힘으로 했다고밖에 생각이 안 드는데."

하고 말해서 돌 쌓아놓은 솜씨를 눈여겨보아 두었다. 이것이 뒷날 불일암 돌층계를 쌓는 밑천이 되었다.

기술이 없으면서 돌층계를 쌓기로 하였다. 1980년 여름으로 기억한다. 밥만 먹고 나면 연장을 지게에 지고 길 아래로 내려가 돌층계를 쌓았다. 가지런히 쌓으려고 해도 잘 안되었다. 하지만 정성껏 쌓았다.

왜냐하면 돌 망치질을 많이 할수록 오래 견디지 못한다는 점을 알았기 때문이다. 돌을 보고 앞뒤를 가리고 위아래를 가리는 것부터가 문제이다.

돌담을 쌓을 때는 기술이 더 필요하다. 돌층계나 축대보다 돌담이 가장 어렵다.

돌을 세우면 안정감이 덜하기 때문에 언제나 돌을 눕히도록 하고 서로 엇물리도록 하면 된다. 아래에서부터 큰 돌을 놓고 위로 올라갈수록 돌이 잘아진다. 이때 잔돌은 세울 수밖에 없다. 그 외에는 돌을 눕힌다. 나는 이 방법을 눈여겨 구경해서 알아냈다.

　불일암 주위는 돌이 큰 게 없어서 힘들었다. 곁에서 잘한다고 추켜올리는 바람에 밤에도 손전등을 두 개 켜놓고 일하기도 했다. 일에 열중하면 모든 잡념이 싹 없어진다. 아주 일에 빠지면 피곤도 모른다. 남의 이목도 살필 줄 모른다. 나는 차츰 돌 다루는 솜씨가 늘어서 정釘 질을 시작하다가 그만두었다. 그건 후일 어디 좋은 돌 절벽에 부처님 마애상磨崖像을 조각할 때나 쓰려고 한다.

　돌을 다루다가 많은 점을 깨달았다. 세상 돌멩이는 크든 작든 다 필요하다는 점이다. 작은 것은 작은 것 대로, 큰 것은 큰 것 대로 쓰임새가 있기 마련이다. 기술이 부족하면 불필요한 돌일지라도 임자를 만나면 제 몫을 다 해낸다. 하다못해 돌 사이에 끼어 채워주는 몫을 해주는 잡석이라도 된다.

　또, 일은 누가 간섭하거나 재촉하면 잘 안 된다. 제 뜻대로 해보고 안 되면 다시 놓고 해야 한다. 실패를 겪어보아야 그 잘못을 안다. 미리 일러주면 그 잘못을 깊이 알 까닭이 없다.

　일은 재미로 해야 잘된다. 돈벌이로 후딱 해치우면 그만큼 날림공사에 가깝다.

　늦더라도 차분차분히 해야 한다. 책을 매우 빨리 읽는 습관이 있는데, 좋은 책만은 아주 속도를 늦춰가며 읽을 필요가 있다는 점도 알았다. 정성을 들이면 그만큼 오래간다.

　불일암 돌층계가 별 손질 없이도 아직 그대로 남은 걸 보면 자랑스럽다.

　적어도 지게 하나에 한 짐 짊어질 만한 돌덩이라야 돌층계감이다. 그래야 밟아도 끄떡없다. 작은 돌은 암만 잘 놓아도 누가 모서리를 힘주어 밟으면 곧 흔들거린다.

여기 돌층계 돌은 돌이 귀해서 작은 돌이 많이 들어갔다. 특히 불일암 입구 16계단이 그렇다. 정성은 많이 들어갔으나 워낙 돌이 작은지라 좀 불안하다.

송광사 주위에는 별로 좋은 돌이 없다. 큰 돌도 귀하다. 그런데도 요즘 송광사 중창불사에서 돌담이나 축대는 아주 견고하게 쌓는다. 개이빨犬齒이 엇물리는 듯한 왜식倭式이 아니고 전래 적축식積築式이다. 이 점은 높이 살 만하다.

딴 곳은 몰라도 절에서는 전래의 좋은 방법을 따르고 살려 나가야 한다.

콘크리트 건물 절이 늘어간다. 좋은 현장이 아니다. 서양에서는 벌써부터 목재 건물로 건축술을 바꾸어 권장하고 있다는 말을 들었다. 한데 우리는 거꾸로 콘크리트 절을 짓기 시작한다. 좀 생각해 볼 일이다.

뿐만 아니라, 절 안에 석등石燈이 새로 들어선 것을 보면, 이건 분명 왜식이다. 일본 수출용 석등만을 만들어 놓기때문에 이제 우리가 주문해도 수출용 석등을 내민다. 그것도 모르고 우리는 버젓이 법당 앞에 세워 놓는다. 뒷날 우리 후손들이 무엇이라고 할까. 안목이 이렇게 짧은 불사는 그만두는 게 낫겠다. 그런데도 주건 없이 절 불사하는 일이 그치지 않으니 큰일이다.

이제 돌층계에서, 돌 깎는 손장난으로 바뀌었다. 돌과 인연하여 돌과 친해진 요즘에는 전각篆刻을 간혹 한다.

방문을 열면 돌담이 보인다. 돌무늬의 아름다움도 함께 보인다. 나는 이 돌담의 아름다움을 싫증내지 않는다. 전각을 하다가도 고개를 돌리면 돌담 사이에 끼인 작은 돌멩이의 하찮은 것에까지 눈길이 간다. 그러고 보니,

"돌과 관계되는 일이면 무엇이고 잘해요. 쌓기도 하고 새기기도 하고 닥치는 대로 솜씨 부립니다."

하고 내 소개를 한 어느 스님 말씀마따나 돌만 보아도 힘이 솟는다. 언제 조용히 밀린 전각도 하고 돌담도 쌓고 싶다. 땀을 안 흘리고 겨울 동안 웅크리고 지내니 몸이 안 좋다.

좀 변변치 못해 보이더라도 제 몫 다하고 살다가고 싶다. 돌담에 끼어 제 몫 하는 작은 돌멩이같이. 그리고 선하고 악하고를 가리지 않고 모두를 다 포용할 수 있는 아량도 가지고, 좋은 돌담 기술자가 하나도 돌을 남기지 않듯이 말이다.

걱정거리

낮에 방문을 약속한 행자님 두 사람이 저녁 예불 후에 찾아왔다. 마침 이 시간이면 『명심보감』을 강의하는 시간이라 잠시 기다리게 했다. 종무소가 있는 임경당臨鏡堂 안에서 기거하는 처사 한 사람이 금년 초부터 명심보감을 익히고 있다.

어제는 이런 대목을 공부했다.

나를 착하다 한 사람은 나의 도적이고, 　道吾善者　是吾賊
나를 악하다 한 사람은 나의 스승이다. 　道吾惡者　是吾師

오늘은 또 이런 대목을 공부했다.

고요히 안정된 마음으로 사물을 대하고 일을 처리하는 자세라면, 그는 비록 독서를 하지 않더라도 덕있는 군자라 할 만하다.
定心應物　須不讀書　可以爲有德君子

매일 저녁에 마음의 미추美醜를 살펴보는 거울 보는 시간. 날이 갈수록 가치를 느끼게 한다. 선견善見 처사를 보낸 뒤 행자님을 맞았다.

한 사람은 오래 전부터 질환이 있어 고생하는 행자님이다. 내일 입원 수속을 마치기로 일단락지었다. 지금 걱정거리는 오로지 병이 빨리 낫는 일. 그는 이 병만 나으면 쾌히 몸을 바쳐 수도에 전념할 사람인데 안됐다 싶다.

또 한 사람은 이제 갓 입산한 속복俗服 그대로인 행자님. 마음의 갈등이 심한 편이라고 한다. 그는 설명하였다.

"집안에서 11대 종손입니다. 첫째로는, 대를 끊을 것 같은 죄책감이 있고 둘째로는, 가정에 큰 빚이 있어 갚아야 합니다. 직접 제 자신이 진 빚이라거나 보증 들었던 것은 아니지요. 도의적인 책임이랄까 그런 정도인데 생각이 많이 쓰입니다."

얼굴이 깨끗한 인상을 준다. 성격이 온순하고 깔끔한 편일 거라는 생각을 하였다. 나는 차를 마루에서 마시면서 말했다.

"좋은 걱정거리요. 그런 걱정거리가 없으면 큰일이지요."

그는 눈빛을 번쩍 하는 양하고 고개를 바로 세웠다. 그리고는 정면으로 나를 쳐다보고 다음 말이 있기를 기다렸다.

"출가자라고 해서 도의적인 책임까지 싹 쓸어버릴 수는 없지 않아요? 양심이 있다는 증거니까요. 또 그런 걱정거리는 좋은 힘이 될 것입니다. 사실 걱정 없이 수도하는 편과 걱정을 짊어지고 수도라는 편을 생각해 볼 때, 차라리 걱정 있는편을 택하겠어요.

왜냐하면 그것은 추진력이 되어 자극제가 됩니다. 가령, 육체적인 결함을 가진 이들은 뻐기는 짓은 하지 않습니다. 남보다 못하다는 죄책감이랄까 열등감에서 비롯된 거지요. 이렇게 늘 걱정거리 속에서 생활하는 신체 부자유자들이 크게 성공하는 사례를 볼 수 있습니다."

나는 길게 이야기를 꺼냈다. 날이 어스름하게 변해지고 있고 새가 날던 하늘도 이제 조용해졌다. 그는 자세를 바꾸지 않고 그대로 있었다.

"신체 부자유보다 정신적인 불구는 더 중요하다고 봅니다. 그걸 못 느끼기 때문에 다툼이 생기고 잘나 빼기는 일이 생기지요."

대충 그런 뜻으로 이야기가 계속되었다.

석가모니 부처님께서도 장남에다 왕위 계승을 해야 할 처지인데도 출가하였고 송광사의 담당국사 역시 왕위를 마다하고 보조국사의 제자가 되었으니 이런 미더운 귀감을 본받아 그보다 못한 걱정거리에 연연하는 것은 생각해 볼 일이다.

또 걱정거리가 하나 없다고 생각해 볼 때, 그건 무기無記에 속하는 병이 발생한다. 무기는 차라리 사술私術 보다 더 경계할 병통. 선악을 떠난 무기는 공허할 뿐이며 백지일 뿐이다. 마치 물이 흘러내리다가 호수 같은 웅덩이에서 맴돌 뿐이지 더 흘러가지 못한 상태와 비슷하다.

이런 무기에 걸려서 빠져나오지 못하고 공空을 취하였다고 만족해하는 경우가 더러 있다. 무기공無記空은 구제불능에 가깝기 때문에 특히 경계한 선적禪籍을 많이 본다.

연꽃이, 맑은 바람 부는 높은 산꼭대기에 피는 일 없고 낮은 늪지대에서 뻘같은 진흙 속에 뿌리 내리고 꽃 피우는 뜻이 여기에 있다.

걱정거리가 없으면 지혜 또한 가능할까.

오늘 아침 독경한 『화엄경』에는 다음과 같은 선근회향善根廻向 이야기가 나왔다.

> 혹은 처자식을, 왕위를 보시하고
> 혹은 제 몸을 보시해 종이 되어도
> 마음이 청정해 늘 기쁘다
> 이처럼 사시사철에 걱정거리 없다네.
> 或施妻子 及王位
> 或施其身 作僮僕
> 其心淸淨 常歡喜
> 如是一切 無憂悔

이 말씀을 읽고 나서 뭉클해졌다.

'종이 되어도 마음이 청정해 늘 기쁘다'고 하였다. 이미 걱정거리니 기쁨이니를 떠난 상태에서는, 적어도 자재자유自在自由로운 이는 가능하다. 공부를 마친 공부인은 그럴 것 같다.

그렇지만 공부 과정에 있는 초심학원이 그처럼 되기란 힘들다. 등 따습고 배부르면 게으름만 자라고 춥고 배고파야 보리심(菩提心, 구도에 대한 결의)이 자란다고 아침마다 '칠바라밀'에서 읽는다. 백 번 옳은 말씀 같다. 무엇인가 부족하고 걱정거리가 있어야지 공부가 잘 된다.

날이 완전히 어두워졌다. 행자님은 차를 마지막으로 한 잔더 달래서 마시고 나서 자리에서 일어섰다.

"잘 알았습니다."

대답이 처음 왔을 때보다 명쾌해졌다고 느꼈다. 그는 결심이 선 사람다운 느낌을 주고 자리에서 떠났다.

오늘은 하루 종일 걱정거리가 뇌리를 떠나지 않았다. 간밤에 꿈을 꾸었다. 금년 들어 처음 꾼 꿈같다. 꼭 반년 가까운 듯싶다.

말하기 쑥스러운 꿈이다. 여인을 가볍게 껴안고 손을 잠시 움직거리다가 깨었다. 정신이 번쩍 들어서 깨어나 보니 쑥스럽고 자책스러웠다. 잠이 통 오지 않아 설쳤다.

하루 종일 불길한 일이 있지 않나 하고 근신하며 보냈다. 다행히 별일 없이 넘겼고 오히려 기분 좋은 일은 두세 가지 생겼다.

걱정거리를 짊어지고 있으니 더욱 근신해진다. 꿈으로 인해서 다른 걱정거리는 생각이 나지 않았다. 그러나 꿈이 없다면 또 다른 걱정거리가 있기 마련이라는 생각이 든다.

나의 생활은 대체로 걱정거리가 크든지 작든지 꼭 있다. 하다못해 공부 잘 못한 걱정거리까지고 포함해서 꼭 있다. 이 힘, 살아가는 의욕이 걱정거리에서 비롯된다고 한다면 '걱정거리 예찬'이 될지 모르겠다.

어느 부모

오후 시간에 한 방문객이 있었다. 50대 아주머니로 키는 보통이고 얼굴이 젊었을 적에는 아주 미인이었다는 말을 들었을 듯 보였다.

삼청루三淸樓 응접실에서 자리를 잡았다.

먼저 아주머니는 눈물을 글썽이며 말을 꺼냈다.

"우리 딸아이가 혹시 절에 왔나 해서 왔지요."

그리고는 사진을 보여주었다. 입술이 바짝 말라 갈라지고 눈이 초점을 잃은 외에 별 흠잡을 데 없는 여자 대학생이다. 2년 전 사진인데 한 달 전 집에서 나갈 무렵 모습은 더 마르고 못된 상태라고 덧붙였다.

"얘가 글쎄 스님 되려고 절에 간 줄 압니다. 반대는 않겠는데 꼭 얼굴이라도 한번 보고 싶어요. 어디 있는 줄이나 알면 좀 살겠습니다."

아주머니는 거의 넋을 잃을 듯했다. 염주도 사주도 불경도 읽게 하고 부처님 제자가 되도록 갖은 정성을 쏟았더니만 이렇게 되었노라고 말하면서 이때는 조금 웃음을 내비쳤다. 23살 먹은 큰아들과 20살 먹은 둘째아들이 있는데 역시 둘째 아들이 출가하겠다는 걸 잠시 만류해 두었다고 한다.

"스님이 되더라도 내가 나갔다 돌아오거든 해라. 내가 좀 정신이나 차린 다음에 출가해라."

이렇게 해서 지금 집에서 아들이 또 출가를 기다리고 있다. 부군되는 이는 아주머니가 무심결에 '관세음보살' 하고 소리를 내면,

"그 소리 내 앞에서는 그만 해."

하고 소리를 버럭 지른다. 부처님을 좋아할 때는 언제고 이제는 아주 달라졌단다.

우리 불자들이 가정생활에서 참으로 불자답게 공부하였다면 이렇게까지는 안 될 것 같다. 부처님 제자가 되는 이는 많아도 알맹이가 꽉 찬 제자는 흔치 않기 때문일까. 참으로 중요한 문제라는 생각이 들었다.

어떤 스님들의 이야기를 하나 소개해 볼까 한다.

짐을, 한 스님은 장 안에 넣었고 다른 한 스님은 그냥 방바닥에 두고 잠을 잤다. 아침 예불을 갔다가 방에 돌아와 보니 방바닥에 있어야 할 걸망이 보이지 않았다. 예불간 그 사이에 밤손님이 엿본 모양이다.

"야, 이거 너무한데. 필요한 돈이나 가져가지 가사, 장삼까지 죄다 가져갔으니 이게 큰일이구먼. 중노릇까지 못하게 할 참인가. 제기랄."

이렇게 한탄하자, 장에 짐을 넣어둔 스님이 위로의 말로,

"뭘, 그 정도로 그래? 어머니 뱃속에서부터 가지고 나온 게 있나? 공수래 공수거라, 빈 손으로 왔다가 빈 손으로 가는 법이여."

하고 건넨 후 태연했다. 울상이 다 된 스님은 두리번두리번 장안을 열고 뒤졌다. 이때 장 안도 비어 있었다. 지금까지 위로의 말을 해주던 스님은 금세 안색이 달라졌다.

"어휴, 이게 무슨 날벼락이야. 내 수첩, 승려증, 주민등록증, 서류 등이 꽉 찼는데 하나도 없어. 기막히구만."

이렇게 넋두리를 할 때 옆 스님이 물끄러미 바라보았다. 아무 말 않고 그냥 있으니 답답한 모양이다.

"이봐, 뭐 위로 말이라도 해줘."

그는 장롱 안을 샅샅이 뒤지고 방안과 밖을 살피기를 몇 차례 거듭하면서 찾으려고 애를 태웠다. 공수래 공수거空手來 空手去란 말은 어디로 갔을까.

남의 사정은 제법 성인군자연 하는 자세로 충고하고 위로할 줄 아나 정작 제 발등에 불이 떨어지면 넋을 잃는다. 부처님이 그렇게 대자대비하기 때문에 좋았다고 생각하면 될 터인데 왜 자녀의 출가하는 길을 흔연스럽게 열어주지 못할까. 부모 자식간의 혈육의 정이 강한 탓일까.

나는 아주머니가 약간 웃기를 기다려서,

"부처님 어머니 되는 길이 그리 쉽지 않습니다."

하였더니 합장을 하며,

"관세음보살."

하였다. 물기가 젖은 눈은 불그스레 충혈되어 있었다.

"시간이 지나면 돼요. 누구나 그 고통이 있지만 시간이 지나가면 회복됩니다. 참고 또 참으면서 기도하도록 합시다. 그

아이가 건강히 지내다가 소식이 있기를 기도합시다. 따로 찾아 헤매기보다 그 편이 훨씬 좋겠습니다. 저희 송광사에서도 협조하겠습니다."

나는 자리에서 일어났다. 아주머니는 힘없이 따라 일어서면서 말했다.

"부모 속은 몰라요. 이 고통을 누가 다 알겠습니까?"

제 갈길을 찾아나 선 20세 넘은 아이를 강제로 끌어들이기에는 너무 늦었다. 모두 부모로서 할 일은 따로 있음을 알아야 한다. 제 어머니 몸속에서 낳았다고 해서 평생 제 어머니 소유와 같이 생각해서는 안 된다. 아이는 별개의 독립인격자. 충분히 성인 대우를 해주어야 한다.

출가의 공덕을 경전에서는 이렇게 말씀한다.

"한 아들이 출가하면 그 공덕은 순금 탑을 세계 가득 채워 쌓은 것보다 훨씬 낫다."

청정한 신심을 기르면서 수도 생활에 전념하는 일이 어찌 거룩하다 하지 않을까 싶다.

요즘 도시 생활을 살펴보면 이 이름이 없는 '출가'가 흔하다. 미국으로 직장 생활하러 떠나고 중동 석유회사 기술자로 떠나고 군대 가느라고 떠나고 학교 관계, 직장 관계로 떠난다. 부모 자식간에 떨어져서 사는 핵가족제도가 이래서 많아지는가 보다.

절에 출가하였다고 했을 뿐이지 불문佛門에서는 집에 아주 못 가게 막지 않는다. 처음 출가해서 수도에 전념하는 시기에는 집과 왕래를 끊지만 그 외에는 자유롭다. 그 점을 보더라도 꼭 죽으러 간 자식 취급은 말았으면 한다.

"처음에는 내 아들이 스님 되었다는 사실을 숨겼지. 왠지 부끄러워 이웃이 알까 겁이 났지. 그런데 얼마 지난 뒤에는 떳떳이 자랑하였다. 내 아들이 어느 절 스님이 되어 공부 잘하고 있다고. 한번 만나보러 가지 않겠냐고도 한다."

이 말은 나의 마을 집에서 들은 이야기이다. 행여 내 아들인가 하고 시장에서 스님만 봐도 살펴보고 살펴보았다는 모친. 문 열리는 소리가 모두 아들 오는 소리로 들리더란다. 그러나 이제는 송광사 삼월불사 보살계단에도 동참하여 절 집안 내용을 익히며 '보살님'으로 통하고 있다.

출가를 잘못하면 이중 죄인이다. 첫째는 부모에 불효요, 둘째는 시주 은혜를 저버린 죄인이다. 그러나 한 아들 출가 잘하면 그 공덕으로 아홉 친족이 천상락을 받아 태어난다고 하였다. 흐지부지 시은 축낼 바에는 아예 부모봉양 잘하는 편이 좋다는 말은 이런 뜻에서 나온 말 같다.

김장 울력

쑥대밭 속에 김장거리가 있었다. 일주문 못미쳐 다리 부근 밭이다. 배추가 대략 1천5백 포기쯤 되어 보였다.

원주 스님이,

"금년 농사는 풍작이오. 배추가 포기당 헐한 건 10원 꼴이라네요. 농부가 소를 배추밭 안에 끌고 들어가 먹이고 값을 내기도 할 정도랍니다."

해서 어이가 없었다. 배추를 뽑는 방법이 있다. 칼끝이 배추 뿌리에 가 닿아서 서너 전이파리를 돌려내듯 따내야 한다. 아낀다고 배추 뿌리를 깊숙이 자르면 흙이 덩이째 붙어 있어 좋지 않다. 반대로 잎을 많이 잘라내면서 뽑아도 허실이 많아 좋지 않다.

운반하는 손수레가 다섯 개 있어서 수곽에까지 서너 차례씩 운반하고는 경운기에 맡겨 버렸다. 그런데 이번에는 미처 저장 배추를 생각 못하고 꼭지 뿌리를 모두 따내고 말았다.

땅 속에 묻어 저장하려면 그냥 뿌리 전체를 뽑아서 써야 오래 간다. 하는 수 없어서 산감山監 방에 거적을 깔고 서너 수레 저장해 두었다.

일을 할 때에 마른 쑥대밭에서 쑥 냄새가 진하게 풍겨왔다. 저런 걸 잘 모아 두면 모깃불 쑥뜸 등에 좋을 건데 하는 생각이 들었다. 이때 석남사 노 비구니 스님을 위시해서 여러 스님네가 밴 트럭으로 대중공양을 왔다.

식빵을 새참으로 잘 먹었다. 봉암선원에 결제 전에 대중공양 온 이로는 처음 같다. 공부 잘하는 대중이 모인 곳은 대중공양이 끊어지지 않는다.

저녁은 호박죽이었다. 어찌나 맛있게 끓였던지 모두 입이 다물어지지 않을 정도였다. 나도 반 그릇을 더 먹었다. 밤, 팥, 찹쌀, 감 등이 호박죽에 들어 있다. 단맛이 꿀맛 같다.

저녁식사 전에,

"배로 감기약 만들어요."

하고 누가 말해서 그렇게 해 보았다. 과일 종류는 대개가 냉물 冷物인데 불에 익히면 온물 溫物이 된다. 배를 흙으로 싸서 재 속에 묻어두고 두어 시간 지나 꺼내서 익힌 배를 먹으면 그만이다. 불이 셀 때에는 얼른 꺼내 먹어야 타지 않는다.

요즘 찬바람에 감기 기운이 있다. 콧물 감기 같다. 대체로 익힌 배 하나면 뚝 떨어진다. 흙 대신 물에 중탕해 먹어도 좋다. 여러 사람이 그 효력을 증명한다.

동안거에 들어가려면 김장 울력을 해야 자격이 있다. 하안거는 초파일을 봐 줘야 한다. 예로부터 내려오는 관례인데 요즘은 일거리가 놓인다 싶으면 일 보고도 나가는 이가 더러 있다.

오늘도 선원 방부들일 스님네가 왔다가 나가는 것을 보고 안도의 숨을 내쉬었다. 간신히 나도 방부들인 셈이다. 공부하는 처소는 머리가 터져라 밀리고 큰절 시설 좋은 곳도 파리 날리는 선원이 흔하다. 봉암사는 공양주를 스님네가 서로 순번을 기다릴 정도이다. 자청해서 오줌통 메는 이가 있다.

　오후 늦게 김장 울력을 마치고 한 시간쯤 발 씻는 시간에도 어제 문 바르다가 서투르게 한 곳을 떼우는 스님이 있어 거들었다.

　"재단사 스님, 어디 갔어요?"

　내가 창 바르는 스님들과 어울려서 일하려는데 나를 한참 찾았다고 원주 스님이 전한다. 우리 세 사람은 발 씻을 시간도 줄여서 창 바르는 일을 계속하였다. 모두 남 모르게 선행을 닦으려고 기를 쓴다.

　요즘에는 열두 시 무렵에 잠이 깬다. 아홉 시에 잤으니 세 시간 잔 셈이다. 몸이 피곤해도 정신은 더 깨어있는 기분이다. 이불 없이 그냥 좌복을 덮고 쓰러져서 잔다.

　좌선시간에는 수식관數息觀을 한다. 정신이 산란하지 않도록 숫자를 헤아린다. 그래도 숫자를 잊어먹곤 한다. 많이 망상에 흔들린다는 증거이다.

　정신이 맑아질 때에는 조주무자趙州無子 화두를 든다. 정신이 흐려서인지 의심이 잘 안 간다. 밭에서 일할 때에는 무자화두가 생각에 오래 머물러서,

　"일할 때 공부가 더 잘 된다."

라고 하신 구산 노사가 생각났다. 방안에서보다 밖에서 의심이 더 많이 가는 것을 오늘 경험하였다.

　밤 열두 시에 깨었을 때, 선방 안은 희미한 가운데서도 사람의 윤곽이 비쳐 보인다. 아직 좌선중인 이도 흐릿하나 보인다. 나는 두시 반까지 하고 누웠다가 세 시에 함께 일어났다.

다리는 아프다가 많이 풀린 듯하다. 그래도 종일 앉았자니 아프기는 매일반이다. 중노동이란 말이 실감난다. 이걸 다 삭혀 녹여야 한다. 쓰고 아린 것을 통째로 흘려보내야 한다.

허리는 또 왜 이리 뻐근한지, 법당에서 절을 하고 나면 좀 괜찮더니 두어 시간 지나면 뻑쩍지근해진다. 먹을 것 덜 먹고 잘 잠 덜 자고 이 공부해야 한다니 어렵고 힘든 일이다.

하나 반드시 힘들고 어렵지만은 않다. 그 속에서 피어나는 희망이 있다. 내가 살았구나 하는 확인도 수없이 많이 하고 기뻐한다. 보람이 있다.

안색이 제대로 돌아온 느낌이다. 초췌해 보이나 본 색깔 같아 보인다. 잘 보일 필요도 없는 반면에 못 보이려고 억지껏 흉터 낼 필요도 없다. 자연을 따를 뿐이다. 마음이 거리낌 없어서 편하기가 말할 수 없다. 천자의 지위를 내준다고 해도 바꿀 생각이 안 난다.

"내 복에 이런 선원에서 살게 된다니 전생에 무슨 복을 지었던가?"

하고 감사한다. 단 하루를 지내더라도 부끄럽지 않게, 남 폐끼치지 않고 사는 일이 있을 뿐이다. 청정한 마음에 샘물을 길어 마실 뿐이다.

이곳에 방부들인 스님 중에,

"3,4년 전에 스님이 주신 시계요, 스님."

하고 팔뚝을 걷어 내보인다. 일제 세이코 팔목시계가 보인다.

나도 지지 않고,

"스님 덕에 이런 시계가 또 생겼소."

하고 팔뚝을 같이 걷어 내보인다. 비슷한 시계 같다. 내가 찬 시계는 문자반이 검은게 다르다. 출가한 이후 시계를 몇 차례나 다시 차왔나. 남 주고 다시 생긴 횟수가 대여섯 차례나 될까. 다행히 원수 안 진 이가 이번 동안거에 함께 지내게 된 것만도 다행이다.

 나는 누구누구에게 시계를 주었는지 기억하지 못한다. 말하니까 이제 기억날 뿐이다. 은근히 보시의 공덕이 이런 것이구나 하고 느껴본다. 몇 년 지나서 그 공덕을 말하니 새삼스럽지만 즐겁기는 즐겁다. 오랜 세월이 흘러도 보시공덕은 남는 것이라는 데에 생각이 미친다. 하여간 봉암선원은 인연의 터로 여겨진다. 공부하기 나무랄 데 없는 곳이다.

한 생각의 시작

한 수도자가 깊은 산속 토굴에서 지내고 있었다. 반나절은 고요히 앉아 내면을 살펴보고 반나절은 책을 읽으며 유쾌한 나날을 맞이하였다. 좀 적적하기는 하나 고요한 행복이었다.

이러던 어느 날에 일이 생겼다. 빌려온 경서를 쥐가 갉아서 상해 놓았다. 수도자는 이래서는 안되겠다는 생각을 먹고 곰곰이 헤아려 보았다.

그냥 책을 치워두고 마느냐, 아니면 고양이를 한 마리 사오느냐. 그는 철저하게 쥐를 쫓아야겠다는 생각으로 고양이를 사오고 말았다. 이제 당분간 전날처럼 평온한 나날이 왔다.

젖소를 토굴에 가져오니 이제 세 식구가 되었다. 그리 많은 식구는 아니다. 하지만 전과는 다른 점을 발견하였다. 이 동물을 손질해 줄 손이 필요한 것이다. 노상 해오던 독서 시간도 줄어들고 고요히 앉아 있는 시간도 자주 토막나기 시작하였다. 부산스러운 생활이 그에게는 못마땅했다.

그는 일을 잘하는 건강한 여자를 구하여 고양이와 소를 맡겼다. 더 이상 잡일에 시간을 빼앗기고 싶지 않았기 때문이다.

그러나 모를 일이었다. 그는 의외로 그녀와 한집에서 지내는 동안 친숙한 관계를 맺고 더 나아가서 지아비로 변신하기에 이르렀다. 이들 사이에는 자녀가 태어나서 평범한 가정으로 돌아갔다.

　수도자의 토굴은 혼자 은거했던 때의 좁고 작은 집이 이제는 커다란 주택으로 변신하였다. 날로 손가는 일이 늘었다. 매번 일을 놓으려고 하였으나 그럴 형편이 못되었다. 책 보고 앉아 있을 시간은 더욱 짬내기 힘들게 되었다.

　수도자는 한 순간 일하던 손을 멈추었다. 가만있자, 왜 이리 일이 벌어졌는가. 가지가 가지를 쳐서 빚어진 일들이었다. 맨 처음으로 거슬러 올라가 보니 그놈의 책 한 권 때문이었다. 참 알쏭달쏭한 게 제 일이면서도 남의 일 같기만 하다. 이 모든 것이 한 생각의 시작에서 연유하고 있다.

　잠시 국외에 나간 새에 공부가 좀 성글어지는 듯 느껴져서 지난 겨울 귀국하는 날 바로 불전에 나아가 '선방에서만 지내겠습니다' 하는 서원을 세웠다. 사나흘 지나 동안거冬安居 방부를 들이고 서원대로 선방에서 지냈다. 그런데 귀국할 때 출간하기로 되어 있는 원고 뭉치를 책으로 만들기까지는 어려움이 잇따라서 해제철에는 서울에서 머물며 지낼 형편이 되었다. 그때 책 한 권이 올 여름 안거를 서울서 지내도록 잡아 놓을 줄은 상상도 못했다. 참 의외의 일이다.

　마침 절에서 먹고 자는 청년회 법사자리가 빠져 있어 임시 밥값을 치른 셈치고 청년회 법사로 나섰다. 그게 두 번째 고삐였다.

　나는 초파일까지만 서울 절에 머물다가 산중 선방에 가야겠다는 생각에 변함이 없었다. 누구도 말리지 못할 철칙으로 믿어왔다. 여기서 세 번째 고삐가 채워질 줄 누가 알았으랴.

그것은 도반의 인도 성지순례의 길이다. 그는 절에서 뿐만 아니라 절 밖에서도 사업 활동을 하는 까닭에 비록 포교의 일환이긴 하나 사업상 공백으로 남겨둘 수는 없는 문제였다. 나는 그의 요청이라기보다 내 스스로 이미 작정해 온 터에 쉽게 승낙하고 말았다. 정말 끊기 어려운 업業의 끄나풀을 보는 듯하다.

매월 법보를 한 차례 내는 편집일과 불교생활용품 가게를 돌보는 일이 내게 떨어졌다. 이제는 또 하나 관음회 법사이며 올 가을 출간될 결정판『보조전서普照全書』교정 책임이 지워져 요 며칠 사이 꽤 열심히 그 책을 읽고 있는 중이다. 눈코 뜰 새 없는 시간이 지나간다.

"절에 가면 수도하는 줄 알았더니 순전히 장삿속이구나."

이 말은 출가한 아들이 포교 사업에 열중한답시고 불교 서점을 차려 놓으니까 마을에서 모친이 와서 보고 던진 일침. 이 말에 가슴이 뜨끔하여 서너 달 산중 절에 들어가 기도를 한 적이 있었다고 도반 스님이 덧붙인다.

우스개 이야기로, 어느 큰 수도원 재무 회계를 맡게 된 이가 말하기를,

"이건 밤낮이 없이 돈 세는 일뿐이군. 마을에서는 은행에서 그래도 출근한 시간에만 돈을 세었는데……."

하고 지겨워한 적이 있단다. 체계가 덜 잡힌 수도원에서는 정말 밤낮이 없을 지경으로 바쁘다.

    종일 남의 돈만 세는 이 　　　　　從日數他寶
    제 몫은 반푼어치도 남지 않는다. 　　自無半錢分

그렇다. 고인의 말씀 그대로이다. 기껏 애쓴다고 허둥대다가 세월만 허송하면 안될 일이다.

공부에 힘을 얻지 못한 처지에 보살의 길을 넘보는 노릇은 제 분수 못 지키는 뱁새가 황새 걸음 내딛는 격. 나는 이 시간에 한 권의 책에서 벌어진 갖가지 잡사가 내게도 다가옴을 실감한다. 그럼에도 불구하고 동중공부動中工夫로 삼아 새로운 계획을 세워 나아가야 하겠다. 선원에 들어가지 못한 만큼 더 많이 할 일이 있기 때문에.

'일은 가능한 한 줄인다. 일은 만들지 말라' 하는 구호를 만들어 놓았다. 이 이상 일을 만든다면 큰일.

    세상만사는 누가 밖에서 만들지 않는다 　　法界無作
    단지 스스로 마음이 인연 따라 만들어 낸다. 　　自性緣生

『보조전서』 가운데서 언뜻 스쳐 본 말씀이다. 누굴 탓하고 말고 할 때가 없다. 제 탓이지 남의 탓이 아니다. 후회하면서도, 알면서 허물을 지어가는 생활이 언제나 그칠까 싶다.

껍질 벗는 왕새우

여름인지라 방안을 텅 비워 두었다. 책상 하나 외에는 모두 거둬들였고 병풍도 개서 접어두었다. 그저 왕골 자리 깔개 하나면 족하다.

"방이 비어 있으니 좋아요. 뭔가 신선한 느낌이 듭니다."

찾아온 이들이 차를 마시면서 비어 있는 방안을 하나같이 마음에 들어한다. 나 역시 이런 방이 좋다. 무엇이든지 덜어내려고 해도 소유가 늘어나거늘 쌓아서 거두어들이기만 하면 어찌하랴 싶다.

오늘은 창고에서 족자 하나를 꺼내와 방 벽에 걸었다. 또 다른 하나는 서점에다 걸었다. 모두 제백석齊白石 옹翁의 새우 그림 모작模作이다.

백성옹은 수삼 년 전에 내가 전각篆刻이라고 흉내내어 칼질을 할 때 스승으로 모셨을 만큼 존경한 분이다. 거친 칼자국에서 구수한 맛이 풍겨서 그 멋에 끄달렸기 때문이다.

하여간 새우 그림은 백석옹이 잘 그리는 소재 가운데 하나다.

"스님, 저 새우 그림은 무슨 뜻이 있습니까?"

누가 묻는다. 새우 그림이 산수화나 사군자에 비해 흔치 않기 때문에 모두 궁금해하는 것 같다.

"그냥, 새우 그림이지요."

이런 대답도 누가 하고 웃는다.

그렇다. 그냥 새우 그대로이다. 여기에 의미를 붙인다면 두 가지 뜻이 있다.

첫째는, 남녀가 결혼을 해서 한 가정을 이루어 허리가 굽도록 백년해로百年偕老 한다는 뜻이 있다. 마치 허리가 굽은 새우처럼 그렇게 지내는 행복한 부부를 뜻한다.

둘째는, 껍질을 벗은 왕새우 이야기가 있다. 새우가 자라서 왕새우가 되는 과정에서 껍질을 한 차례 벗는다. 이때 어두운 수초나 바위 굴에 숨지 않고 돌아다니면 새우를 먹이로 삼으려고 물고기들이 서로 머리가 터지는 판국이다. 만일 다른 고기에게 먹히는 날이면 그만이다. 대부분이 이 무렵 죽고 만다. 살아남아서 껍질을 벗고 왕새우가 되는 것은 극히 적은 숫자이다.

생각해보면 아찔한 노릇이다. 우리가 살아가면서 이렇게 껍질 벗는 과정이 얼마나 많을까. 좀 잘되려고 할 때 원수가 생기고 적이 생긴다. 이럴 때 부딪혀오는 족족 피해야 한다. 먹이로 희생되지 않으려면 그저 부자 몸조심하듯 해야 한다.

도가 높아갈수록 마장魔障도 성하다

道高魔盛

－發心修行章－

새우 그림을 보고 느껴지는 게 많다.

옛날 부처님이 과거 인욕바라밀을 수행하던 시절에 겪은 본생담 하나.

가난하기 이를 데 없는 노부부가 살고 있었다. 배가 고파서 죽을 지경이었다. 굶기를 밥 먹다시피 하는 생활이었다. 이런 때 할아버지가 길가에서 전단향栴檀香을 줍는 행운을 얻었다. 향 중에서 제일 가는 전단향이다. 할아버지는 이 향을 팔아서 양식 쌀을 사왔다. 할머니는 기뻐하며 쌀을 씻어서 바삐 밥을 짓기 시작하였다. 밥이 거진 되어 갈 때였다. 밥 끓는 냄새를 맡고 배고픈 이가 동냥을 왔다.

"아이고, 배가 고파 죽겠습니다. 좀 주실 수 없습니까?"

이렇게 해서 첫 번째 밥을 동냥 온 이에게 다 내주고 새로 밥을 안쳤다. 시간이 지나 밥이 거진 되어 갈 때 다시 동냥을 온 이가 있었다. 이번에도 모조리 내주었다. 말이 그렇지, 배고파서 모처럼 밥을 하고 있을 때 얼마나 창자가 끊어지는 아픔이 있었을까. 전단향을 줍는 행운 뒤로 견디기 어려운 고초가 거듭 따랐다. 노부부는 세 번째 밥까지 구걸 온 이에게 내어주었다. 세 번째까지 밥을 주는 동안 참으로 쓰라린 아픔을 깨물어야 했다.

이때였다. 천상에서 미묘한 선율이 울려 퍼지고 방 안에는 고귀한 향기가 가득 찼다. 이런 사이에 제석천에서 사람이 노부부 앞에 내려와,

"위대하고 위대하십니다."

하며 금은보화를 부족함 없이 주고 찬탄하기를 아끼지 않았다는 이야기.

지옥과 천상에 음식이 똑같이 가득 차 있는데 수저와 젓가

락의 사용법이 다르단다. 지옥에 가보니, 혼자서 한 발 넘는 큰 수저 젓가락으로 먹으려다 못 먹고 먹으려다 못 먹고 해서 배가 고픈데 천상에서는 한 발 넘는 큰 수저 젓가락으로 서로 상대방에게 떠 먹여 주어서 배부르게 되었다고 한다.

결국 남을 위해 일하다 보면 서로 잘되고 제가 더욱 잘된다는 뜻이다. 혼자서 기회를 타서 행운을 거머쥐려고 하다가는 세상사는 재미까지 잃게 되지 않을까 싶다.

성장하려고 껍질 벗을 때 — 중요한 시기는 바로 지금이다. 누가 부딪혀오면 한껏 내버려두고 관심 두지 말 일이다. 밑지고 살아야지 이익 보고 살려다가는 하루도 편히 쉬지 못하는 인토忍土, 사바세계가 아닌가.

여름 하늘이 청청靑靑하다. 흰구름도 한가롭다. 이제 녹음이 짙어갈수록 매미 울음소리가 높아갈 것이다.

빨래 예찬

빨래를 빨아서 다림질 해 입기까지 그렇게 즐거울 수가 없다. 빨래는 하나의 즐거운 운동이라는 생각이 든다.

사실 헌옷 나부랭이가 방구석에 뒹구는 걸 좋아할 사람이 누가 있을까. 양말짝만 하더라도 빨려고 미뤄둔 게 눈에 띄면 성미가 좀 급한 이는 못 참아서 당장에 물통에 집어넣을 것이다.

나는 그렇게 부지런한 편이 아니나 빨래를 시작하여 비누질을 하여 헹구고 말려서 다시 풀을 먹이고 다듬이질 — 요즘은 밟아서 다듬이질을 대신함 — 을 한 뒤에 다림질을 하기까지의 과정을 흥미있게 해낸다. 그런 무명 승복을 삭발 목욕한 날 입을 때의 즐거움도 물론 말할 것이 없다.

빨래를 물에 담그고 조심스럽게 때가 탄 곳을 골라내어 비누질을 할 때 시간이 좀 걸린다. 땟물이 비누 거품과 함께 씻기어 나가는 걸 보는 즐거움을 무어라고 표현할까. 마치 내 몸속의 몹쓸 찌꺼기가 모두 밖으로 빠져나가는 느낌이다.

『화엄경』 제39권에는 다음 말씀이 있다.

> 그 마음 깨달음에 들어 편안하기 그지없고
> 마치 허공과 같이 평등하고 걸림 없으니
> 탁한 때를 여의어서 진리에 안주하네

이같이 수승한 행을 그대들은 들으라.

其心寂滅　恒調順
平等無碍　如虛空
離諸垢濁　住於道
此殊勝行　汝應聽

빨래는 전신운동이다. 따로 체조나 요가 등을 하는 대신 빨래를 하는 동안 온몸이 화끈 달아올라 큰 운동이 된다. 운동을 따로 하고 일을 귀찮게 여기는 데서 생활의 멋이 줄어든다. 어느 피아니스트는 손가락 마디마디를 부드럽게 관리하기 위해서도 세탁기를 쓰지 않고 손으로 빨래하기를 즐겨한다는 이야기가 있다.

이렇듯이 애초에 생각을 고쳐먹어야 쉽게 일이 손에 잡히는 것을 종종 경험한다. 일은 건강 유지를 위해서 해야 한다는 생각이다.

어떤 때는 무명옷 대신 양복 천으로 만든 승복을 입어보고 참 편리하다고 느끼기는 하였으나 그 무명옷이 주는 즐거움에 비한다면 그 유가 아니다. 노력을 쏟아서인지 몰라도 무명옷을 꺼내서 처음 입을 때마다 날듯한 기분을 맛본다. 보기에도 단연 무명옷이 으뜸이다.

비눗물이 잘 가시도록 헹군 빨래는 뒤집어서 빨래줄에 넌다. 색이 바래지 않도록 하기 위해서이고 솔기가 잘 마르라고 한 조치이다. 빨랫줄에 널 때에도 대작대기에 소매나 바지가랑이를 꿰어서 널어 두면 빨래 모양도 좋다.

이번에는 풀을 쑬 차례이다. 처음부터 물에 풀어놓은 밀가루를 불 위에 두고 저을 필요는 없다. 물을 바글바글 끓인 다음에 따로 물에 진하게 풀어놓은 밀가루를 부어서 3분쯤 저으면 쉽게 풀을 쑬 수 있다. 다 쑨 풀에 빨래를 담그고 정성스럽게 치댄다. 빨래를 오래오래 잘 치댈수록 옷 맵시도 고와진다. 이 방법은 흰 천에 먹물을 곱게 먹일 때에도 마찬가지이다.

이런 빨래를 다시 대작대기에 소매나 바짓가랑이를 꿰어서 양지바른 데에 널고 나서 허리를 펴고 길게 숨을 들이킨다. 이것으로 일단 빨래의 처음 단계는 마쳤다.

옛날 살림하는 아낙네들이 빨래하는 동안 그저 고되겠다고 하였으나 내 생각으로는 그렇지 않다. 하루 종일 손놀림을 늦추지 않고 빨래를 하는 고된 일중에도 즐거움이 컸을 것이다. 생각이 차분히 정리되고 오히려 마음에 큰 즐거움이 고였을 것이다. 빨래가 운동 중에서도 멋진 운동이라고 생각하는 이유가 바로 여기에 있다.

게다가 땟물이 빠져나가는 비누 거품을 보는 즐거움은 또 어디다 비하랴. 일을 모두 어렵게 생각하는데서 싫증이 쉽게 오지 않을까. 흥미를 가지고 시작해 보면 별반 어려운 일도 없다는 걸 늘 경험한다.

꼭꼭 밟아서 다림질을 하는 단계에서 빨래는 끝난다. 고루고루 물을 뿌려 가면서 힘주어 다림질을 할 때 마치 내 마음의 구김살을 쫙 펴나가는 듯한 느낌이다. 뒤집은 채 솔기를 펴서 다림질을 하고 그 다음 소매와 앞 옷깃 등을 다림질한다. 나중에 바로 뒤집어서 가볍게 다림질을 한 차례 더한다.

빨래를 접을 때에 두 가지 방법이 있다. 와이셔츠 모양으로 네모 반듯이 접는 방법과 긴 떡가래처럼 아주 길게 접는 방법이 있다. 네모지게 접어오다가 요즘에는 걸망에 넣기 좋도록 길게 접는 방법을 많이 쓴다.

세탁기가 요즘은 손 하나 까딱 안하고도 살 수 있게끔 만들어지고 있다.

버튼 하나 누르고 기다리는 동안 물과 가루비누가 알맞게 나와서 세탁하고 헹군다. 그 다음 탈수까지 아주 자동화 되었다.

건조 시설이 갖추어진 세탁기도 보급되는 추세다. 그야말로 자동화의 편리한 세상이다.

그런데 세탁기가 움직이는 동안 우리의 몸의 세포는 차츰 퇴화되어 가고 있다. 그와 함께 빨래를 통해서 느끼는 즐거움마저 앗아가고 있으니 편리라는 이름의 마魔는 실로 두려운 존재라 하겠다. 빨래는 세탁기에 맡겨두고 따로 요가나 미용체조하는 어리석음은 어제까지 이어질 것인가 싶다.

애 아부지가 좀 늦더라도

'78년 여름 안거를 나는 경주 토함산 불국사 선원에서 났다. 이때가 나의 첫 수선안거修禪安居에 해당 한다.

안거란, 3개월간 금족禁足해서 산중에 대중이 어울려 머물면서 정미롭게 공부한다는 뜻이다.

만일 안거중에 산문 밖에 나가는 이는 부처님 배를 가르고 나간 범계자로 취급해서 몽둥이질이 가해질 만큼 엄격하다. 혹 안거중에 입적入寂한다고 해도 윗목이나 마루 밑에 거적으로 싸서 놔두고 공부하는 서슬 푸른 가풍이다. 단지, 산문 출입이 허락된 이가 있다. 사중寺中 소임자는 대중 외호에 힘써야 하기 때문이다. 주식물, 부식물, 약품류, 차와 과일 등을 사나르는 원주院主 소임도 예외가 아니다.

안거 후 한 달포 지나서 뜻밖에 이 원주 소임을 맡게 되었다. 나의 처음 소임은 으레 초참자들이 그랬듯이 다각(茶角, 차 끓이는 이)이었는데 원주 소임이란 중책임을 맡게 된 것이다. 웃어르신네가 시키신 일이니 만큼 쓰고 달고가 없는 처지였다.

경주는 처음 사는 곳이 되어 거리가 낯설었다. 한더위에 시장 여러 거래처를 찾는 데도 한나절이 거의 다 지나갔다.

시장 모퉁이에 싸전이 잇대어 서 있는 골목에 들어섰을 때였다. 상호는 기억나지 않지만 한 중간쯤에 위치했다고 생각한다. 이 가게는 쌀 창고 옆에 연탄 창고를 덧붙여 놓고 바깥주인 사내는 연탄을 취급하고 안주인 아낙네는 쌀을 취급하고 있었다. 물론 절에서도 여기서 연탄과 쌀을 단골로 거래하고 있었다. 연탄 창고와 쌀 창고 모두 합해서 다른 소규모의 싸전에 지나지 않지만 정성 하나에 오랜 고객이 되었다고 한다. 쌀은 여나믄 가마 쌓여 있었다. 마침 가게는 한산했다.

먼저 이 가게 안주인 아낙네가 조용히 합장을 하고,

"스님, 누추하지만 한 번 들어오셨다가 가십시오."

하고 부드러운 말씨로 간청하였다. 의외였다. 외모로는 그냥 수수한 40대의 시골 아낙네에 불과한데 목소리가 무척 겸손하고 고왔다. 그리고 어딘지 모르게 고귀한 품위가 배어나오는 듯한 느낌을 받았다. 이어서 바깥주인도 덩달아 간청하기에 일단 방 안으로 발을 들여놓았다. 뒤이어 바깥주인 사내와 처녀아이가 따라 들어와 앉았다.

"이 사람은 제 남편이고요. 이 아이는 딸인데 대입 준비중입니다. 아들 하나가 있는데 대학 다니느라고 타관에 나가있습니다."

이렇게 아낙네가 식구 소개를 차근차근 하는 동안 나는 바깥주인 남자의 얼굴을 찬찬히 바라보고 있었다. 좀 더 적절한 표현을 빈다면, 좀 꺼림칙한 인상을 주는 사내의 얼굴 한 쪽엔 어른 주먹만 한 크기의 검붉은 혹이 주머니처럼 매달려 있었는데, 그의 모습을 바라보고 있었다고나 할까. 해맑은 아낙네 얼굴 표정과는 너무 대조적이어서 의아했다. 하여간 덜렁거리는 혹으로 여간 고생이 아니겠구나 싶었다. 이런 생각 속에 잠거 있는 순간이었다. 아낙네는 불전佛前에 절을 올리듯이 내게 천천히 오체투지(五體投地, 큰절)를 세 번 하기 시작했다.

"아니오. 보는 게 인삽니다. 금만 두시오."

내가 당황해서 만류했으나 막무가내였다. 나는 이때 당한 충격을 지금도 뚜렷이 떠올릴 수사 있다. 당혹감과 그 짜릿한 전율 속에서 '아, 저 아낙네가 내게 절을 하는 게 아니라 내가 저 아낙네에게 절을 올리는 구나. 그렇지, 저 아낙네가 바로 부처님이지…….' 이런 생각에 흔들리고 있던 자신을 기억한다.

나는 정갈한 염주가 담긴 작은 대바구니를 바라보면서 물었다.

"염주를 보니 기도를 많이 하시는 것 같습니다. 바깥양반 병 낫게 해달라고 비십니까?"

그러나 이 평범한 아낙네의 사투리 섞인 빠른 말씨로 하는 대답은 남다른 것이었다.

"처음에는 그랬지예. 그것도 어서 빨리 낫게 해달라 안 빌었는교. 허나 이젠 병고에 시달리는 사람은 누구건 다 낫게 해달라고 기도합니데이. 설사 우리 애 아부지가 좀 늦드라도 아픈 사람들이 다 낫는다면 얼마나 좋겠능교."

걸림 없는 사람

나의 출가 이야기를 끄집어내려고 하니 우선 인연이라는 말이 떠오른다. 태몽이 삿갓을 쓴 스님이 탁발 나와서 표지가 노란 책과 실타래를 모친에게 건네준 꿈이라는 데에 더욱 인연이라는 말이 절실하다.

최초로 절, 중이라는 말을 어렸을 때 들려준 이는 나를 낳아준 모친이다. 그때는 모친이 장농 밑칸에 간직해 둔 잿빛 무명천을 꺼내 어루만지면서, '어휴, 절에 가 중이나 되고 싶네.' 하며 크게 눈물을 떨구시던 모습을 보고 함께 따라 울었을 뿐, 절이니 중이니 하는 말뜻을 알았을 리 없다. 막연히 무슨 결단이나 헤어지는 일이라는 생각에 눈물이 나왔다.

시골에서 어렸을 때부터 서당 봉명재鳳鳴齋에서 공부를 시작하였는데, 누가 장난삼아 장가 이야기를 꺼낼 때 나는 입버릇처럼 '난 장가 안가.' 하던 기억이 생생하다. 아마 모친 영향을 받으며 자란 탓인지도 모른다.

뒷날 내가 절에 들어가 출가 입산의 길을 걷기로 결심하였을 때 먼저 생각에 떠오르는 건 모친의 이 말씀이었다.

"어휴, 절에 가 중이나 되고 싶네."

중학교 2학년 무렵이었던가 싶다. 4·19와 5·16 직후인지라 사회 경제가 몹시 어지러워 우리 식구는 겨우 밀가루 죽으로 연명하기가 일쑤였다. 학교에서 장학금을 타서 학비를 충당하고 남은 돈으로 나는 동생들과 자장면 한 그릇 사먹는 맛에 온 정신이 팔린 적도 있었다.

급기야 가난에 오래 지치고 우리 식구를 버려두는 세상도 싫어져 슬며시 출가를 결심하였다. 그때 입산 쪽으로 결심한 까닭을 간단히 설명하기 어렵다. 반드시 가난과 염세증, 모친의 영향 때문이었을까. 이것들은 이유의 일부, 원인을 이루는 한 단위 속의 극히 작은 부분에 불과하다고 생각한다. 출가 입산하고자 하는 마음에 한 자극제는 되었을지라도 그 모두일 수는 없을 것이다.

그 무렵 부처님 전기와 『원효대사』, 『서산대사』, 『마의태자』 등을 읽은 기억이 있다. 면도로 머리를 하얗게 빡빡 밀고 죽장竹杖을 짚고 학교에 가는 괴벽이 이때 생겨났다.

늦은 가을날이었다. 나는 흥국사 대웅전 앞뜰에서 서성거리다가 아무 스님이나 붙들고, 출가 입산 이야기를 꺼낼까 말까 무척 망설이고 있었다. 남 앞에 입산의 뜻을 밝혀 내놓기가 그렇게 어려웠다. 더구나 여러 스님들이 절 아래 밭에서 뒤돌아보지 않고 일을 하고 있어서, 어린 내가 멈추게 할 처지는 되지 못하였다. 나는 스님들이 잠시 땀을 닦기를 내내 기다렸다가 별 내용 없는 이야기만 몇 마디 드려보고는 힘없이 귀가하고 말았다.

그 뒤로 열아홉, 스무 살 먹은 때라고 기억한다. 엿장수를 처음 시작하기 위해 엿방에 나간 날 새벽이었다.

열 명 가까운 엿장수들이 큰 가마솥에 고아진 엿을 방안에

퍼와 늘이기 시작하고 있었다. 벽에는 지게 어깨가지 비슷한 작대기가 드문드문 서너 개쯤 붙어 있었다. 여기다가 엿을 걸고 늘였다 다시 모아 접었다를 계속 하는 동안 노란 엿이 하얗게 되었다. 달콤한 엿냄새가 좋았다. 엿 김이 피어올라 방안이 자욱해졌다.

나는 차례를 기다리며 잠자코 그 틈새에 끼어 앉아 있었다. 이때 처음 보는 늙은 엿장수 한 사람이 내 몫을 늘여주면서, 나를 돌아보더니 '꼭 시냄(스님) 같네' 하였다. 곁에서 다른 엿장수가 덩달아서, 우스갯소리로 거들었다.

"중놈이 엿장수 나왔나?"

다른 엿장수들도 잠시 일을 하던 손을 멈추고 크게 웃었다.

나는 귀가 번쩍 뜨였다.

'스님 같다. 스님 같다.'

엿판을 지고 다니는 동안 이 생각이 떠나지 않았다. 그 무렵 부처님 말씀 가운데서 늘 마음속에 새겨두는 구절이 있었다.

    모든 것에서 걸림이 없는 사람이라야   一切無碍人
    도를 이뤄 생사에서 벗어난다.   一道出生死

이 구절을 아침에 등산가서 바위 등에다 조그만 돌멩이를 가져다가 한 차례씩 쓰고 내려오는 습관이 엿장수하는 때부터 생겼다고 기억한다. 나는 걸림 없는 일이 무엇인지 잘 모르는 채 엿판을 메고 시장거리를 헤매었다. 아마 출가 수도인의 겉멋 부리는 일부터 배웠나 보다. 엿장수가 걸림없는 사람의 할 일로 생각되어 시작하였으니까.

　이렇게 어정쩡하게 결단을 내리지 못한 채 부질없이 나이만 먹어가고 있을 때, 한 친구 박찬기의 죽음은 아주 큰 충격을 주었다. 그는 우리 집 뒤편에 사는 숭실대 철학도였는데 그만 인생문제에 골몰하다가 자살을 꾀하였다. 첫 번째 실패하고 두 번째는 집 안에서 시렁에 줄을 걸고 목매달아 죽었다. 죽기 전에 몇 차례 우리 집을 찾아와서 이야기하다가 가곤 했던, 두꺼운 안경알너머 그늘 짙던 모습이 생생하다. 참으로 남의 죽음이라는 생각이 안 들었다. 출가한 뒤에 몇 해 지나 김신의 대학별곡大學別曲의 주인공으로 박찬기의 죽음을 노래한 것을 보았다.

　29살 되던 해 삼월 초순, 간단한 배낭을 챙겨 나그네 길에 올랐다. 차를 타기도 하고 걷기도 하였다. 공주·논산·삼척·양양·경주에서는 구걸에 가까운 짓을 해서 끼니를 때웠다. 왜냐하면 피골이 상접한 내 몰골을 낯선 이들이 보고 자기 집에 데려다가 재워주고 먹여주곤 하였으니 거지도 상거지였기 때문이다. 철저히 자신을 혹사하는 길을 택한 셈이다.

　이때 기억나는 것은 한용운 스님의 글이다. 공주 사대에 친구를 만나러 간 길에 도서관에서 한용운 스님의 『불교대전佛敎大典』을 읽고 중요한 대목은 뽑아 적었다. 『불교대전』은 대장경의 아웃트 라인Out Line만을 정리해 모은 책이다. 나는 한용운 스님이 생존해 계신다면 당장이라도 뛰어가고 싶을 정도로 『불교대전』에 푹 빠져 출가의 희열에 차 있었다.

서해안 쪽으로 올라가 북상하여 설악산을 출발점으로 다시 동해안을 끼고 남행하여 경주에 도착하였다. 보름 남짓한 그 동안 뜨거운 인정에 눈시울을 적신 적도 많았고, 한편으로 출가의 길을 택해 불자가 되겠다는 생각도 더욱 익어갔다.

토함산吐含山에 올라가 피곤한 몸을 뉘었다. 골짜기에 높이 쌓인 지난 해 낙엽 속이다. 몸을 깊숙이 낙엽 속에 묻고 자다가 한밤중 어느 때쯤인가 잠이 깨었다. 코끝에 낙엽 냄새가 스며들었다. 약초 같은 알싸한 냄새가 좋았다.

어둠 속에서 웅크린 채 짐승처럼 새벽을 맞이할 때였다. 멀지 않은 절에서,

"똑똑똑······."

하는 목탁소리가 들려오고 범종소리도 우렁우렁 소리를 내며 내게 덤비는 듯 들려왔다. 나는 일어나 앉아서 이런 소리와 다른 또 하나의 소리에 확신을 가지며 들었다.

"자, 출가해야 할 때다."

출가 본사를 송광사로 택한 데에는 까닭이 있다.

돌아오는 기차 안에서 스님 한 분과 마주앉게 되었다. 마침 보조 스님 재齋를 모시러 가는 길인데 해인사 비구니 노스님이셨다. 여러 말씀 가운데 예로부터 훌륭한 스님이 많이 나온 승보僧寶 송광사라는 말에 귀가 솔깃하였던 것이다.

나그네길에서 귀가하였을 때 장마가 시작되었다. 나는 비 오는 날씨가 개기를 기다리며 목탁 치고 염불하는 법을 익혔다.

그날은 화창한 날씨였다. 아침에 떠날 때는 좀 덜 갰으나 낮이 가까울 무렵 송광사에 들어섰을 때에는 푸른 하늘이 얼굴

을 내밀었다. 입산이 허락되어 무명지를 깨물어 '부처님 은혜에 귀의합니다. 원컨대 악에서 구하소서佛恩歸依 願免惡道'하는 글귀를 주지실에서 쓰려다가 첫 글자 부처 불佛 밖에 쓰지 못하고 말았다. 곁에서 놀라서 크게 만류하였기 때문이다.

  이렇게 해서 나의 행자 시절은 시작되었다.

가죽나무를 생각한다

　삼소굴三笑窟 방에서 창을 열었더니 그새 나뭇잎들이 낙엽 져있다. 가죽나무 잎들이다. 더러는 가죽나무 씨가 바람에 날려 절 기와 지붕에까지 뿌리를 내린다. 지난 추석 무렵 기와를 새로 손질해서 잡초를 뽑아낼 때 가죽나무가 제일 많이 눈에 띄었다. 지난 여름 장마에 비가 샌 곳도 가죽나무가 기와에 뿌리를 내린 탓이라. 아주 생명력이 강해서 꺾어도 꺾어도 새움이 돋아났다. 흔히들 가죽나무의 어린잎을 먹는다고 말하지만 이건 참죽나무를 가리킨다. 이 두 나무 서로 닮아 이름마저 혼동되어 쓰인다.
　가죽나무를 '가승목假僧木'이라고 하는 까닭은 참죽나무를 '진승목眞僧木'이라고 하는 데서 나왔다고 한다. 나무 이름에 승僧 자가 붙는 이유를 알 수 없으나 참죽나무는 추측컨대 봄에 어린 잎을 먹게 해주는 고마움 때문이 아닐까 한다.
　백낙천 시인의 가죽나무 애찬시愛讚詩 한 수 옮겨 본다.

　　향단 은행 좋은 나무 조각재로 고생이라
　　주어진 제 수명 어찌 오래 보전할까
　　쓸모없고 늙어빠진 가죽나무 바라보게
　　한 가지 다치지 않고 천년 수를 누리네.

香壇文杏　苦雕鐫
生理可能　得自全
知有無材　老樗杏
一枝不損　盡千年

　제 잘난 체하는 향나무, 은행나무들은 모두 베이고 꺾이는 반면, 아무도 거들떠보지 않는 가죽나무는 제 수명을 다 누린다고 했으니 '가승목假僧木'에서 또 다른 교훈이 느껴진다. 죽은 듯이 바보처럼 되어야 참선공부를 할 수 있다는 법문이 새삼 귓가에 와 닿는다.

백락천의 선시禪詩

더위 피한 사람들 미쳐 달려도
참선하는 스님은 그대로 있네
선방 안이 안 더울 리 없지만은
마음이 삼매에 들어 몸까지도 시원해.

人人僻暑 走如狂
獨有禪師 不出房
不是禪房 無熱到
但能心靜 卽身凉

몰래 걸어 남들이 알까 두렵네
말과 미소 분명해 또 의심 없네
지혜인은 이때에 용맹정진 중
새벽녘 대명천지에 닭 울음을 듣나니.

輕輕踏地 恐人知
語笑分明 更莫疑
智者至今 猛提取
莫大天明 失却鷄

스님들이 바둑을 두고 있는데
바둑판에 어리는 맑은 대 그늘
대 숲에서 사람은 안 보이는데
바둑을 두는 소리만 똑 똑 하고 들리네.

山僧 對碁坐
局上 竹陰淸
映竹 無人見
只聞 下子聲

❀ 백락천(白樂天, 772~846, 75세)

　당송 팔대가의 한사람으로 이름은 거이居易이고 호는 향산거사香山居士이다. 마조馬祖스님의 제자인 불광여만佛光如滿 스님을 스승으로 삼고 참선 공부를 하였다. 저서에는 장한가長恨歌 등이 있다.

세 번째 장삼

처음 계를 받고 스님이 될 때에 입은 장삼은 은사 스님이 발우, 가사와 함께 건네주신 것이다. 장삼을 불명과 함께 내리시면서,

"새 장삼을 맞추겠니? 이건 누가 입다 둔 장삼인데 말이다."
할 때에, 나는 그냥 행자 때 배운대로,

"헌 옷이 더 좋습니다."
하고 두말없이 지냈다. 나중에 들리는 말로, 이 장삼은 환속한 스님의 몫이라느니 혹은 군대 간 스님 몫이라느니 하는데 역시 별로 개의치 않았다. 특별히 옷에 신경을 쓰지 않는 나는 늘 털털한 편이다. 광목 옷을 풀해서 다림질 잘해 입고 나서면 훨씬 인물이 난다. 그런데도 어찌된 일인지 늘 작업복 차림새를 벗어나지 못한다.

한 번은 행자실 주위에서 김칫거리 다듬는 일을 거들 때였다. 빙 둘러 앉아 울력을 하다가 곁의 행자님 한 사람이,

"행자님은 성이 무엇이오?"
하고 내게 묻기에, 스님이지 행자가 아니라고 구구한 설명을 늘어놓기가 뭣해서 그냥,

"지묵이라고 해요."
하였더니 그 행자님은 얼른 하는 말이,

"지묵 행자님이군요."
하여서 크게 웃은 일이 있다. 성이 지씨고 이름이 묵인 줄 착각한 그 행자님이 내 초라한 행색에서 행자 차림을 엿본 까닭인지 모른다.

해인사에서 삼천배 도량답게 절을 많이 한다. 용맹정진을 안거 때마다 으레 행사로 치르는데 그 시작 전에 삼천배를 하고 하였다. 학인 시절이라 절을 울력 삼아 많이도 하였다. 이때 장삼이 땀에 배어 늘 쉰 냄새를 풍기는 까닭에 자주 빨래를 해야 했다. 장삼은 낡고 닳아 헌 옷이 다 되었다. 이런 장삼을 법당 화주 보살님이 틈을 내어서 바느질을 새로 해서 새 장삼처럼 만들어 주었다. 안과 밖을 뒤집어서 솜씨있게 아주 말쑥히 해주었다.

두 번째 장삼은 송광사에 와서 종무소 교무 소임을 볼 때에 생겼다. 이 장삼은 거의 새 옷에 가깝다. 그런데도 아무 임자가 없이 종무소 캐비넷 속에서 뒹굴었다.

"객스님이 두고 간 장삼이오. 몇 년이 지나도록 찾아가지 않아요. 빨리 처리해 버렸으면 좋겠는데……."

이런 때에 마침 장삼이 헐어 있어서 내 몫이 되었다.

세 번째 장삼은 오늘 우리 절에 와서 생일불공을 올린 보살님이 보시한 것. 한국에 주문해서 도미渡美하는 인편으로 부쳐왔다. 불전에 새 장삼을 올린 보살님이 향, 초를 준비하는 동안 나는 삼보전에 절을 올리고 장삼을 내려 입었다. 감격이 크다. 시주 은혜가 무섭다는 말이 생각났다.

'그동안 큰 허물없이 부처님 밥 내려먹은 덕으로 새 장삼이

하나 생긴 것이다.'

이렇게 곰곰이 생각하면서 생일불공을 마쳤다. 부처님 법에는 새 옷을 입을 때에 헌 옷 나부랭이를 한 쪽에 붙여 달도록 되어 있다. 출가인은 새 물건을 피하되 부득이 한 경우에는 이런 편법을 사용한다. 모두 시은을 덜자는 뜻이다.

흔히들 어느 절이 부자라고 자랑하곤 한다. 어느 절은 신도가 얼마에, 불전금이 얼마이고, 또 절에 딸린 부동산이 얼마로 잘 지낸다고. 뿐만 아니라 스님이 돈 많다는 이야기도 서슴없이 하는 경우가 있다. 생각하면 부끄러운 일이다. 원효 스님이 출가자의 부유함은 수치일 뿐이라고 하지 않았는가. 그런데도 심지어는 복권으로 횡재를 노린 사례도 있다.

출가수행자는 그저 수행 하나에만 온 정신을 쏟아도 부족할 것이다. 많이 먹는댔자 얼마를 더 먹고, 잘 지낸댔자 얼마를 더 잘 지낼 것인가. 그만그만하면 먹고 사는 데에서 벗어날 수 있어야 한다. 미국에서는 스님네, 신부님, 목사님의 승용차가 캐딜락이냐, 올스모빌이냐 하는 등의 이야기가 따라 붙는다. 좋은 승용차라고 하는 자랑은 자랑이 못 된다. 청빈이 지켜져야 가풍이 바로 설 것이다.

상대평가로 저울질한다. 지금 교회가 양적으로 얼마나 불어났으며, 연보금 십일조가 주말마다 얼마 나온다고. 부러워할 게 있다면 교회 숫자, 교인 숫자, 십일조 금액에서 눈을 돌리고 근본으로 돌아가서, 이웃 사랑과 자비 실천의 소명의식을 자각하는 데로 초점을 맞춰야 한다.

절대평가는 어떤 류를 말하는가. 부처님의 근본정신으로

돌아가 보살행을 닦고 있으며, 늘 청정한 심신을 유지하는가, 자문자답해 볼 일이다. 세속의 테두리에 얽매어 상대평가 밖에 모르는 이해타산은 가장 큰 번뇌의 짐이 아닐 수 없다. 그렇다, 불법 위에 또렷이 서서 절대평가를 기다리는 수밖에 도리가 없다. 이런 다음에라야 상대평가 이야기가 가능하다.

  수많은 무리들 중에서 빼어난 지도자는 그리 흔치 않다. 백 명 중, 아니 천 명 중, 만 명 가운데서 한 사람이나마 바른 지견을 갖춘 이가 나온다면 큰 소득일 것이다. 대부분 욕망에 사로잡혀서 이해타산을 앞세우기 마련이다. 중생계는 늘 그렇다. 어느 시대에서고 바른 지견을 갖춘 이는 드물었다. 고독을 감내해 내고 세속 욕망에서 초연한 자세를 유지했던 선지식은 밤하늘의 별이었다. 인류의 희망이었다.

    많거나 적거나 사람은 대부분
    갖가지 계책으로 명리를 구한다
    탐심은 영화를 찾고
    요리조리 부귀만 도모하네.
    多少般數人 百計求名利　心貪覓榮華 經營圖富貴

    푸른 이끼 낀 석간에 샘물이 맑고
    찬 산에는 달빛이 희다
    묵묵히 아는 중에 정신이 절로 밝고
    실체 없음을 관찰함에 경계 더욱 고요하다.
    碧澗泉水淸　寒山月華白　默知神自明　觀空境逾寂

이상은 한산 스님의 게송 일부다. 국청사 부엌에 들어가 남은 밥이나 누룽지를 얻어다가 한산에서 끼니를 때우곤 하던 도인 스님. 인근 고을 군수로 있는 여구윤이란 벼슬아치가 소문을 듣고 찾아와 법문을 청하러 왔을 때에도 '도적놈아, 이 도적놈아, 썩 물러가라.' 하고는 가져온 의복, 약 등을 물리치고 깊숙이 굴 속으로 자취를 감춘 그는 문수보살의 화현이셨다.

　우리와 너무 동떨어진 언행에 믿기 어려울지 모른다. 황금만능사상에 찌든 후예가 어찌 그 속뜻을 엿볼 수 있을까. 다음에 이어서 들뜬 마음에 다소나마 청량제로 삼고자 한다.

　　모래 삶아 밥을 지으려 하고
　　목이 마르자 비로소 우물을 판다
　　아무리 애써 기왓장을 갈아도
　　끝내 거울은 될 수 없는 일.

　　蒸砂擬作飯　臨渴始掘井
　　用力磨瓦塼　那堪將作鏡

　　부처님 말씀에 본디 평등하여
　　모두 참 성품이 있다 하셨다
　　다만 안으로 자세히 생각하고
　　함부로 다투어 밖으로 딛지 말라.

　　佛說元平等　總有眞如性
　　但自審思量　不用閑爭競

용기 있는 김시풍

 오늘 일간 신문 일면 톱기사에 일제히 서울대생 박군의 고문치사拷問致死 사건을 다루었다. 정부 여당에서는 이 사실을 인정하고 내무장관 치안국장을 경질하는 한편 고문치사를 행한 담당 수사관을 파면, 문책하는 등으로 사건진상을 밝히기에 노력하고 있다는 기사.
 바께쓰에 얼굴을 처박아서 물 먹이는 방법과 두들겨 패서 정신을 잃게 하는 방법 등의 고문으로 죽음에 이르게 하였다는 사실이 사인死因 검증을 마친 의사의 보고로 밝혀졌다.
 생각하면 아찔한 노릇이다. 대공수사 요원이 데모에 연루된 대학생을 어쩌자고 때려잡는지 알다가도 모를 일이다. 그러나 이런 부조리 속에서도 양심 있고 용기 있는 의사 한 사람 있어서 한가닥 희망이 솟는다.
 나는 이 사건을 밝히는 데에 신명을 아끼지 않은 한 의사의 용기 있는 태도에서 또 하나의 고사를 생각한다.

 지금 조계산 송광사 일주문 못미쳐서 비림碑林이 빽빽하게 들어선 길 건너편에 넉 자 가량 되어 보이는 비석 하나가 노송 아래 서 있다.
 이 김시풍 선행비善行碑는 오가는 이의 눈길을 크게 끌지 못할 만큼 초라하지만 우리에게 심어주는 용기는 대단하다하겠다.

　대략 1백 년 전쯤의 일이라고 전한다. 배불排佛 정책을 쓴 조선 오백년이 쇠운에 접어들었을 때이다. 수탈과 민폐가 절정에 치달았다. 스님들은 천민 대우도 못 받는 처지였다.

　지방 특산물을 빙자해서 절에서 다음과 같은 것을 공급해야했다. 예를 들면, 감이 많이 나는 고장은 곶감을 깎기에 바빴다. 닥이 나는 고장에서는 창호지 뜨기, 그밖의 고장에서는 김부각 말리기, 누룩 딛어 받치기에 늑골이 다 빠질 지경이었다. 지금도 뒷방 노장 스님들의 이런 회고담에서는 깊은 회환이 서려 있다.

　다음으로, 산사에 유락을 일삼아 와서는 짚신과 주육酒肉을 요구하였고 그 시중이 끝나면 사인교四人轎 가마 등에 태워 등산, 하산하는 노역을 스님들에게 지웠다. 말이 그렇지 불제자로서 굴욕도 그런 굴욕이 있겠는가. 대개는 나이 든 스님네가 앞장서서 도맡았다.

　그러나 이번 경우에는 달랐다. 인근 관원이 산사에 유락온다는 예고를 접수하였을 때였다. 뜻밖에도 송광사 젊은 스님네가 이를 자청하고 나섰다.

　그들의 요구대로 짚신과 주육을 잘 준비해 준 다음 이번에는 조계산을 넘어 선암사로 가는 길에 가마잡이 노릇을 하게 되었다. 조계산 정상 가까운 데까지만 송광사에서 책임지고 그 나머지 길은 선암사 측에도 도맡아 인도하는 게 상례.

　거의 정상 가까운 계곡에 닿았을 무렵이었다. 주흥酒興에 콧노래 부르는 관원들은 가마에 타고 젊은 스님들은 끙끙대고 가마잡이를 했다. 이때였다. 걸음을 더디게 내딛어 행렬이 멈칫하기 시작하였다. 가마 안에서 호령이 떨어졌다.

"에이 고얀지고. 뭣들하고 꾸물거리느냐?"

이 소리는 한 신호가 되었다. 일제히 하나, 둘, 셋 하고 구령하듯 가마를 든 손 안에 힘을 가다듬고는,

"에잇, 맛 좀 봐라."

하고는 가마를 세차게 굴려서 계곡 아래로 던져버렸다. 순간적으로 여러 가마가 계곡에 곤두박질하였다. 그 속에 탄 관원들도 사상자가 되어 굴러 떨어졌다.

이 사건이 바로 유명한 '가마를 계곡에 처박은 사건' 이다.

이때 힘깨나 쓰는 거물급 건달인 의적 일지매 같은 김시풍은 사건의 시말을 양심적으로 판단해서 보고해 올렸다. 얼마나 산사 스님네들에게 악독한 짓을 했는지 자세하게 보고하는 한편, 앞서 나열한 수탈과 민폐를 없애야 한다는 상소문을 올렸다. 그야말로 용기 있는 이가 아니면 그 당시 사회에선 엄두도 내기 힘든 일이었다.

그 결과로, 스님네들은 어느 정도 굴욕에서 벗어났다. 주육과 짚신을 바치고 가마를 지는 일이 다시 없었음은 물론이다.

이 선행비의 뒤면에는 잔 글씨로 그 내력이 담겨 있으나 마멸이 심해 쉽사리 판독해 애기 어렵다. 역사는 흘러도 용기 있는 이의 교훈은 오래 전해져 어느 시대에서고 양심의 소리를 이어줄 것이다.

송광사 종합 수도원과 수련원 설립자의 구도 이야기

🪷 송광사의 가풍

옛날 송광사는 두 가지 자랑거리가 있었다. 하나는 기왓장 수가 전국 절 가운데서 가장 많은 절이었다. 그만큼 집 수가 많고 대중이 많이 살았다는 이야기이다.

다른 하나는 역사가 깊은 절이면 다 고승 대덕이 몇 분 나오기 마련인데 그 가운데서도 송광사가 가장 많이 고승 대덕을 배출한 절이었다.

고승 대덕을 모신 송광사 국사전國師殿 안내문에는 이런 말로 시작된다.

　　산이 높다고 명산인가.　　신선이 살아야 명산이다.
　　물이 깊다고 대천인가.　　용이 살아야 대천이다.

여기 조계산은 높은 산이 아니고 깊은 물도 없지만 보조普照 국사 이하 16국사 등 고승 대덕이 면면히 이어져 내려와 명산이요 대천이라 할만하다.

근세에 활동한 고승은 효봉曉峰 스님이다. 효봉 스님은 한 번 자리에 앉으면 돌 절구통처럼 요지부동하다고 하여 절구통 수좌란 이름이 붙은 분이다. 학덕이 뛰어나 출가 전이나 출가 후나 법복을 떠난 적이 없다는 말로 대신한다. 그 까닭은 출가 전에는 판사의 법복을 입었고 출가 후에는 부처님의 법복을 입고 도를 이루었기 때문이다.

효봉 스님 이후 효상좌가 나타나 그 뒤를 이은 고승들이 있다. 한 스님은 송광사 종합 수도원 설립자인 구산九山 스님이고 다른 한 스님은 〈맑고 향기롭게〉 시민운동을 일으킨 법정法頂 스님이다.

구산 스님은 75세 평생을 살아오면서 이 곳 조계산 송광사 종합 수도원인 총림을 설립하고 초대 방장이 되어 출가 스님을 가르치고 일반인을 위해서는 수련원을 일으켜 국민정신의 청정 회복을 위해 정열이 쏟은 분이다.

서른 해 전의 일이다.

내가 처음 송광사에 입산하고 며칠째 되는 날 저녁 예불 후에 입산 행자들이 모여서 삼일암三日庵에 올라갔을 때였다.

나는 스님의 얼굴도 제대로 바라보지 못했다. 구산 스님이 행자들에게 마지막 말씀 하신 한마디가 퍽 인상적이었다.

"가 봐!"

우리는 자리를 털고 일어났다. 솔직히 법문 내용은 긴장을 해서 그런지 하나도 기억하지 못하였다.

구산 스님의 첫 인상은 작달막한 키에 옹골찬 노승이라는 느낌이었다. 특히 말씀 한마디 한마디가 따뜻하면서도 힘이 차 있었다.

이렇게 어른 스님을 가까이 뵙고 법문을 듣기는 처음이었다.

천진天眞 보살인 구산 스님의 유머가 있다.

하루는 불자들이 큰 스님이 계시는 삼일암에 와서 절을 올릴 때였다. 한 할머니가 키가 몹시 작은 구산 스님을 보고 말하였다.

"스님, 큰 스님이 아니시네요!"

"보살님, 내가 산을 아홉이나 지고 다니느라고 키가 작아졌소."

"하하하."

"호호호."

또 다른 이야기.

대중목욕탕 안이 수증기로 앞이 가린 때였다.

한 남자가 수건을 건네주면서 말하였다.

"학생 등을 좀 밀어줘!"

구산 스님이 수건을 건네받아 등을 문지르면서 말하였다.

"오냐, 내가 중 학생이다."

남자는 이제야 노스님인줄 알고 미안해 어쩔 줄 몰랐다는 이야기이다.

이제, 어떻게 참선을 해서 도인이 되었는지, 구산 스님의 구도 이야기를 시작한다.

🌸 출가 이전 생활

 구산 스님이 전라북도 남원 땅 소蘇씨 가문에 태어났을 때에는 직업이 이미 정해진 바나 다름없었다. 6남매 중 삼남인 그는 효성이 지극해 아버지의 가업을 물러 받아 이발관에서 일하기 시작한 까닭이다.

 초등학교를 마치고는 한문 공부를 시작 하는 한편, 아버지가 홀연 세상을 떠나자마자 이발관 운영을 도맡아 하면서 가사를 돌보았다. 이발관은 초등학교 앞에 있었다.

 부처님 시대로 거슬러 올라가보면, 부처님의 십대 제자 중 지계제일持戒第一 우바리 존자가 이발사 출신이었다. 우바리 존자는 부처님 계율의 법을 이은 분이다. 그리하여 이발사 출신인 스님의 별호는 우바리 존자였다.

 26세 때였다.

 이발사인 스님은 홀연 병을 얻어 신음하던 중, 수행력이 대단한 하河 처사란 분을 만나서 부처님의 법문을 얻어 듣게 되었다. 그는 진주에 사는 재가불자였다.

 "몸은 마음의 그림자입니다. 사람마다 누구에게나 원만히 갖추어져 있는 자성(自性, 마음)자리는 본래 청정清淨합니다. 헌데 어디 병이 있겠습니까?"

 하 처사는 신심이 있고 불법을 깊이 아는 사람이었다. 스님은 하 처사의 법문을 듣고부터 인생무상人生無常을 뼈저리게 느꼈다.

 "인생무상!"

 이듬해의 일이다.

이발관과 가사를 정리하고 불교에 입문한 스님은 지리산 영원사靈源寺에 들어가 백일기도를 시작하였다. 매일 새벽 천수경을 독송하며 관세음보살을 지극정성 외우는 일이었다.

그런데 기도 중에 병이 차츰 나아서, 이것이 불연佛緣 이구나, 생각하고는 혼자서 출가를 결심하였다.

오랫동안 남원의 집을 비우고 귀가하였을 때였다. 아내는 화가 풀리지 않은 얼굴로 대하였다. 더구나 입산출가를 한다는 스님의 말을 듣고는 역정이 대단하였다.

스님은 마음속으로 관음기도를 하면서 평온을 되찾았다. 그리고는 조용히 입을 열었다.

"내 죽을 목숨을 불보살님이 살려주신 것이오. 나는 죽었다 셈치고 출가해 새롭게 태어나, 불보살님의 은혜에 보답할까 하오."

스님은 불전에 엎드려 뜻을 굳게 하고 출가를 준비하였다.

그러나 출가의 길은 생각한 것만큼이나 쉽지만은 않았다. 나이가 30이 가까운 늦깎기에 세속 습관이 많이 배어 힘이 들었다.

스님은 2년 동안 다시 천수 기도를 하며 지내던 어느 날이었다.

출가

스님은 선지식을 찾아 헤맨 끝에 송광사 조실祖室인 효봉曉峰 선사를 뵙게 되었다.

음력 사월 초파일이다. 부처님 오신 날 새벽에 삼일암에서 효봉 스님을 은사로 모시고 사미계를 받고 예비스님이 되었다. 스님의 나이 29세 때의 일이다.

그로부터 46년이 지나 스님이 총림의 방장으로 지내다가 75세에 입적할 때의 장소 역시 삼일암이라 우연한 일치라고 보기에는 아주 특이하다고 말하였다. 이후 수행 길은 이미 모든 것이 맞추어진 틀처럼 잘 맞아 떨어졌다. 마치 물을 만난 물고기와 같고 숲을 만난 호랑이와 같이 그만큼 절 생활이 안성맞춤이었던 것이다.

교육의 순서대로라면, 불경 공부를 먼저하고 참선 수행을 뒤에 하는 것이 일반적이나, 스님은 바로 송광사 삼일암 선원에 들어가 참선부터 시작하였다. 출가를 한 순간, 은사 효봉 스님처럼 생사의 급한 문제부터 해결하는 생각이 앞선 까닭이다.

여름 안거 중 선방에 들어가 화두話頭 하나에 매달려, 앉으나 서나, 자나 깨나 화두 공부에 빠졌다.

그러나 참선하는 선방 생활이 그렇게 재미있는 것만은 아니었다. 더구나 나이가 많기 때문에 선방 대중과 어울려 지내는 데에도 힘이 들었다. 밤에 큰방에서 자다가 코를 크게 골아서 내쫓기기도 하였다.

또 세속에서 익힌 제 방식대로 하려다가 대중의 꾸지람을 받는 일이 많아졌다. 이곳 절 법도를 익히기까지는 시간이 필요했다.

스님은 시간이 나는 대로 관음전에 나아가 무수히 절을 올리고 참회를 하였다.

당시 한반도 주변은 일본과 중국의 전쟁 소용돌이 속에 빠져 있었고, 우리는 피압박 국민의 설움을 뼈아프게 느끼던 시기였다. 거리 곳곳마다 전쟁에 광분하는 포스터가 붙어있었다.

산중 스님들은 나라 잃은 슬픔을 도 닦는 데로 쏟아 부었다.

스님은 어차피 죽은 목숨으로 생각했던 터라 아까울 게 없었다. 철야徹夜 정진을 통해 자신을 용광로 속으로 내던지며, 효봉 스님이 스님에게 던진 화두만을 몰두하려고 애썼다.

"인삼도무因甚道無! 무슨 까닭에 무無라고 말씀 하셨느냐? 조주 스님은 왜 무無라고 하느냐?"

의문이 잘 떠오르지 않을 때에는 처음으로 돌아가 효봉 스님의 말씀을 기억에 되살렸다.

"한 스님이 조주 스님에게 찾아와 여쭈었지. 스님, 개에게도 부처가 될 성품이 있습니까?"

"이때 조주 스님은 거두절미하고 대답을 하셨다. 무(無, 없다)! 간절하게 생각해 보아라. 왜 무無! 하셨느냐?"

그때 구산 스님의 생활을 지켜본 사람들은 스님에게서 불굴의 투지가 엿보였다고 한다.

여름 안거 석달은 송광사 삼일암 선원에서 공부하고 겨울 안거 석달은 장성 백양사 운문선원으로 옮겨 공부하였다.

🌸 정각 토굴에서

31세 때의 일이다.

양산 영축산 통도사에서 음력 4월 15일에 비구계를 받고 통도사 백련암 등에서 두해를 정진하였다.

이어 스님이 화주化主한 가야산 해인사 백련암이 새로 들어섰다. 스님은 우리나라 삼보종찰三寶宗刹인 통도사 해인사 송광사 세 선원에서 정진하면서 백련암 중창불사를 이룩한 것이다.

이런 불사가 구도의 길에서 실질적인 도움이 될 것 같지는 않았다. 그러나 뒷날 깨달음을 얻기 위해 손수 짓는 토굴과 송광사에 종합수도원을 세워 후학을 본격적으로 양성하는 길에서는 큰 힘이 되었다.

만약 체력이 미치지 못하는 일을 당하더라도 끝까지 밀어붙이는 구산 스님의 뚝심에서는 아무도 당할 사람이 없었다.

스승 효봉 스님이 그러하였듯이 장좌불와(長坐不臥, 조금이라도 눕지 않고 항상 앉아서 좌선하는 것)는 스님의 수행 방법의 하나였다. 이런 고행 가운데서도 낮에는 농사일에 즐겨 앞장서는 것이 스님의 평생 태도였다.

34세 때에는 효봉 스님이 장좌불와를 하고 도를 이룬 장소를 찾아가 보았다. 금강산 신계사 법기암 뒤쪽의 토굴자리이다.

이 자리에서 스님의 눈빛이 번쩍였다.

"그렇다!"

다음해에 경북 불영산 청암사 수도암에 머물며 정각 토굴正覺 土窟을 짓고 부처님이 보리수 아래서 용맹정진에 들어가신 것처럼 용맹정진에 들어가기로 하였다.

이런 결심이 정진 중에 해인사 백련암 중창불사와 어떤 연관이 있는지 잘 알 수가 없다. 그러나 정각을 이룬 뒤에 살펴보면 이 모두가 연관된 일들이다.

남을 위해서는 공부할 장소를 마련해주고 자신은 그 뒷바라지에 만족해하는 정신이 귀한 것이다. 스님은 달리기 선수처럼 남보다 앞장서서 달리는 일만이 능사能事가 아니라는 점을 잘 아는 것이다.

공부는 남을 위해 배려하는 자세로 시작하는 사람과 단지 혼자서만 잘하려는 사람과의 차이가 크게 드러난다.

스님은 행복하게도 당대 가장 빼어난 스승 중의 한분인 효봉 스님을 만나 정각正覺를 향해 바로 나아갔다.

정각 토굴에서 7일 용맹정진 중에 괘종시계가 아홉시를 치는 소리를 듣고 스님은 홀연 게송을 읊었다. 스님의 나이 35세 때의 일이다.

    한 소리로 세계를 모두 삼켜며
    저 괘종이 뚜렷이 9번 할 하네
    시계가 소리 내어 법문을 하고
    흙 쇠의 조각조각이 부처 몸일 줄이야!
  一聲吞盡　三千界
  獨露這漢　九重喝
  時計聲聲　廣長舌
  金木片片　淸淨身

❀ 깨달음의 길

해방이 되었다. 우리 민족이 일본의 탄압 속에서 배운 것은 값진 경험이었다. 조국의 광복과 함께 산중 수행자들에게도 희망이 부풀어 올랐다. 이 무렵 문하에 들어온 상좌로는 원명

元明 스님과 보성菩成 스님이다.

해인사에서는 바른 불제자를 양성하려는 취지에서 한국불교의 최초로 종합수도원 총림이 개설되었다. 이때 최고 지도자로 효봉 스님이 초대 방장으로 추대되어 구산 스님도 해인사에서 부름을 받고 곧 동참하게 되었다.

역시 스님은 후원 살림살이를 맡는 원주院主와 도감都監을 번갈아 맡아가며 대중 스님의 뒷바라지에 힘을 다하였다.

방장 효봉 스님을 시봉하고 후원 살림살이를 감독하는 한편 내심에서는 참선에 매진하고 싶은 마음에 빼앗겼다.

그때 효봉 스님께 말씀드렸다.

"스님, 생사에 상관없이 공부를 하고 싶습니다. 허락하여 주십시오."

만일 효봉 스님이 만류하였다면 그대로 따를 효상좌었을 것이다.

스님은 은사 스님의 허락이 떨어져 가야산 정상에 법왕대法王臺 토굴을 짓고 용맹정진을 시작하였다.

그러나 석 달 한철이 지나도 별 소득이 없었다. 할 수 없이 하산하려고 마음먹고 잠이 든 때에 꿈속에서 한 노인이 나타나 이런 말을 하였다.

"이곳이 스님의 인연의 터 입니다. 떠나지 말고 한번더 용맹정진을 하도록 하시오."

또한,

"금생의 복으로는 어려우니 다음 생의 복을 당겨 받도록 하시오."

부처님이 정각正覺을 이루기 전의 일로 말하면, 가야산에서 삼일째 되는 날에 노인이 나타나 말한다.

"수행자여, 이곳은 인연의 땅이 아닙니다. 다른 곳으로 옮겨가도록 하시오."

그리하여 부처님이 전 정각산正覺山으로 수행처를 옮긴 것과 연관된 일임을 알만하다. 스님은 이곳이 인연의 터라는 믿음을 가지고 필사적인 정진을 다짐한다.

스님은 다행스럽게도 석달 한철을 더 보내면서, 부처님 출가 나이 29세에 출가를 하고 부처님의 정각의 나이 35세에 이곳에서 정각의 물고를 튼 다음, 뒷날 나이 43세에 정각을 이룬다.

교화의 길

1948년 음력 4월 11일, 스님의 나이 40세 때에 어머니의 별세 소식을 전해 듣고 상가 집에 갈까 말까 망설이다가 방장 효봉 스님께 여쭈었다.

"어떻게 하면 좋겠습니까?"

효봉 스님은 준엄하게 입을 열었다.

"네가 어머니를 천도(薦度, 돌아가신 분을 좋은 데로 가게 하는 일)할만한 힘이 있느냐? 아니면, 돌아가신 어머니를 살려낼 만한 힘이 있느냐?

만약 공부에 힘이 없으면 삼보三寶의 가피력加被力으로 천도 기도를 하도록 하라."

스님은 당시, 공부에 힘이 붙은 것이 사실이지만, 은사 스님의 말뜻을 알아차리고 지장 기도를 해야겠다고 생각하였다.

주위 사람들이 스님을 효상좌라고 하는 데에는 이유가 있다. 스승의 가르침을 조금도 어기지 않았을 뿐만 아니라 스승의 병간호 역시 지극 정성 다하였기 때문이다.

49일 동안 간절한 마음으로 기도를 한 끝에 서상(瑞相, 부처님을 보거나 다른 이가 극락왕생한 것을 봄) 보는 것을 경험하였다.

6.25사변이 일어나 해인사에서 한철 정도는 그런대로 견디다가 총림이 해체되어 겨울 안거는 진주 응석사凝石寺에서 보내게 되었다.

이듬해는 43세가 된 때였다. 공부한 내용을 게송으로 지어 올린 결과 효봉 스님이 불조佛祖 제79대 조사 전법게傳法偈를 내렸다.

스님의 수행은 마치 순풍에 돛을 올린 배였다.

이 해 여름 안거는 자유를 누리며 충무 미륵산 용화사 도솔암 선원에서 효봉 스님을 모시고 지냈다.

이후 스님은 효봉 스님을 잘 모시기 위해 미륵산 편백나무 숲에 미래사彌來寺를 창건하면서 주지직을 맡았다.

1954년 3월에 미래사 낙성식을 하고 여름 안거를 마쳤을 때에 서울에서는 불교 정화 운동이 처음 일어나기 시작하였다. 정화운동은 일본식 불교를 씻고 정통 한국불교를 되찾자는 운동이다.

이듬해 여름 안거를 마치고 스님은 정화불사의 당위성을 알리기 위해 500자의 혈서를 써서 대통령에게 보내며 정화 운동의 중추적인 역할을 하였다. 이 일은 구산 스님, 하면 혈서 500자가 사람들의 머리에 떠오를 만큼 유명해진 사건이다.

정화운동이 잠잠해진 후, 통합종단에 탄생되어 초대 종정으로 효봉 스님이 추대되었다.

총림과 수련원 개설

스님의 수행의 모든 것은 총림과 수련원의 개설로 분명해졌다.

지금 송광사는 오직 과거 고승 대덕의 발자취와 현재 수행하고 있는 스님들의 모습으로 알아볼 수가 있다.

말하자면, 오늘날 송광사가 전국 사찰 가운데서 삼보三寶 종찰 중 승보僧寶 종찰인 점은 과거와 현재의 고승 대덕의 힘인 것이다.

복이 많은 스님은 큰 스승 효봉 스님을 만나서 하고 싶은 참선 공부를 하고 그 스승의 뒤를 이었다.

절과 스님의 두가지 큰일은 수행과 포교이다.

구산 스님의 생애 후반부는 후학을 가르치는 일이 대부분이었다.

이 일은 총림과 수련원을 개설한 데서 시작되었다.

당시, 송광사의 재정이 어려워서 후원단체를 만들어야겠다고 생각하였다. 이것이 전국 불일회佛日會의 시초이다.

총림 곧 종합수도원의 설립은 순조롭게 잘 돌아갔다. 선원과 승가대학과 염불원, 율원律院 등이 갖추어져 명실상부한 승보종찰이 되었다.

스님은 생애에서 밤과 낮을 가리지 않고 가장 열정적인 일을 하며 후진 양성에 여념이 없었는데, 이때는 나이는 환갑을 맞는 해였다.

마치 고려 보조普照 국사가 불교 중흥을 위해 정혜결사定慧結社운동을 일으켰던 것처럼, 스님도 총림을 통해 새로운 승풍僧風을 일으키려고 하였다.

대웅전 뒤의 선원 이름은 수선사修禪社로 하였다. 수선사는 보조 국사 당시 송광사의 옛 이름이다. 스님은 보조 국사의 후신처럼 송광사가 전국 사찰의 중심 역할을 하도록 하였다.

이 총림 개설이 마무리 되자, 이번에는 국민정신의 청정이라는 평소 소원을 이루기 위해 신도 교육장인 수련원을 개설하는 쪽으로 힘을 쏟았다.

구산 스님 당시에는 몰랐지만, 스님 다음으로 수련원장인 법정 스님이 들어섰을 때에는 송광사 수련원이 전국 제일 수련원임을 누구나가 인정하게 되었다.

불법의 수행과 국민정신의 청정을 위한 수련원은 스님의 창의력이 맘껏 발휘된 결과라고 할 수가 있다.

이 위에 스님의 생활불교 가르침으로 평가되는 칠바라밀七波羅密은 지금도 송광사 큰방에서 대중들이 모인 가운데 매일 아침 독송되고 있다.

칠바라밀은 대승 보살의 일곱 가지 수행 덕목德目을 말한다.

이런 반복되는 시간 속에서 매일 아침 한 단원씩 읽는 대중 스님들은 송광사 보조 국사의 청정 가풍을 잇는 사람으로서 보람을 가진다.

송광사에서 지낼 때는 잘 느끼지 못하지만, 송광사를 떠나 지내본 사람은 스님의 자상한 칠바라밀 가르침이 얼마나 소중한지를 느낀다.

돌고 돌아도 처음 제자리란 말은 이를 두고 한 말인가. 구산 스님은 처음 출가해 머리를 깎았던 삼일암三日庵 방장실方丈室에서 고요히 열반에 드시니 춘추 75세였다.

허리를 곧게 펴고

  길거리에서 허리 굽은 노인들을 보고 새삼 늙음의 괴로움을 생각한다. 노인의 허리가 경우자로 휘어져 굽어 지팡이에 한 몸을 의지하고 걷는 모습은 늦가을 밤 가랑잎이 구르는 소리를 듣는 느낌이다.
  같은 늙음이라도 허리가 곧추 선 노인에게는 다른 느낌이 있다.
  탈속한 신선이 호호백발을 날리며 지팡이를 멋으로 들고 선 모습에서 인생의 즐거움이 배어나온다. 무엇보다도 허리가 쫙 펴져 있어야 안정감이 있다.
  허리를 바로 세우고 앉아 있든지 서 있는 자세는 이렇게 안정감이 따른다. 그러나 긴장감이 사라지고 당당한 위풍만 남은 자세라야 한다. 허리가 펴져 있다고는 하나 신경이 곤두선 날카로운 자세는 역시 불안하다. 시간이 오래 흐르면 긴장된 자세는 곧 무너지고 말기 때문이다. 허리가 쭉 펴져 있으되 마치 탑 모양으로 체중 전체가 아래로 착 가라앉아 있는 모습이라야 한다.
  우리 삶의 힘의 원천은 허리 자세에 있을 것이다. 그 이유로 다음 두 가지가 있다.
  첫째, 허리를 곧추 세운 자세는 건강을 의미한다. 호흡이 순조롭고 소화기능이 촉진되기 때문이다. 혈액순환은 물론 신체의 여러 기능이 제 능력을 발휘하기 때문에 바른 자세에는 병마病魔가 접근하지 못한다.

둘째, 의지력이 생기고 소신껏 일을 하는 배짱이 생긴다. 큰일을 당해도 당황하는 일이 없이 사리판단을 분명 해낼 수 있는 힘도 이 허리를 곧추 펴는 데에 있다.

좌선의 힘은 다른 무엇보다도 허리를 곧추세운 데서 큰 역할을 하고 있다. 허리를 구부정하게 하고 앉아서 장좌(長坐, 밤새 앉아서 정진하며 눕는 일이 없음)하는 이는 곧 소화기능을 버려서 의지력을 잃는 경우를 종종 본다. 허리는 반드시 곧추세우고 앉을 일이다. 앉아서 허리 자세가 바르지 못하다면 그건 헛수고이다. 오히려 병마를 불러일으키는 원인이 되기 때문이다.

허리는 항상 곧추세우고 볼 일이다.

L.A.에서 한 신도가 내게 이런 불만을 토로해 왔음을 기억한다.

"스님들은 법문을 하실 때마다 앉아 좌선坐禪을 하라, 자신을 밖에서 찾지 말라 하시면서도, 스님을 뵈러 올 때마다 항상 스님들은 절에 계신 일이 드물고, 특히 앉아 있는 일이 드물며 더욱이 허리를 쭉 펴서 위풍당당한 모습을 보이는 일이 적어서 그저 구부정한 모습으로 허리가 굽어 계시니 딱하십니다."

사실 법문을 하는 자리에서는 노상 이야기가 좌선에 대한 찬탄이 따른다.

그러나 내가 알고 있기에도 시내 포교당에서 혹은 수련회에서 법문하는 법사들이 과연 하루 몇 시간씩이나 좌선에 임하는지는 회의적이다. 특히 허리를 쭉 펴서 걷거나 선 모습을 보기가 쉽지 않다. 이유는 남에게 말하기는 쉬워도 법문을 실천하기가 어렵기 때문일까?

피로가 올 때에도 심하지 않으면 좌선하는 자세로 앉아 있어야 한결 편하다. 밤중에는 잠이 깰 때면 그냥 뒤척이기 보다는 허리를 곤추세우고 그 자리에 앉아 있으면 편하다. 나는 영화관 좌석에서도 허리를 바로 세우기 위해서 조금 앞쪽으로 나와 앉아서 본다. 등받이에 기대면 오히려 불편스럽게 여겨진다. 물론 버스 좌석에서도 같은 경우이다.

한번 허리를 바로 세우고 앉는 버릇을 들였더니 이제는 때와 장소를 가리지 않고 바로 앉게 된다. 즐거움의 원천이고 공부의 터전이 바로 허리를 곤추세우고 앉아 있는 일이다. 이 일이 내게는 무엇보다도 큰 힘이다.

이런 관점에서 볼 때 로댕의 '생각하는 사람'은 허리 자세에서 벌써 실패작에 가깝다. 우리의 '미륵반가사유상'의 의젓한 앉음새에 비한다면 구부정한 로댕의 '생각하는 사람'은 불안, 근심, 초조로 우울한 모습이다. '생각하는 사람'은 갖은 번민에 싸여서 시시분별을 지식으로 생각하는 모습인 반면, '미륵반가사유상'은 머리로 생각나는 일을 떠나 초탈한 자세에서 깊이 여유있게 삶을 관조觀照하고 있는 모습을 엿볼 수 있다.

설 날

오늘은 참 바쁘기도 했다. 음력 설날이라 아침 예불 외에 세알歲謁 삼 배를 올리고부터 시작해서 각 법당 참배와 노덕 스님 설 인사, 초하루 재齋를 마친 다음에야 아침 공양을 하였다.

각 법당을 참배할 때 80이 가까운 노덕 스님이 물론 한문으로,

"우러러 시방삼세 어디에서나 계시는 삼보 전에 아뢰옵니다……."

하는 쉰 듯, 잠긴 듯한 목소리로 정초 축원하는 모습이 인상 깊었다. 가슴에 와닿는 간절함이 있었다. 고풍古風이 서린 영산전靈山殿과 노덕 스님은 아주 잘 어울린다는 생각도 들었다. 평소에 느껴보지 못한 경외스런 마음이 일어 한동안 흥분을 감추지 못했다. 화엄전 불조전佛祖殿에서는 기도중인 은사 스님에게마저 절을 올리고 나왔다. 법당 안에서 절 올리기가 거북스러워 그냥 나오려는데,

"아주 여기서 절하고 가거라."

하고 권해서 설 인사를 올렸다. 이날따라 퍽 소탈한 스님의 성품이 아주 존경스럽게 받아들여졌다.

간밤에, 그러니까 섣달 그믐밤은 안 잔다고 하는 시간에, 잠을 안자고 영국 대안학교 실험교육 보고서 『섬머힐』을 읽은 여파로 점심은 책상 앞에서 졸다가 까먹어버렸다. 졸음에서

깨어나니 피로가 싹 가셨다. 오전 내내 설인사 오가는 이들 때문에 가사를 수하고 계속 지냈다. 강원 학인 스님들을 비롯해서 인근 마을 불교학생회 회원들이 대부분이었다.

그 가운데서 춘월이 동무들이 많았다.

춘월이는 아직 한 번 학생회에 나온 적이 있을 뿐 절을 잘 모르는 편이다. 그래도 7명이나 몰려왔다.

이 애들은 여중생이지만, 같은 마릉에서 타지에 공부하러 나갔다가 설 쇠러 온 여고생들과 함께 와서 놀다 갔다. 연필, 불교달력, 메모철, 책 등을 주고 세뱃돈도 주어 보냈다. 그들은 집에서 만든 인절미, 쑥떡, 산자부침과 밤, 사과 등 과일을 싸와서 함께 먹었다. 곧 정월 대보름이면 송광사에서 떠나려고 하니 이젠 이 애들도 다 만나보는 것 같아 섭섭했다. 동시를 읽어주고 내가 간밤에 쓴 '절음식' 등도 춘월이 보고 소리 내어 읽게 하며 시간을 보냈다.

이 애들은 천진스럽게 내가 거처하는 방에서 뒹굴기도 한다. 차도 스스로 달여 마신다. 이런 모습이 보기 좋아 가능한 한 자유롭게 쉬없다 가게 하려고 노력한다.

나를 아버지 같다고 말한 아이가 바로 춘월이다.

농촌에서 자라면서 경제적으로 풍족하진 않지만 문명이 가져다주는 부작용을 겪지 않은 순수하고 맑은 아이들이다.

처음 이 애들을 만난 때는 약 한달 전 쯤, 조계산 등산길에서였다. 겨울방학 중에 조계산을 구경가자고 해서 저희 마릉에서 40리 떨어진 이곳까지 왔다가 마침 나를 만나 이야기가 되었고, 그 후로 오늘까지 두 번째 찾아온 셈이 된다.

다음은 저번에 이 애들 편지가 번갈아 온 것 중에서 인상적인 부분을 뽑아 보았다.

송 광 사
정 춘 월

송광사에 가서 스님으로 인해
많은 것을 배웠습니다
송광사에 가서 처음으로
법회에 들어갔는데 다리도 아팠지만
법회에 들어가는 보람이 있더군요

스님이 많은 것을 가르쳐 주셨어요
거기에 있는 선배들도 참 좋더군요
뭐랄까, 언니 오빠 같은 느낌이 들더군요
스님이 우리 아버지 같구요

스님은 정말 좋은 분이었어요
인자하고 자상하시더군요

스님이 주신 향수차(=작설차) 참 맛있더군요
처음 먹어본 것인지 몰라도
그 향수차만은 다르더군요.

위의 시 형식의 편지는 물론 춘월의 편지 원문 그대로가 아니고, 첫 부분과 끝 부분을 뺐으며, 그 사이에 더러 '그리고', '제가'란 말을 각각 두 군데씩 뺐다.

별일 아닌 것 같지만, 제 소리로 글을 썼다는 일은 바로 그들에게 정상적인 교육이 어느 정도 되었다는 뜻이기 때문에 나는 글쓰기를 아이들에게 권한다. 불안해하지 말고 편안한 마음으로 자연스럽게 써보라고 한다.

금년 한 해는 '청소년의 해'라고 유엔에서 정하였는데, 무엇보다도 이 글쓰기 교육, 이오덕님이 주장하는 삶을 가꾸는 글쓰기 교육이 우선했으면 싶다.

코 비뚤이

방을 닦다가 해월海月 노스님 방에 가서 걸레질 배우던 시자 시절이 생각났다.
"장판을 한 장씩 차분차분히 닦아라."
하고 걸레질 하는 법을 설명하셨다.
첫째, 걸레는 마루 걸레, 방 걸레로 구분해서 닦을 것.
둘째, 아랫목에서 시작해서 윗목을 맨 나중에 닦을 것.
셋째, 방 모서리는 먼지가 끼어 닦기 어려우니 세심히 닦을 것.
이런 교훈을 생각하면서 내가 거처하는 방을 좀 힘들여서 닦았다.
지금 옆방은 재무실로 쓰지만, 해월 노스님이 살아 계셨을 때는 노스님의 방이었다. 방 구조도 달라졌고 장작불 대신 연탄보일러로 바뀌었다. 그리고 시자 다니던 우리들이 이제 법성료 노스님 거처를 차지하고 있으니 격세지감이 있다. 10년 만인데 이렇게 되었다. 내가 노스님을 오래 기억하게 된 것은, 안경에 관한 사건 때문이다. 그 무렵 나는 안경을 쓰고 있었다. 눈이 나빠 10여 년간 써오던 터에 해월 노스님의 지시가 아니었더라면 지금도 안경을 쓰고 지낼 것이다.
노스님은 방 청소를 마친 뒤 간곡히 권하셨다.
"너, 잘 들어봐라. 마을에서도 병 나면 절에 기도하러 안 오냐? 이렇게 해서 지극정성 기도해서 불보살 힘입었던 사람들 얼마나 많다구. 젊은 녀석이 늙은이 앞에 안경 턱 쓰고 다니면 건방지다. 당장 안경 벗어라. 그리고 관세음보살 기도를 해."

나는 꿇어앉아서 대답했다.

"예, 한번 해보겠습니다."

그 후로, 안경을 쓰지 않고 노스님 시자로 지냈다. 단지 후원에서 밥상 놓고 국 끓이고 할 때에는 안경을 썼다.

하루는 낮에 시자 나갈 시간을 잊고 감자 캐온 걸 이층 공루에 올려다 놓은 다음 나물을 여럿이 모여 다듬는데 노스님이 찾으러 오셨다. 이 때, 내가 안경을 쓰고 있는 것을 보고 노발대발이셨다.

"너 이놈, 어른을 속이다니!"

아주 불호령이 떨어질 때 나는 안경을 벗어서 노스님 보는 앞에서 두 동강 내버렸다. 노스님은 그 후로도 시자 나가면 후원에서 안경을 썼는가 안 썼는가를 묻고 기도만 잘하면 만사가 성취된다고 하셨다.

"몸이 아프다고 약부터 찾는 건 안돼. 불자가 기도할 생각을 내야지."

이 말씀은 내게 깊은 감동을 주었다.

해인사 강원 시절에 『선요禪要』를 마치고 리포트를 써 내다가 밤중에 크게 다친 적이 있었다. 화장실 갔다오던 길에 원주실 앞 계단에 걸려 넘어졌는데 공교롭게도 천숫물 붓는 데 모서리에 얼굴이 떨어졌다.

겨울이었다. 냉랭한 땅바닥에 코피를 쏟고 쓰러졌다가 잠시 후 정신이 들어 깨어났다. 아침에 자고 나니 콧등이 팅팅 부어 병원을 찾았다. 의사는 외관상만 보고도 뼈가 부서졌다고 진단했다.

나는 대구 시내로 나가 치료를 하기로 되어 있었다. 그러나 한편으로 생각해 보니 그렇게 좋은 기회도 없었다. 달마達摩대사는 가장 못생긴 얼굴로도 선종禪宗의 시조가 되었고 어떤 스님들은 스스로 손을 연비燃臂하여 부처님께 공양한다고 손가락을 모조리 태운 예가 생각났다.

치료기간 동안, 병원은 가지않고 약방에 가서 옥도정기와 가루약 종류를 사다가 거울을 보고 혼자 치료하고, 얼마쯤 지나서 곪기 시작해서 마이신을 몇 차례 먹은 외에는 치료를 하지 않았다. 이때 심정은 이렇다.

"코가 비뚤어지면 비뚤어져라. 오히려 수도생활에 더 좋겠다."

그런데 내 코는 처음 완쾌되었을 때는 영 비뚤어졌다가 햇수가 지나면서 차츰 제자리로 돌아와 이제는 나보고 코 비뚤어졌다고 말하는 사람이 없었다.

코를 다쳤다가 나은 후로는 이상한 버릇이 생겼다. 남의 얼굴 가운데 코가 바로 서 있는가 어떤가 하고 살펴보는 일이다. 한 가지 결론은 대부분의 사람들 코는 조금씩 왼쪽, 혹은 오른쪽으로 비뚤어졌다는 사실이다. 두 눈도 자세히 보면 마찬가지이다. 짝눈이 대부분이고 두 눈이 똑같은 사람도 아주 드물었다.

아무도 말하지 않지만 내 코뼈가 약간 비뚤어진 걸 나는 늘 안다. 내가 잘났다고 누가 부추겨 세워서 으쓱해하다가도 내 코 비뚤어진 걸 생각하면 고개가 푹 숙여진다. '코 비뚤이 코 비뚤이' 하는 놀림 소리가 들려오는 것 같다. 잘나지도 못했는데 자랑이 무엇이냐 하는 생각이 스쳐 간다. 자랑 잘하는 나에게는 묘약妙藥이다.

양보살 만세

 양보살은 서대문 구치소 사형수 면담을 10년 넘게 해온, 장성한 두 딸을 둔 분이다. 손수 자가용을 몰고 간혹 남쪽으로 광주에까지 가서 역시 사형수 면담과 뒷바라지를 남모르게 해오고 있다. 숨은 보살행을 닦는 불자이다.
 그런데 양보살이 불자란 이름을 내세우기에는 너무 빈약하다고 해서 이번 6월 초순에 포교원이 주관한 포교사 자격증을 갖게 되었다. 남들이 들으면 그게 무슨 대견한 일이냐고 반문할지 모르나 양보살에게는 유별난 데가 있다.
 처음 자원봉사를 시작해서 오늘에 이르기까지 불교 공부는 거의 책을 통해서 독학에 가까운 길을 밟아 왔다. 수년 전에 한 차례 불교 교양대학을 단기 코스로 나온 경험이 있으나 불자로서 내세우기에는 크게 부족하였다.
 지난 초파일 전에 양 보살이 절에 와서 토로하기를,
 "스님, 누가 불자냐고 물으면 그렇다고는 하나 답답해요. 자원봉사를 오래 하여서 꼭 자격증을 내밀라는 이는 없으나 그게 필요하다고 생각합니다."
하였다. 관청 출입을 하자니 어려움이 한두 가지가 아닐 것이다. 그래서 포교사 교육을 주선하기에 이르렀다. 이제 교육을 마친 양보살에게서 전화가 왔다. 무사히 마치고 포교사로서 명실공히 나설 수 있게 되었다니 곁에서도 흐뭇한 일이다.

처음 양보살이 포교사 교육에 들어가기 전에 걱정을 하였다. 왜냐하면 십이인연十二因緣이니 색수상행식色受想行識이니 하는 교리에는 도무지 자신이 안서기 때문이었다. 그저 시골 아낙네가 무뚝뚝하나 진실하게 함께 동고동락하는 심정으로 이웃에게 눈길을 돌려 사형수와 인연을 맺어왔을 뿐 어려운 법문에는 캄캄한 상태였다. 성의껏 나오는 위로의 말을 건네고 뒷바라지에 힘써 왔다. 그러는 사이에 살아가는 인간으로서 대화하고 뜻을 나누며 10여 년 세월이 흘러갔다. 기본교리인 고집멸도苦集滅道마저도 옳게 설명하지 못하지만 나름대로 인생무상人生無常을 느꼈기에 이 길을 멈추지 않고 가는 양보살이다.

포교사 교육에 임하는 양보살에게 곁에서 성원을 보내면서도 한편으로 조바심이 났다. 누구보다도 포교활동이 뚜렷한 양보살에게 교리에 약하다고 해서 혹 자격증이 안 나오면 어쩌나 싶어졌다. 그런데 이제 포교사 자격증이 곧 나오게 되었다. 아마 무슨 훈장도 그런 훈장이 없을 것이다.

그녀는 매사가 이론이나 논리 이전에 행동으로 좋은 일을 실천해 오고 있다는 말을 들었다.

양보살의 딸아이 하나가 집을 보고 있다가 도둑을 만난 이야기가 있다. 벌써 오랜 세월이 지난 이야기이다.

딸아이가 초등학교 5학년쯤 되었을까 하는 시기였다. 혼자 방 안에서 공부하다가 TV를 보는 중이었다. 이때 난데없이 건장한 청년이 침입하여 방문을 와락 열었다. 손에 칼을 든 낯도

둑이었다.

  딸아이는 어머니 영향으로 평소에 누구에게나 저보다 나이 든 남자에게는 오빠라고 불러왔던 탓으로 이때 당황한 중에도,
  "아니? 오빠는 누구야? 왜 왔어, 오빠!"
하고 눈을 동그랗게 뜨고 소리쳤다. 청년은 문득 제 집의 여동생을 생각하였던지 칼을 신발장에 두고 조용히 소리를 낮춰서,
  "나, 먹을 거나 줘."
하고는 딸아이가 가리킨 냉장고에서 먹을 것을 꺼내 먹고 떠났다. 참으로 아찔한 일이 벌어지기 직전에 언어습관이 좋은 덕에 위기를 별탈없이 넘겼다고나 할까. 하여간 양보살은 머리보다는 손과 발을 먼저 움직여서 직접 행동하고 실천하는 힘이 대단하다고 느껴진다.

  보살의 길을 가려거든
  욕됨을 참아 곧은 마음을 지켜라.

  欲行菩薩道
  忍辱護直心

- 寒山詩 -

  양보살의 말씨에는 구수한 사투리가 섞였으면서도 어루달래는 푸근함이 있다. 고상하고 논리적인 말은 모른다. 그래서 사형수는 그 누구에게보다도 큰 위로를 받고 있음은 물론이다. 속기俗氣와 욕심이 다 빠진 사람에게서 풍기는 아쉬랄까. 은덕이 그것인가 싶다. 성내고 소리치는 일은 평생 가도 한번

양보살에게 있을 것 같지 않게 느껴진다. 전생의 선근善根으로 그런 것일까. 하여간 도둑놈도 오빠라고 부른 딸아이는 좋은 부모를 가진 복 받은 아이이다.

우리 주위에 이런 양보살 같은 이가 많아졌으면 싶다. 말만 잘하고 점잖스레 연사풍演士風 제스처를 잘 쓰는 이는 별 실속이 없다. 말이 교묘해서 가슴속에 남아 있는 이들은 양보살 같은 이들이 아닐까.

잎만 무성한 나뭇가지에는 결실이 적다는 말처럼 말을 잘하는 이에게는 별 기대가 가지 않지만 순박한 마음을 가지고 선하게 살아가는 이들에게서는 고향집의 푸근함이 느껴진다.

답　장

　10년 전의 일이다. 자기소개를, 1964년생으로 군복무를 마치고 집안일을 돕고 있는 전남 담양에 사는 청년이라고 밝혀다. 글씨가 깨끗한 편지였다.
　질문이 가득차 있다.
　우선 마음의 평온을 찾지 못해 방황하기 때문에 그 해결책으로 '본래 인간의 참모습으로 되돌아갈 수 있는 길'에 대해서 궁금하다고 한다. 덧붙여서, 적어도 2~3년간 생각한 끝에 질문하는 것이라고 밝혔다. 특히 선도仙道에 관심이 큰 데다가 입산 등에 대한 질문도 있다.
　나는 이 답장을 쓰려고 며칠 생각한 끝에 필을 잡았다. 바쁜 일정 탓이라기보다 질문자의 의도를 잘 파악하기 위해서 나름대로 애를 썼다. 지난날 입산 전의 내 모습 같았기 때문이다.
　알고 싶은 게 많다. 무엇이나 의문덩어리로 나타난다. 그런데 주위에서는 이런 질문에 성의있게 대답해 주려고 하지 않았다. 귀찮아했고 얼버무렸다. 나는 과거의 내 질문 편지를 보는 심사로 답장을 쓰기로 마음먹었다.
　이 편지를 보낸 청년은 키가 중간쯤 되어 보인다. 사진이나 다른 신체검사기록카드 없이 어떻게 알아냈는가 하면 글씨를 통해서 알아낸다. 신통하게 맞춘다. 깨알같이 작은 글씨를 쓰는 이는 키가 보통 이상 간다. 글씨가 큼직큼직한 이는 키가 작은 편이다.

키뿐만 아니고 성격도 짐작해 낸다. 글씨 쓰는 획 하나하나에 힘이 들어갔는가의 여부에 따라 알아낸다. 반면에 슬슬 가벼운 필치로 물 흐르듯 쓴 글씨도 있다. 개성이 강한 이들이 가볍게 쓴다. 하는 일에 일가견을 이루고 예능에 소질이 많은 이들 중에 이런 가벼운 필치를 많이 쓴다. 유연하기 이를 데가 없다.

약간 정서적으로 불안한 이들이 반듯반듯 자로 잰 듯 쓴다. 완전히 '반듯 글씨' 이다. 붕 떠있어 현실적이지 못한 이들 가운데 그런 글씨가 많다. 그러나 지능면에서 다방면에 소질을 보인다. 말을 수다스럽게 늘어놓기도 잘한다.

나는 퍽 오래 전부터 글씨에 대해서 관심을 가지고 성격·체격·용모·성실성 여부 등에 대한 추측을 해왔다. 맞기도 하고 안 맞기도 한다. 하나 대체로 예견한 바 그대로 적중할 때가 많다. 연구가 부족해서 아직 단정을 내릴 단계에까지는 못 갔다.

이 편지의 주인공은 약간 공상적인 데에 빠져 있음을 알아냈다. 한 장의 편지에다 많은 질문을 쏟아낸 이들 가운데 성급한 성격의 소유자가 많다.

아직 입산할 마음도 잡혀져 있지 않다. 망설이는 중이다. 긴 가민가한 상태에서 방황한다. 이런 이에게는 확실한 대답을 내려줄 필요가 있다. 그래서 나는 시간을 끌어서 심사숙고해왔다.

우선 편지에 대한 답장이 늦여져서 미안합니다. 워낙 중대한 결심을 한 것 같아서 쉽게 답장을 보내기 어려웠습니다.

편지 내용을 통해서, 아마 신선도神仙道를 알고 싶어하는 분으로 여겨집니다. 생식生食에 관심이 크신 분이라는 점도 알았습니다.

불도佛道와 신선도는 이런 차이가 있습니다.

신선도에서는 불로장수不老長壽하여 건강을 보장받습니다. 이 방법으로 호흡이 중요합니다. 또 기氣를 지키는 일이 중요합니다. 말하자면 자연과 조화되도록 심신을 연마하는 생활이 기초단계에서 다루어집니다.

5백 년 혹은 1천 년의 수명을 누리는 일은 어렵지 않다고 전해옵니다. 그렇지만 언제 죽어도 죽기는 마찬가지랍니다. 오래 살다가 결국 죽는다는 한계점에 도달합니다. 사람들의 욕심이 오래 살기를 원하지만 결국 그래도 죽는 것입니다. 깨끗하게 오래 살기 때문에 어느 정도 사람들의 꿈은 이루어진 셈이지요. 학처럼 말입니다.

부처님의 가르침을 불도佛道라고 하기도 합니다. 깨달음과 도道를 하나로 보기 때문이지요. 즉, '깨달음의 도' 란 말입니다. 불도를 이루기 위해서는 먼저 바른 견해를 갖추어야 합니다.

바른 견해는 오해, 편견, 선입견을 떠나서 굴절 없이 바로 사물, 현상을 있는 그대로 보는 일입니다.

가령, 결혼과 독신에 관해서도 이렇게 봐야 합니다. 흔히 미혼남녀 중에서는 '결혼이 행복한 거야. 독신이 행복한 거냐?' 하는 질문을 해옵니다. 이런 질문에는 허점이 드러나 있습니다.

결혼 그 자체에는 행, 불행이 함께 갖춰져 있습니다. 독신에도 마찬가지지요. 또 '입산이 좋은 거냐, 세속이 좋은 거냐?' 하는 질문도 위와 대동소이하다고 봅니다. 왜냐하면 경우에 따라 호, 불호가 있기 때문이지요. 다 이와 같습니다. 좋고 나쁘고는 밖의 사실에 있지 않고 주체자인 본인에게서 해답을 구할 수밖에 없습니다. 바른 견해는 사물 현상의 양면을 다 보는 데에서 출발합니다. 호, 불호와 행, 불행을 동시에 관찰하여 어느 쪽에도 치우치지 않는 거지요.

마음의 갈등과 번민은 한쪽 면을 자주 많이 본 데서 일어납니다. 그래서 좋다, 나쁘다 하기도 하고 혹은 옳다, 그르다 하기도 합니다. 보는 시각에서 굴절이 오면 마음의 평안을 유지하기 어렵지요.

비록 오늘 이 육신이 세속 인연이 다해 사라지더라도 마음이 부담없이 가볍고 무욕無慾 명쾌하고 청정淸淨하다면 훌륭한 것입니다. 시간적 길이로 따져서 값을 논한다는 것은 옳은 견해라고 할 수 없습니다. 대기大氣를 갖춘 이가 대용大用의 묘법妙法을 쓰고 간 이의 삶에는 생사가 이미 사라진 도인의 경지라는 고인의 법문이 있습니다.

편지로써 간략히 답해 드리려니 두서가 잡히지 않았습니다. 건강한 심신으로 잘 지내시길 불전에 향사르며 축원 올립니다.

불기 2531년 10월 31일

죽비 깎는 아침

제5부

제2의 출가

노랗게 잘 익은 호박덩이를 책상 위에 올려놓고 본다.
푸근하다. 수행자는 자고로 저래야지. 덕이 몸에서 은은히
배어나와야 한다. 말로 암만 쏟아내 봐야 온상채소.
몸으로 설법해야지. 호박 색깔이 볼수록 곱다.
값비싼 물감이나 어느 질 좋은 페인트 색깔이 여기에 미칠까.

제2의 출가

눈길을 걸어서 올라갔다. 정든 산길이다. 밤이지만 환하다.
불일암 공양간에 불이 켜져 있는 게 보였다. 사립문 옆 ─ 실제로는 돌담뿐인데도 문으로 친다 ─ 을 지날 때 발자국 소리를 크게 냈다.

"스님."

나는 공양간 문 앞에 서서 이렇게 외쳤다. 그때 마침 스님이 문을 열고 맞아주셨다. 스님은 반갑게 말씀하셨다.

"아, 어서 와요."

나는 무조건 선 자리에서 넙죽 절을 올렸다. 눈 위라지만 땅바닥이다. 그래야 속이 시원할 듯싶어서 기어코 세 번 절을 다했다. 이렇게 큰절을 땅 위에서 해보기는 처음이다.

식탁에는 뜻밖에도 두 사람 몫의 바리때가 놓여 있었다. 떡국 두 그릇. 스님이 끓여주신 떡국을 맛보기도 얼마만인지 모른다.

스님을 마주하고 떡국을 먹으니 만감이 오고 간다. 이게 꿈만 같다.

설거지는 내가 했다. 옹달샘 나무통에서 씻었다. 물이 펄펄 넘치는 데서 그릇을 씻는 재미도 괜찮았다. 시간이 좀 걸렸는지 스님이,

"대충하고 올라와요."

하셨다. 나는 대충 씻고 떡국이 눋은 작은 냄비는 그냥 챙겨서 부엌으로 들어갔다. 벽에 오관게五觀偈가 선명하다.

이 음식이 어디서 왔는고
내 덕행으로는 받기가 부끄럽네
마음의 온갖 욕심 버리고
몸을 지탱하는 약으로 알아
도업을 이루고자 이 공양을 받습니다.

나는 조용한 마음을 읽어보았다.

그리고는 위채 다실로 쓰는 방으로 올라갔다. 떡국을 먹고 나서부터 지금까지 궁금한 게 있다. 어떻게 알고 내 떡국 몫을 끓여 두셨을까. 떡국 먹을 때 무어라고 스님이 하신 것 같지만 잘 모르겠고 하여간 희한하게 생각된다. 차를 마시면서도 자꾸 그 생각으로 가득 찼다.

나는 차를 마시기가 바쁘게 곧 절을 하고 큰절로 내려왔다. 스님이 피로하지 않게 빨리 자리를 피하기 위함이다. 밝은 달빛에 눈길인지라 손전등 없이 올 수 있었다. 올 때에는 길 옆의 나무들을 눈여겨 봐 두었다. 다시 보기 힘들 것 같은 생각이 들었기 때문이다.

그렇다. 나는 제2의 출가나 다름없는 도미행渡美行 L.A. 비행기표를 예약해 두고 왔다. 어쩌면 3년 후에 올지도 모를 일이다. 착잡한 심정이다. 겉으로는 잘 표가 안 나지만 마음속으로는 뒤숭숭하다.

이튿날 아침에 다시 불일암에 올라갔다. 언제 걸어도 오붓한 길이다. 창포꽃 비슷한 꽃이 피던 수렁길 주위를 지날 때에는 발길을 멈췄다. 지금은 눈밭이지만 지난날의 추억이 되살아났다.

수년 전에 스님과 나는 길 보수 울력을 같이 하였다. 돌을 주위에서 주워다가 수렁진 길을 메웠다. 돌이 귀한 편이어서 일이 더뎠다.

"숲은 여기가 제일이야."

이때 스님이 삼나무와 편백이 듬성듬성 자라고 있는 데를 가리키셨다. 가지치기가 잘 된 숲은 그림 속의 풍경 그대로이다. 유난히 맑은 하늘은 어디에고 푸른 물이 들 것 같다. 심호흡을 깊게 해보았다.

"아, 내가 여기 있는가?"

나는 감격스런 순간에는 이런 생각을 갖곤 한다. 꿈만 같다. 내가 많다는 생각도 든다. 발길을 늦춰가며 불일암에 도착하였다.

"나, 지금 아침 공양하려는 참이야."

스님이 다실에서 가벼운 아침 공양을 마칠 때 나는 차를 마시면서 말씀을 청하였다.

"아, 그래. 미국서 우리나라 역사를 공부해 봐. 좋은 책이 있으니 가져가요. 긍지를 가지고 살아야지요."

스님은 옆방으로 들어가서 책을 찾아 가지고 나오셨다. 단재丹齋 신채호申采浩 선생님의 역사책이다. 상·하권으로 나뉘어 있는데 퇴색된 표지가 더욱 정이 간다.

일본서 오래 지내신 분으로 수필가 김소운 선생님은 모국母國은 곧 어머니이기 때문에 설사 어머니가 문둥이라 할지라도 버릴 수 없듯이 조국은 숙명적으로 맺어진 관계에 놓여 있다는 뜻의 말씀을 한 적이 있다고 덧붙여서 일러 주셨다. 그리고는 다시 말을 이어,

"고시집과 민요집은 서점에서 구해가요. 좀 큰 걸로 골라서."

하면서 책값을 건네 주셨다. 삼륜청정三輪淸淨이란 말이 생각났다. 주고받는 사람의 마음이 청정하고 그 물건이 청정하니 여법如法하다는 말씀이다. 삼륜청정, 삼륜청정. 그래도 송구스러운 마음이 앞선다. 더 공부 잘해야지 하는 생각이 머리 끝에 높이 차오름을 느꼈다.

"절에 올 때 혈서 쓴 사람은 한 사람뿐이었어."

스님이 광주로 함께 나오는 차 안에서 옛 일을 꺼내셨다. 차 안에는 스님과 나 외에도, 운전석에는 주지 스님, 그 옆 자리에는 비구니 스님 — 이 스님은 신년초에 불란서로 미술공부 하러 떠나는데 좋은 말씀을 청하기 위해 송광사에 들른 길이다 — 이 동석하였다.

"지금 체중이 얼마요?"

스님이 내 몸이 자꾸 불어나는 걸 염려해서 물으셨다.

"60kg입니다."

나는 조심스럽게 대답하였다. 절에 올 때는 48kg에서 오르락내리락 하였는데 너무 많이 불었다는 생각이 들었다.

미국 가면 더욱 몸이 불을 것을 생각하니 걱정이다. 이때 스

님은 대뜸,

"그 체중을 넘으면 사우나탕에 가서 몸무게 조절해서 와요. 치즈, 빠다 등 먹고 살쪄 오면 안돼요."

하셨다. 나는 이 말씀을 듣고 오후불식午後不食을 생각하였다. 정말이지 수행자가 살이 피둥피둥 찐다는 사실은 부끄럽기 짝이 없는 노릇이다.

이날 저녁, 광주 원각사에 저녁이 준비되어 식탁 앞에 나아가서는,

"아, 그럴 일이 있는데……."

하고는 첫 술 한 수저 밥을 떼자마자 곧 자리에서 일어섰다. 하마터면 오후불식을 어길 뻔했다. 절에서는 영문을 모르고 어리둥절한 표정으로 바라보았다.

내가 앞으로 저녁식사는 안하기로 결심한 이상 어떤 이유로든 꼭 지키고 싶다. 이것은 제2출가의 각오다. 미국 땅에서 지내는 동안 지킬 약속의 하나. 부득이 먹는 일이 있을지언정 스스로 찾아서 밥을 먹는 일은 다시 없어야지 싶다.

오관게

이 음식이 어디서 왔는고
내 덕행으로는 받기가 부끄럽네
마음의 온갖 욕심버리고
몸을 지탱하는 약으로 알아
도업을 이루고자 이 공양을 받습니다

늙은 호박

늙은 호박을 큰 걸로 한 덩이 사왔다. 마켓에는 민속축제 '할로윈Holloween'이 가까운 탓인지 호박이 많았다. 큰 것은 어른도 들기 어려울 정도로 크다. 무등산無等山수박이 크다더니 미국 호박이 그렇게 크다. 노랗게 잘 익은 호박덩이를 책상 위에 올려놓고 본다. 푸근하다. 수행자는 자고로 저래야지. 덕이 몸에서 은은히 배어나와야 한다.

말로 암만 쏟아내 봐야 온상 채소. 몸으로 설법해야지.

호박 색깔이 볼수록 곱다. 값비싼 물감이나 어느 질 좋은 페인트 색깔이 여기에 미칠까. 결실의 계절에 생각나는 게 많다.

'발고여락拔苦與樂 인고토감咽苦吐甘'

남을 위해서는 고통을 뽑아주고 즐거움을 주며 내 자신은 쓴 것을 삼키고 단 것은 뱉아낸다. 이렇게 손해가는 일을 한다. 장사는 이익을 봐야 부자가 되고, 손해가면 곧 망하고 말 것이 뻔한 이치다. 그러나 공부에서는 손해를 많이 볼수록 성과가 크다. 안 맞는 말 같으나 이 속에 묘미가 있다.

이치없어 보이는 속에 지극한 이치가 있고
영 안 그럴 듯하나 크게 그런 것이다.

無理之至理　　不然之大然

요즘 독경하고 있는 『금강삼매경론』 첫대에 원효 스님의 이런 법문이 나온다. 『기신론』에서도 같은 내용이 나와 있는 것을 본 적이 있다. 우리 흔들리는 렌즈의 눈으로 찍은 풍경은 어떠할까. 망념 속에서 생긴 이치란 늘 엉뚱할 수밖에 없다.

과거세에 한량없이 이익만 보려고 길길이 날뛰어 온 업보로 금생에도 그 버릇을 얼른 떠나기 어렵다.

원효 스님이 태양처럼 빛난 것은 말로써 업보를 벗어난 구두선口頭禪 무리와 달랐기 때문이다. 법력法力이 생활 자체 속에서 녹아 흘렀다. '우리 눈으로 영 바보짓이야. 손해 보는 장사를 계속했어.' 하고 평가하기 쉽다. 원효 스님의 보살행이 그런 데서 더욱 빛난다. 원효 스님은 편해지려는 유혹을 벗어 던지고 벌떡 일어섰다. 수행자는 남의 고통도 대신 받기를 발원해야 보살이다. 그러나 세상사는 공은 제게 돌리려고 하고, 허물은 남에게 돌리려한다. 위선의 탈을 썼다고 할 정도는 아니지만 대개는 그렇다. 번뇌의 뿌리가 뽑히지 않은 상태에서는 역시 아집我執에 매이기 마련인가.

작은 전쟁에서는 용장勇將이 승리를 거둘 수 있고 그보다 큰 전쟁에서는 지장智將이 승리를 거둘 수 있다. 그러나 큰 전쟁에서는 용기와 지혜만으로써는 불가능하다. 덕장德將이 최후의 승리를 가져온다.

제 이익을 포기하기는 어려우면서도 어렵지 않는 일, 천 길 벼랑 끝에 손가락을 올려 놓고 매달린 자가 손을 턱 놓아버리라고 하였다. 이래야 활로活路가 열린다니 일도양단一刀兩斷하는 용기를 두고 한 말이다.

그렇지만 솜에 젖어드는 물기처럼 욕망을 자제하기는 어렵고 힘든 일. 부처님 법문 안에서 평생 바르게 지낸다는 게 얼마나 인내력을 필요로 하는지 모른다. 한치 앞을 내다보지 못한 번뇌에 쌓인 머리로는 불가능하다. 먼 미래를 지혜롭게 내다보는 시야가 이럴 때 필요하다. 그 위에 덕을 갖추어 늙은 호박처럼 푸근한 맛을 절로 풍기는 이는 무언가 모르게 마음이 편해진다. 청정한 공부인工夫人의 모습이라 할까.

어쨌든 자꾸 손해를 보는 일을 하도록 해야 한다. 그래야 이익이 따른다. 작은 목전의 이익에 빠져 큰 이익을 놓치는 어리석음을 하루 중에도 몇 번이나 되풀이하고 있는지 모른다. 욕망에 끄달려 당장은 이익을 본 듯하나 이게 제 죽을 구멍 스스로 파는 일인 줄 알지 못한다. 이는 제 무덤 제가 파고 사는 사람이다.

씨앗을 땅에 뿌렸더니 과일이 높은 나뭇가지 끝에서 맺혔다. 땅에 주고 허공에서 얻는 도리로 한치도 어기지 않는 인과법칙이다. 자꾸 손해보고 쓴 것은 참아 삼키며 단 것은 뱉아내더라도 이 손해는 손해가 아니다.

큰 손해를 봤을 때 큰 이익이 틀림없이 따른다. 더욱이 남을 위해 진리를 실현하는 이라면 말할 나위도 없다.

먹고 싶은 것 다 먹고, 보고 싶은 것 다 보고, 자고 싶은 잠 다 잔 뒤에 공부할 수 있을까. 인욕해서 속으로 익어지는 덕을 쌓아갈 때 본래 자기모습을 되찾을 수 있을 것이다.

잡 초

　뽑힌 잡초가 밭 귀퉁이에서 다시 살아난다. 작물은 살려 내려고 물 주고 거름 주고 해도 잘 안되는 경우가 많은데 이건 억척스럽다. 1주일 전에 김매기 했는데 잡초가 다시 살아나서 아주 뽑아 멀리 버려두었다.
　이 일을 두고 한 생각이 난다. 기도를 잘하려고 발버둥치는 보살이 있다. 발악에 가깝도록 소리친다. 어떤 때에는 섬뜩할 때가 있다. 신기神氣 같은 게 느껴진다.
　그래도 자기는 기도를 잘하고 있는 줄 알 것이다. 고요한 마음으로 차분히 마음을 가라앉힐 필요가 있다. 기도할 때는 들떠 있기 십상이다.
　좋은 도반과 만나 기도를 함께할 필요도 있다. 멋대로 기도하려 드는 이는 생각할 문제.
　부처님 가르침에 맞게 수행하는 일이 얼마나 어려운가 하는 문제가 다시 떠오른다. 채소밭 작물은 씨 뿌려서 거두기까지 벌레, 병충해 등에 시달리다가 말라버리는 일이 허다하다. 손질을 게을리하고 거름을 잘 안줬더니 그냥 달라진다.
　모두가 정성이다.
　그런데 이 잡초, 곧 번뇌는 아무리 뽑아도 뿌리를 내리고 강하게 버텨내는 힘이 있다. 가꾸지 않아도 자람은 물론 뽑아서 버려도 살아난다. 무서운 생명력을 본다.

원효 스님은,

"지혜롭게 공부해야 깨달음을 얻는다. 어리석게 공부하면 오히려 생사번뇌生死煩惱만 더할 뿐이다."

하고 경책하셨다.

백날 기도한다고 발악한들 기도가 될까. 잘못 기도하는 이들이 어디에나 흔하다. 뿐만 아니라 좌선이 좋다는 줄은 알지만 어떤 방법이 옳은 줄은 모르고 그저 절구통같이 멍멍히 앉아 있는 외도外道가 얼마나 많은가. 역시 정도正道에는 들기 힘들고 사도師道에는 끌지 않아도 절로 끌려가는 경우가 흔하기 마련이기 때문인가.

삿된 기도에서 헤어나질 못한 이들은 한 가지 아상我相이 강하게 남는다. 기도를 자랑하는 즐거움! 참으로 씁쓸한 맛을 남긴다. 가능한 한 기도는 남 앞에 내놓지 말아야 한다. 이건 큰 병이다. 제 집 귀한 보물을 길거리에 널어놓기를 좋아하는 사람이나 다를 바 없다. 기도는 어디까지나 자기 정화淨化를 통해서 편안한 마음을 성취하는 데에 목적이 있다. 내면으로 깊이 뿌리내릴수록 그 마음은 더욱 평안해질 수 있다.

매일 몇 시간 기도한다, 어떤 영험이나 예견을 보았다 등등의 말은 삼가할 일이다. 기도와 자랑은 물과 기름 관계에 있다. 결코 기도가 바르다고 할 수 없는 일. 자랑을 밖으로 내세우는 이치는 바른 기도에 든 이는 있을 턱이 없다. 어찌 물과 기름이 섞이기를 바랄까.

기도를 하는데 많이만 하는 경우와 단 한 번 성인의 명호를 염해도 지극정성으로 부모은인 명호를 염하듯 하는 경우가 있다.

많이 하는 이는 새벽부터 밤중까지 시간나는 대로 계속한다. 신들린 사람이 구걸거리는 모양같이 마구 입으로만 중얼중얼 한다. 무얼 어쩌자는 것인지 도무지 알 수 없는 일이다. 바른 기도법이 아니다. 마음속 바닥에서부터 우러나오는 진한 신심으로 조용조용히 정성을 다해야 한다. 어찌 부모 이름자나 생명의 은인의 이름자를 가볍게 입 밖에 내놓을 수 있을까. 그야말로 혼신을 바쳐 한 번이라도 지극히 염하도록 해야 한다.

부처님이 보물이 담긴 상자가 있는 산을 일러 주셨기에 그걸 찾아 나선 이가 수도 없이 많다. 혹은 중도에서 돌아가고 길바닥에 주저 앉는다. 혹은 낭떠러지에서 떨어져 죽고 귀신굴로 끌려 들어가기도 한다. 혹은 산중턱에까지 도달하였으나 병들어 죽기도 한다. 바로 일러준 길이 있건만 그렇게 사경 死境 속에서 고생이다.

최후로 보물을 손 안에 움켜쥐고 쾌재를 부르는 이가 얼마나 될까. 백에 하나, 아니 천, 만에 하나나 될까.

> 행동이 진중하고 말씨가 조용하며
> 마음이 잘 안정되고
> 세속의 쾌락을 버린 수행승을
> '평안에 들어간 사람' 이라 부른다.

『법구경』의 말씀이다. 마음속의 잡초가 무성하기 전에 김매기를 서둘러야겠다.

    번뇌란 번뇌는 죄다 끊어버리고
    먹고 입음에 구애를 받지 않는
    그런 사람의 해탈의 경지는
    텅 비어 아무 흔적도 없기 때문에
    허공을 나는 새의 자취처럼
    알아보기 어렵다.

    잘 길들인 말처럼
    모든 감관이 잔잔하고
    교만과 번뇌를 끊어버린 사람은
    신들까지도 그를 부러워한다.

금년 작물농사가 그런대로 괜찮은가. 호박이 구덩이마다 꽃피워 열매가 촘촘히 맺혀 있고 늦고추 모종이 파릇파릇 돋아나지만 언제 열매를 기약할지 알 수 없는 일이다.
    바짝 마른 L.A. 땅에 날마다 물주는 일도 중요하다.

사경삼매 寫經三昧

묵향墨香이 은은히 배인 불자의 집. 『반야심경』 사경寫經으로 하루가 열린다. L.A.에 거주하는 보건普堅 거사를 첫 대면하고 그 무엇인가 강한 힘에 빨려듦을 느꼈다. 65세의 노익장답지 않게 정열이 확 당겨 붙는 힘이 있다.

"언제부터 사경을 하시게 되었어요?"

거사는 지난 일을 다음과 같이 술회하였다. 마침 저녁식사가 끝난 뒤라 부인인 혜정惠淨 보살도 동참하여 드문드문 말을 보충해 주었다. 사경을 하게 된 동기는 10년도 넘은 '사경법회'에 동참한 인연이 컸다고.

동국대학교에서 주최한 사경법회였다. 물론 혜정 보살이 동참하고 와서 그 이튿날부터 반야심경을 한 편씩 사경하기 시작하였다. 그동안 비행기 안에서도 사경 시간에는 꼭 사경하였고 환자를 간호하는 병원 입원실에서도 거르는 법이 없다. 혜정 보살은 그 일을 두고 다음과 같이 말한다.

"무엇인가 구심점이랄까, 불심으로 묶어매는 힘이 있어요. 사경하는 동안 희열 속에서 하루가 이어짐을 확인합니다."

10년을 하루같이 기도하는 자세로 사경해 온 보살 못지않게 부군인 보건 거사는, 역시 남다른 데가 있다.

"제 손과 눈, 힘으로 쓴다는 생각이 들지 않습니다. 향을 피워 놓은 다음 예불, 기도, 좌선을 거쳐 사경에 들어가는데 두세 자 쓴 다음 합장하고 호흡을 가다듬기를 계속하기 때문에 시종 팔 힘이 고르지요. 일념에 몰두하는 정신력, 바로 이 속에 사경의 가치가 있다고 봅니다."

거사의 이 말을 듣고 보니 사경법회의 자료를 몇 가지 변경하지 않을 수 없게 되었다. 왜냐하면 여기에 오기 조금 전에 불교회관에서 나는 장경藏經 법우와는 붓을 모조품(후리펜)으로 편리하게 쓰자고 합의를 보았기 때문이다. 초보자는 흔히 먹이 종이에 잘 번지기에 그것을 방지하자는 데 뜻을 두었다. 그런데 거사의 확신에 찬 경험담을 듣는 동안 그냥 먹이 번지는 한이 있어도 붓 그대로 사용해야겠다는 생각이 굳어졌다.

이야기하는 중에 반야심경을 쓰는 네모칸 쳐진 받침 종이를 그리려고 하니 혜정 보살이 여분 있는 걸로 하나 건네주었다. 이 받침종이를 그대로 실크 인쇄해서 청년회원은 물론 사경하려는 이들에게 보급하려고도 하였다. 아니면 흰 종이에 여러 장 겹쳐 그려서 사경할 때에 나눠 써도 좋겠다는 생각을 하였다.

한 번 듣기보다 한 번 쓰는 편이 열 번 낫다는 말은 사경해 본 이들은 안다. 새롭게 다지려거든 필을 들고 써봐야 한다. 손을 움직인 만큼 머리 속은 정돈된다. 손을 아끼지 말아야 한다. 뇌의 발달을 위해서도 양 손을 가능한 한 다 쓸수록 유익하다는 게 이미 정평이 나있다.

요즘 글씨 쓰는 일이 타이프와 컴퓨터에 밀려 있어 사경의 필요성은 더욱 강조된다. 꼭 기계의 탓만도 아니다. 편해지려고 해서 편지 대신 전화로 하고 나면 그만이다. 일기를 잠들기 전에 꼬박꼬박 쓰는 이가 얼마나 될까. 일기를 꾸준히 쓰는 이 치고 그렇게 빗나간 언행을 하는 경우가 있을 것 같지 않다. 이는 정서 함양에도 효과가 큼을 누차 강조해도 좋다.

"사경은 서예와 구별되어야지요. 서예가 격이 떨어져서가 아니라 사경하는 마음자세는 서예에 견줄 바 못됩니다. 글씨와 더불어 부처님 법문을 새겨야 하기 때문이지요."

이 말을 듣는 동안 응접실 벽에 걸린 두 폭의 반야심경을 들여다보았다. 하나는 혜정 보살의 글씨이고 다른 하나는 보건 거사의 글씨. 오히려 혜정 보살의 글씨가 더 날렵하다는 느낌을 받았다. 검은 글씨가 살아서 꿈틀꿈틀하는 듯싶다.

"보살님, 글씨가 약간 초서에 가까운데요."
하였더니, 웃으면서 보건 거사는,

"참 빨리 써요. 10분도 채 못 되어서 한 편 쓰는 속필이죠."
한다. 그러나 거사는 하루 종일 써야 두 편 반야심경을 쓸 정도로 지필遲筆에 가깝다. 정성을 들이다보니 자연 늦어진다. 마음에 안 드는 글씨는 밖에 내보내는 일도 없다. 지금까지 10년으로 치면 한 사람이 하루 한 편의 반야심경을 써왔다고 계산해 보니 각각 2천에서 3천에 가까운 숫자가 나온다. 물론 마음에 안들어 파기해 버린 것은 빼니까 그렇다.

거사는 이 많은 반야심경을 무주상無住相 보시布施해 왔다. 이런 정성이 담긴 반야심경이 신심 있는 불자들의 가정 곳곳에 걸려 있으려니 하고 생각하니 감회가 새롭다.

"서예전을 열어보라는 권유가 벌써 여러 차례 들어왔어요. 허나 내 죽은 뒤에나 하라고 말하고 싶어요."

거사는 힘주어 이 말을 하고 자리에서 일어나 반야심경 병풍 있는 방으로 안내해 주었다. 침실은 귀한 이가 아니면 보여주지 않는데 실례를 무릅쓰고 들어가서 법당처럼 깨끗한 분위기를 돌아보고 나왔다.

어느 방이나 법당 분위기이다. 아래층 홀에는 석가모니 좌불이 큼직하게 모셔져 있고 각 방마다 입불立佛 혹은 사진으로 모셔져 있다. 우리가 이곳을 방문하여 차 대접을 받으며 이야기를 흥미있게 듣는 시간이 벌써 두 시간이 흘렀다. 꼭 사경은 필요하구나 하는 생각이 가슴에 와 닿는다.

일자삼배一字三拜 사경법이 있다. 큰 글씨는 한 자 쓰고 불전에 삼배 올린다. 일행삼배一行三拜 사경법도 있다. 한 줄 쓴 다음 삼배 올린다. 혹은 일자일배一字一拜 사경법 등이 있는데 이만큼 지극정성이 깃든다는 뜻.

해인사 팔만대장경의 초草 글씨도 이런 정성이 있었기에 가치가 크다. 전란 중에 급히 마음먹지 않고 16년 동안 81,340장이란 거대한 불사를 이루어냈다는 사실을 상기해 보면 가슴이 뭉클해진다. 생사를 목전에 두고 흩어진 민심을 오로지 불심으로 묶어 국난을 이겨내 온 선인들의 슬기는 아무리 찬탄해도 부족할 것이다.

다음은 사경의 뜻을 잘 드러낸 글이 있기에 참고로 덧붙여 둔다.

사경관념문 寫經觀念文

물은 대자비로 흐른 지혜의 물이요
먹은 깊은 선정의 굳은 먹입니다
선정의 먹으로 지혜수를 갈아서
실상 법신의 문자를 베껴 씁니다.

水是大悲潤智水
墨又嚴禪定石墨
定墨慧水知合
書寫實相法身文字

이 문자는 삼세제불의 깊고 깊은 비장
삼세여래의 진실한 참 모습입니다
선정과 지혜의 법문에
나와 남을 위하는 공덕이 모두 갖춰져 있습니다.

此文字者　三世諸佛
甚深秘藏　三世如來
眞實正體　禪定智慧法門
自行和化他功德　悉皆具足

그리하여 이 경 문자는 시방법계에 몸을 나투고
근기에 맞춰 설법해 널리 이웃을 이롭게 합니다
이런 까닭에 제가 지금 이 경 사경을 봉행합니다
원컨대, 이 공덕으로 선근제자는 물론 법계중생이
무시이래 지어온 삼업육근의 허물이 모두 씻어지며
임종을 맞아서는 정념으로 왕생극락하여
부처님을 친견해 법문을 듣고 무생과를 증득하게 하여지이다.

以是 此經文字 現十界色身
隨類說法利生
是故 我今奉行 書寫 此經
願以此功德 善根弟子 與法界衆生
無始已來 三業六根 一切罪障 皆悉消滅
臨終正念 往生極樂
見佛聞法 證無生果

― 마하반야바라밀 ―

몸으로 하는 말

　죽음치고 서럽고 안타깝지 않은 죽음이 어디 있을까만, 요 며칠 전에 죽은 김씨는 내게 눈물을 안겨주었다. 그의 시신을 실은 영구차의 마지막 모습이 주위를 크게 울먹이게 했다.
　그는 우리 절에 아주 열심히 나오는 보살의 큰아들. 축원카드를 보니 정유생 30세이다. 지난 6월 첫주 목요일 밤에 과음 운전자 차의 뒷자석에 탔다가 그만 차가 전신주를 들이박고 좌충우돌하는 중에 변을 당하고 만 것이다.
　지난 달 신문에 보았더니 교통사고와 자살로 죽은 숫자가 사망자의 반을 차지한다는 보고가 있었다. 물론 미국에 해당하는 이야기이다. 특히 이곳 L.A.는 인구 숫자보다 자동차 숫자가 더 많을 만큼 자동차 홍수를 이루기 때문에 매일 거리에서 크고 작은 교통사고를 눈으로 목격한다. 사방에서 사고로 찌그러진 차를 끌고 가는 견인차를 거의 매일 보다시피한다. 일일일야 만사만생一日一夜 萬死萬生하는 곳이 아닌가 싶다. 핸들을 잡으면 섬뜩할 때가 있다.
　결국 이민생활 10년 가까운 때에 김씨가 그런 변을 당하고 나니 그의 유족은 말할 수 없는 슬픔에 잠겼다. 모친은 까무라쳤다 깨어나기를 세 차례나 했을 정도였다. 부친은 그대로 자제하는 양 크게 통곡하는 모습은 보이지 않았다. 65세의 건장한 중노인 모습이다. 내가 그동안 금강경을 독경하러 가서 이야기를 나눈 횟수가 세 차례 된다. 아주 신중히 입을 떼어 놓는 이로 느껴졌다.

"이 아이가 말로 해서 안 들으니 몸으로 말을 들려 주었어요."

이 말은 불교회관에서 점심을 먹은 후에 소파에 앉아서 부친이 내게 한 소리이다. 우리는 장의사에게 영결법요식을 오전에 마치고 시신을 실은 영구차가 화장터로 떠나는 것을 보고 곧장 불교회관으로 돌아와서 재를 지냈다. 화장터에 동참하는 일이 까다롭고 그 뒤로 또 재 처리도 수속이 힘들어서 그냥 장의사에 일임하고 장의사에게 영결법요식 하는 것으로 끝낸 후 장사葬事 당일에 지내는 초우初虞에 해당하는 재를 지낸 셈이다. 동참인은 거의가 고인의 학교나 직장의 벗들이고 10명쯤 되는 유족과 절에 나오는 보살과 처사는 겨우 6명. 월요일이긴 하나 좀 인사가 아니지 않나 싶었다. 청년층은 20명 가량 될까 하는 숫자이다.

명문대학을 미국에서 나와 엘리트로서 계리사 시험에 합격한 고인 이력과 연관이 깊은 이들이다. 미국인들도 10여명 보였다.

그가 꽃다운 나이에 부모의 기대를 저버리고 고인이 되었기에 더욱 슬픔이 컸다. 이민 와서 부모와 함께 야간에 빌딩 청소일을 거들어서 이제 막 성공한 순간인데 말이다.

부친의 토로하는 말을 정리해보고 다시 한 번 가슴이 뭉클해졌다. 더러는 주위의 이야기로 조금씩 보충을 하였다.

무슨 말을 몸으로 들려주었을까. 나는 궁금해서 귀를 기울여서 들었다. 부친은 길게 숨을 들어 내쉬면서 회한이 깃든 음성으로 쏟아놓았다.

"아, 글쎄. 일이란 다 원인이 있어요. 가만히 생각해 보니 우연이란 있을 수 없지요."

이런 말을 시작으로 이야기를 풀어나갔다.

부친은 목사의 가정에서 태어나 얼마 전까지 기독교인으로 지낸 반면, 모친은 우리 절에 정기 법회에는 물론 그 외에도 크고 작은 일을 시간 나는 대로 와서 돕고 가는 보살이다. 부엌에서 반찬 만드는 일을 대개 돕는 편이다. 혹은 불전의 다기, 촛대, 향로 등을 혼자 닦기도 한다. 무슨 일이고 몸을 아끼지 않고 애써 돕는다. 두 부부가 서로 종교의 차이로 다툼이 생길 때에 자녀들에게 영향이 갔다. 이미 출가해서 사는 큰딸은 예외이다. 미혼인 두 아들은 이런 부모의 틈바구니에서 고민이 생겼다.

"제발, 제발 그만들 두십시오."

이런 당부의 말이 오고가기가 적잖았다. 고인이 된 큰아들은 어느 편이냐 하면 모친의 불교 쪽이다.

한때는 절 청년회 간부직에 적을 둔 적이 있다. 주위 산 속에 좌선하러 가는 일도 모두 어머니의 힘이 작용하였다.

가정에서 불화가 계속되면 식구들은 마음의 안정을 잃기 마련이다. 생활의 질서가 제 궤도에서 벗어나게 된다. 음주도 이래서 따른다. 밖으로 나가고 싶은 충동이 조그만 자극에도 발동한다. 밤중에도 때 없이 나가서 음주를 하게 된다. 원인을 살펴보자면 큰 것, 작은 것 모두가 하나로 모아진다. 부모가 자녀의 의지처로서 역할을 다 못할 때 문제가 생긴다. 이게 중요하다. 자녀들은 대부분 부모 영향을 받고 자라서 무의식중에도 그 성향을 드러낸다는 사실이 조금도 의심스럽지 않다. 부모의 책임이 얼마나 큰가 하는 문제는 이런 데서 찾아야 한다.

얼마 전에는 부처님 오신 날을 기념해서 환갑을 맞이한 서대명화 보살이 책을 법공양한 일이 있었다. 평소에 수지독송해 온 불교입문서를 1천 부 찍어 L.A. 지역을 중심으로 보급하였다.

이 책이 마침 부친의 손에 가 닿았다. 내용이 좋아서 은근히 감탄을 하였다. 이웃에게도 더러 보여 주며 부처님 법문을 생각하게 되었다. 막 이러는 차에 그만 아들의 변을 맞이한 부친이,

"몸으로 말을 들려주었단 말입니다."

하는 뜻을 짐작할 만했다. 이래서 돈각頓覺 거사란 불명을 주지 스님으로부터 받았다. 곧바로 깨닫는다는 뜻인데 몸으로 아들이 한 말을 알아들었다는 뜻이 있는지도 모른다.

"이날, 이 나이 되도록 부모가 불화를 보이시니 안타깝습니다. 부디 부모님께서는 화목하소서."

이런 내용의 말이 아니었을까.

모든 사고의 원인을 살펴보면 직접원인보다 간접원인이 큰 작용을 하는 사실을 발견한다.

가령 돌부리에 발이 채여 넘어졌다고 하자. 땅에 넘어진 그는 아마 삐죽 나온 돌부리 탓으로 돌릴는지 모른다. 그러나 더 깊이 생각해 보면, 간밤에 늦게 잔 탓과 함께 집에서 나오기 전에 식구들과 다툼이 있었다는 일을 상기하고 원인을 간접

적으로 내세운다. 다시 더 깊이 생각해 보면, 매사에 덤벙거리기 잘하는 자신의 성격과 그 밖의 원인도 포함되게 된다. 이렇게 해서 결국 무명無明에 떨어진다.

　모든 허물은 무명으로 돌아와 진리의 세계를 외면하고 탐·진·치 삼독에 찌든 마음의 탓으로 돌리지 않을 수 없다. 근본은 무명에서 출발한 것이 습관에 젖어 업業으로 남는다. 이래서 생사가 끝없이 거듭한다. 이런 중에 변고가 일어나서 문득 근본문제에 관심을 두도록 주위를 환기시킨다. 혹자는 크게 뉘우치고 허물을 다시는 범하지 않겠다고 결심한다. 이래서 새로운 출발이 다가온다. 부처님 때문에,

　"누구나 참회하면 다 받아주도록 하라."
고 하셨으니 깊은 뜻이 있다. 사람은 누구나 허물이 있게 마련이다. 그 정도의 차이가 있을 뿐이다. 하다못해 잠꼬대나 코를 후벼파는 버릇이 명사들이나 수도인에게 있음을 보았다. 가까이 보면 미인이나 영웅이 없다는 말은 이를 두고 한 말 같다.

　허물을 뉘우친 이라야 어진 이라고 할 수 있다. 허물을 감추고 덮어두려고 하는 이는 진짜 허물을 짓는 어리석은 이라고 할 수 있다.

　참회하는 마음이 인간의 본래 성품이며 진실한 모습이다.

　이 글을 쓰는 동안 환한 햇살 속에 미끄러져 나가는, 장의사를 떠나는 그 영구차의 뒷모습이 자꾸 어른거린다.

　왕생극락하소서.

　나무아미타불.

신문 배달

서너 번 만난 적이 있는 비구니 스님이 있다. 처음은 연말 송년회 장소였고 두 번째는 L.A. 지역 사원연합회 모임 장소였다. 두 번 다 식당에서 저녁식사를 나누며 이야기하는 자리였다. 그 후는 직접 절을 방문하여 만났다.

모임에 동참한 사람 숫자는 많이 모이면 20여 명. 스님, 거사, 보살들이 자리를 같이한다. 한국 사찰은 9개이지만 신도들은 어느 절에나 두루 다니는 편이다. 대체로 그 얼굴이 그 얼굴이기 마련이다. 거사는 100명 내외이고 보살은 600명 정도로 추산한다. L.A. 지역 교회의 목사 숫자가 750명이라고 하니 신도 숫자와 맞먹는다고나 할까. 숫자에 밀리는 현상은 어쩔 수 없다. 교회 건물도 번화가 모퉁이에 요소요소마다 다 들어차 있다. 천주교 건물을 사들여서 하는 한인교회도 여럿 있다. 슬픈 이야기지만, 우리 불자들 중에 교인으로 흡수된 숫자가 적지 않다. 뻔히 눈뜨고 당하는 일 같다.

이야기를 처음에 이어서 다시 비구니 스님에게로 돌린다. 비구니 스님은 안경을 쓴, 혈색이 아주 좋은 30대로 의욕이 넘치는 여장부. 2년 동안 매일 새벽 두 시에 일어나서 신문을 배달해 왔다. 최근에는 오렌지 카운티에 조그만 절을 세워 '보문사'란 현판도 내걸었다. 신문배달 월 수입은 600불(한화 50여만 원). 요즘은 어떤가 싶어서 물었더니, "기도로 여념이 없어요." 하였다. 그야말로 맨손으로 시작한 입지전 인물 같다.

역시 오렌지 카운티의 선원禪院 하나도 외국 비구 스님들이 신문배달을 하며 지낸다. 신도가 적어서 운영이 어렵기 때문이다. 다른 절에서도 세탁소 일도 하고 혹은 저녁에 빌딩 청소일을 하는 축도 있다. 그러면서 토요법회에 나와 영어로 법회를 이끌어 간다. 교재를 준비해와 나눠주며 한 시간 동안 열띤 강의를 계속하는 데에 감동을 받았다. 청중은 외국인도 간혹 끼어 있지만 대부분이 한인 대학생들이다. 고된 직업을 가지면서 포교일선에 선 법사들은 큰 자극을 주었다.

들자니, 하와이 대원사는 초창기에 김치장수로 한몫해서 지금도 계속하고 있다고 한다. 어디나 사찰 운영이 어려운 실정이다. 1973년에 창건된 달마사는 L.A.에 처음 뿌리내린 한국 사찰인데 이제 '부처님 오신 날'을 기념하여 한국 전래양식의 대웅전 낙성식을 갖게 되었다. 비구니 스님은 신문배달을 얼마나 열심히 했는지 지금도 신용이 남아 있을 정도이다. 한집도 거르지 않고 오전 내내 하였다. 연말이 되면 보너스가 밀린다. 구독자들로부터 온 봉투 속에는 보너스와 함께 카드도 들어 있다. 비구니 스님은 지금은 신문배달을 안 하지만 그 카드를 대할 때마다 감회가 새롭다고 한다.

달마사 초창기에는 법회 장소가 없어서 공원, 식당, 신도집 뒷방 등을 전전하면서 열었다는데 그 기간이 무려 9개월간이나 되었다. 불상을 싸서 이고 공원에 나가 야단법석野壇法席을 마련한 적도 있다. 밥도 반찬도 공원에서 나눠 먹는다. 먹을 물이 적어서 애로가 컸다. 피난살이도 이런 피난살이가 없다. 이제는 달마사 부설 선원이 독립해서 세워져 정진 대중이 늘어난다.

우리 고려사도 지난 해 가을부터 빌딩 사무실 한 쪽을 세내어서 불교회관을 개관하기에 이르렀다. 이제까지 법회 때에는 아침 식사 후 사무실 정돈으로 바삐 서둘러야 했다. 마땅한 법회장소가 없어 떠돌이 신세를 면치 못하는 처지였다.

현 고려사 위치는 시 규칙, 조례에 따라 종교 활동이 제한된 구역. 주택 구역, 상가 구역, 종교활동 구역 등이 명확한 미국 사회에서는 한국식의 상식이 통하지 않는다. 순전히 어거지로 5년 가까이 버티다가 이제는 단념하고 새 법회 장소로 옮기게 되었다. 고려사 결산을 월말에 잡아보고 이러다가는 신문배달이나 빌딩청소를 나가야 할 판이라고 하고 함께 있는 식구들끼리 웃었다. 늘 마이너스에 가깝다.

그러나 이 신문배달이나 빌딩청소도 마음내키는 대로 되지 않는다. 영주권자가 아니면 자격 미달이다. 신문배달부도 미국은 자격을 갖춰야 한다. 또 운전을 할 줄도 알아야 한다. 운전하면서 집 앞에 신문을 던진다. 비 오는 날에는 비닐봉지 속에 신문을 넣은 다음 물에 젖지 않게 던져야 한다. 한 번 도는 길에 200부 가량 돌린다. 좀 더해서 400부까지도 한다. 새벽부터 돌다보면 벌써 오전이 거의 다 간다. 그래도 보람 같은 게 뿌듯이 남아 있다. 이 경험담 속에서 미국 사회의 근면성, 자립성 같은 것을 엿보았다.

사실 환갑이 넘은 이들도 대개는 일을 나가고 있음을 본다.

나이가 많든 적든 누구나 일을 한다. 노인 아파트에 가길 희망하는 숫자는 그리 많지 않다. 이 아파트에 들어가면 매월 700불(한화로 60만원) 이상 받으면서 안온한 생활을 한다. 그러나 중산층 이상은 직업을 가지고 자기 집에서 살기를 바라고 있다.

시장에서 만난 노인네들에게서 제 스스로 시장을 보면서 즐기는 모습을 볼 수 있다. 수많은 노인들이 허리가 꾸부정하고 손가락이 나무등걸 같이 바짝 마른 채 시장을 봐간다. 차림새가 중산층 이상 가는 이들이다. 자동차도 손수 운전하고 돌아간다. 우리가 다니는 시장은 꽤 고급 시장에 속한다. 여기 오는 이들도 대개가 중산층 이상 가는 이들이다.

바쁘기로 말하면 이런 곳이 없다. 누구나가 열심히 한 주일 동안 뛴다. 그런 다음 휴일에는 마음껏 즐긴다. 이게 생활 풍습인가 싶다. 토요일이나 일요일 아침에 거리에 나가보면 알 수 있다. 그 부산한 거리가 쥐 죽은 듯이 고요하다. 실컷 늦잠 자는 사람들이 많기 때문이다. 먹는 음식을 어찌나 많이 사 가는지 알 수 없다. 배가 부른 이들이 많다. 아이들도 배가 크게 불러있는 모습을 흔히 본다. 많이 먹는 증거라고 헤아려진다. 잘 먹고 잘 지내기 위해서 또 열심히 일하는 미국 사회라고 할까.

이 속에서 스님들도 뛰고 있다. 이 이야기가 먼 훗날 교포 사회에서 불교의 기틀이 잡힐 때쯤이면 전설로 들릴지 모르겠다. 아니, 한국에서 멋모르고 미국 나들이 하려는 이들에게 좋은 참고거리가 되는지도 모르겠다. 미국 사회는 누구나 놀고 먹도록 내버려두지 않는다는 사실 앞에 조금은 움찔할 것이다.

생일 잔치

　우리 고려사에 나오는 70 노보살님 한 분의 생일 잔치 날이다. 마침 일요법회를 낮에 마치고 그 이야기가 전달되었기 때문인지 저녁 무렵에 많은 보살님들이 모였다. 낮에 법회에 모인 숫자보다는 덜하나 대략 25명은 될까.
　절에서는 대중이 차를 타고 가서 그 잔칫집에 동참하였다. 주지 스님, 선원장 스님, 원주 보살님, 나 이렇게 네 명이 한차에 동승하여 고속도로로 동향해서 30여 분 달리니 보살님집이 나왔다. 문 앞에 식구들이 영접나와 서 있었다. 보살님과 두 아들, 며느리가 혼연히 맞아 주었다. 집은 뒤뜰에 풀이 갖춰진 일반 미국 가정집 구조. 원탁에는 스님들과 두 아들, 그리고 이 잔치에 흥을 돋구기 위한 악사 한 신사가 앉았고 응접실 바닥에 두 식탁에는 보살님들이 두 줄로 자리하였다.
　오붓한 분위기였다. 음식 솜씨가 퍽 좋다 싶었더니, 조금 후에 맏아들 되는 이가 자기소개를 하는 말에,
　"저는 이곳에 온지 30년이 넘습니다. 6·25 직후 유학생으로 왔었지요. 지금은 음식점을 경영하고 있습니다."
하여 짐작이 갔다. 가게는 양식집을 두 개 해오다가 요즘은 하나만 하고 있다.
　저녁식사를 마친 후에, 우리가 식혜를 마시면서 미국 국민,

한국 교민 등에 관해 한담하는 동안 보살님들이 식사를 끝내고 곁의 아래층 홀에서 악사의 피아노 반주와 함께 노래하며 노는 소리가 구성지게 들려왔다. 점잖으면서도 흥이 넘치는 생일 잔치였다. 80대 보살님들까지 옛 노래를 부르면서 즐거워하는 모습을 보니, 이날따라 유행가도 격조가 있게 들렸다. 염불도 잘하고 노래도 잘하는 노보살님들인 줄 이제 알았다.

 멀리 만리 고국을 생각하면서 향수를 달래는가 싶다. 나는 직접 노래 부르는 곳에 동참은 아니 하였으나 속으로 큰 박수를 보냈다. 신도들 간의 결속이랄까 유대관계가 이런 잔치를 통해서 더 굳어진다는 사실도 알았다.

 좋은 법문과 기도도 필요하다. 함께 용맹정진하는 성도절 법회도 값지다. 그 위에 놀이 잔치가 있으니 보살님들에게 얼마나 즐거운 노릇인가. 앞으로는 일요법회 외에 야외, 등산 등의 법회가 필요하다는 생각을 다시 갖게 되었다.

 이론으로 계산하거나 맑은 정신으로 헤아려 판단해서 하기보다는 정적情的이고 감흥에 따라 한 군데 마음이 쏠려서 행동을 결정짓는 일이 얼마나 많은가. 이 원리가 살아가는 한 힘이 된다는 사실을 새삼 느꼈다.

 노랫소리가 계속되는가 싶더니,

 "어, 여기 있네. 아범도 한 곡 하지?"

하면서, 노보살님이 올해 쉰이 넘은 맏아들을 우리들 자리에서 불러내어 갔다. 체격이 크고 노련한 인생담을 들려주던 이 아들은 빨간 셔츠를 입고 있다. 어느 때나 어머니 앞에서는 50 넘어도 아들임에 틀림없었다. 노래가 다시 이어졌다. 재청에 따라 아들은 또 불렀다. 호걸풍의 외모와 마찬가지로 노래도 그럴듯했다. 화목한 일가의 모습을 보여주는 것 같아 기분이 좋았다. 이런 가정에 복이 절로 돌아오지 싶은 생각이 들었다.

식당을 오래 운영해 온 맏아들 소감 가운데서 기억에 남은 말이 있다.

"사람이 돈을 따라서는 안 됩니다. 돈이 사람을 따르도록 되어야지요."

이 말은 상당히 의미가 깊어서 곰곰 되새겨보았다. 돈을 벌려고 발버둥쳐도 큰돈은 모이지 않는다. 매사가 그렇다 사리에 밝아 성공하려고 이리저리 노력해도 뜻대로 다 이루어질까. 흔히 말하기를, '뚜껑을 열어봐야 안다' 하는데, 투표함 뚜껑을 뜯어낸 다음에야 당락을 알 수 있듯이 장사도 마찬가지. 금고 뚜껑을 열기 전에는 아무도 예측하기 어렵다.

노력은 다하지만, 결과는 미지수이기 때문에 시절인연에 맡길 도리밖에 없다. 시절인연에는 단순히 운, 운명에 맡기는 태도와 다른 점이 있다. 창조적인 삶이 주어져 있다. 앉아서 운명을 기다리는 게 아니라 적극적으로 새로운 생명을 움틔우는 힘찬 의지의 표현이다. 자업자득自業自得. 제 스스로 시절인연을 만들고 제 스스로 시절인연을 받는데, 문제는 노력하는 마음자세가 어떠하느냐에 달려 있다.

매사에 덕을 쌓고 청정한 마음으로 임할 때 결과에는 관심을 두지 않아도 좋을 것이다.

"도道가 사람을 따라야 한다. 사람이 도를 따라다녀서는 평생 이룰 수 없다."

열 달 머문 L.A.

처음 L.A.에 도착했을 때가 생각난다.

서울을 떠나 13시간 반 만에 L.A.공항에 도착해 보니 '85년 12월 27일 낮이었다. 시차時差는 L.A.쪽이 17시간 늦다.

갑자기 낮과 밤이 바뀐 생활에 사나흘은 누구나 어리벙벙한 기분 속에서 보내게 된다. 아직 운전을 못한 때인 만큼 걸어서 시내를 돌아보러 나갔다. 혼자 고려사 주위를 한 바퀴 돌아보고, 겨울인데도 잔디가 봄 보리밭처럼 퍼렇고 꽃과 과일이 어느 정원에서고 눈에 띄어서,

"화엄세계, 극락세계구나!"

하고 감탄을 했다.

우리 절이 있는 동네는 윌톤 가로 헐리웃 동네와는 이웃간이다. 그림같이 멋진 집들이 듬성듬성 숲속에 자리잡고 있다.

주택가를 벗어나 웨스턴 거리에 들어섰을 때 한글 간판 하나하나에 눈길이 가 걸음속도가 더뎌졌다. 우리나라의 또 다른 'L.A. 도道'가 생겼구나 하는 생각이 들 정도로 한글 간판이 흔했다. 가구점이 제일 많고 그 다음이 한식점이다.

두어 시간 가까이 호기심에 찬 눈으로 돌아보다가 목이 말라서 대형 마켓 안에 들어가 콜라를 시켜 마실 때의 일이다.

"콜라 주시오."

차례를 기다려서 서툰 영어를 꺼냈다. 쿡이 흰 가운을 입은 청년이다. 그는 무어라고 다시 물었다. 말이 빠르고 굴리는 영어에는 손을 들 수밖에.

"콜라 달란 말이오."

나는 재삼 같은 말만 되풀이 하면서 10불을 꺼내 계산대 위에 올려놓았다.

"여기 돈 있소. 콜라!"

그는 눈을 동그랗게 뜨고 어처구니없는 표정을 지었다. 자꾸 무어라고 영어로 또 중얼거린다. 나는 참다못해 버럭 소리를 내며,

"말 말아요. 콜라만 주시오. 목이 말라 말할 기운도 없소." 하고 그를 쏘아보았다. 쿡은 웃으면서 멍하니 서 있다. 이때, 식탁에 앉자 이 희극을 지켜보던 관객 하나가 다가와서 나를 구해 주었다.

아마 그 노신사는 전후 사정을 미뤄보아,

'외국 여행자로 미국생활에 서툰 이로구나.'

하고 간파한 모양이다. 우리는 식탁에서 콜라를 마시면서 몇 마디 이야기를 나누다가 금방 친숙해졌다. 그는 콜라 사는 방법, 시내전화 거는 방법까지 자상하게 일러주면서 자리를 떴다.

콜라 종류가 넷이 있단다. 살 빼는 콜라, 보통 콜라, 생生콜라, 또 무슨 특별한 콜라까지 합쳐서 넷이란다. 게다가 콜라 양에도 셋이 있다. 큰 것, 중간 것, 작은 것. 콜라뿐만 아니라 아이스크림도 세분화되어 있기는 마찬가지. 무턱대고 구멍가게에서 콜라 한 병 마시는 식은 L.A.에서 안 통한다. '미국은

참 희한한 나라구나.' 하는 생각이 미쳤다.

　지금 열 달 머문 L.A.를 되돌아보며, 미국 문화를 이야기 하는 것은 내게 적지않은 편견이 있다는 느낌을 받았다.

　기껏해야 하위 문화 내지는 중위 문화밖에 접할 기회를 못 가진 이들이 상위 문화를 접해보고, '국민성이 어떻고, 도덕과 인습이 이러하더라.' 하는 식으로 단정 짓는 일은 성급하게 결론 내리는 일인 것 같다. 서울에서 만날 수 있는 미국인도 대개는 상위 문화를 풍길 인물이기는 힘들지 않을까 싶다.

　아이스크림이나 콜라처럼 다양한 문화를 일부 미국인을 통해서 내다본게 얼마나 좋은 시야인가.

　친지분의 경험담이 있다. 선인장 벌판인 사막을 쾌속으로 달리다가 속도위반을 하였다.

　아무도 본 사람도 없는 조용한 고속도로에서 55마일 제한 속도를 20마일 가량 넘겼다. 이때다. 곧 경찰차가 추격해 와 멈추게 했을 때,

　"나는 속도 위반을 안했소."
하고 버티었으나 별 수 없었다. 경찰이 벙긋이 웃으면서,

　"저어기, 하늘을 보시오.
했다. 공중에서 비행기 감시반이 컴퓨터로 조사해 보낸단다. 정직하지 않고는 못 배겨나게 하는 사회인 것 같다.

　미국은 어린이를 한 인간으로 충분히 대우해 주고 있는 나라이다. 우리네 어린이 헌장을 그대로 실천하는 인상을 받았다.

　우리 절에 나오는 노보살님 손자 손녀간의 일화가 재미있다. 아직 유치원생인 손자 아이가 절에서 본 뒷집 손녀를 두고서,

"아무개는 내 와이프 삼을 거야."
해서 크게 웃었단다.

다른 절에서 있는 이야기를 하나 추가해 본다.

이웃에 살다가 다른 주州로 이사를 가게 되어 소년, 소녀가 서로 헤어지게 되었다. 그들은 전화로 간혹 이야기하는 것에 만족치 않고 부모님들에게 비행기를 타고 가서 만나게 해달라고 요청하기에 이르렀다.

"엄마, 걔는 내 와이프 될 애야. 만나보고 싶어요."

이래서 왕복 비행기표를 끊어서 부모가 데려다 주고 만남의 기쁨을 소년, 소녀에게 안겨 주었다고 한다.

라스베가스 관음사에 들렀을 때의 일이다.

새벽녘에 공원에 산보를 나갔다가 탄성고무 바닥이 깔린 조깅 코스를 보고 유심히 살펴본 적이 있다. 농구화 바닥 같은 길이니 엄청난 생고무의 양이 깔린 것이다. 감촉이 부드러워 조깅하는 데에 그 이상 바랄 나위 없는 시설이었다. 길 부근은 난초 같은 무성한 풀과 화초가 나 있었다. 나는 풀 더미 속에서 뜻밖에 서너 권의 책과 공책이 놓여 있는 것을 주워 보다가 다시 제자리에 놓았다.

초등학교 4학년쯤 되는 아이의 것 같았다.

낙서를 보니,

"우리 반 여학생, 예쁜이 누구는 내 와이프."

하는 설명과 함께 여학생 프로필이 점잖게 그려져 있다. 자기가 마음먹은 걸 그대로 표현하는 애들이다.

공원에서 나와 지나가는 스쿨버스 창 밖으로 얼굴을 내민

초등학생들 중에서 이 낙서의 주인공은 누굴까 하고 잠시 생각해 보았다. 하나같이 인형과 같은 생김새이다. 총기가 넘친 눈, 맑고 깨끗한 피부 탓인지 천진 동자·동녀로 비춰 보인다.

역시 한인 2세 소년의 이야기다. 앞서 공원에서 주워본 책 뒷면에, '위급할 때 거는 전화번호' 하고 경찰과 병원, 소방서 부르는 전화번호가 적혀 있다. 아마 선생님이 받아쓰라고 해서 썼는지 그렇지 않으면 으레 누구나 위급할 때를 대비해서 써두는 건지 알 수가 없다. 이 8세 먹은 소년은 경찰을 부르는 일에 익숙하다.

한국에서는 부모가, '네가, 그래가지고 학교 다니나 봐라. 학비도 안 줄란다. 책 값도 없다.' 하는 식으로 말 안 듣는 애들에게 엄포 놓기를 잘한다. 아침에 울면서 학교 가는 아이들이 많은 이유도 거의가 돈 탓이 아닌가.

미국은 교과서와 점심이 무료이며, 학용품도 대개는 그냥 내준다. 이런 이유로 '개인주의'가 잘 자랄 수 있는가 보다. 부모와 자식간에 개별인격이 철저하게 보장될 수 있기 때문이다.

부모가 아이를 때릴 경우 아이가 의무 경찰에 위급을 호소하면 부모는 양육의 의무와 권리를 빼앗기게 된다. 물론 몇 차례 심한 경우의 이야기다. 부모는 양육비를 지불해야 할 뿐 부모로서의 자격을 잃어서 아이 곁을 가까이 가지도 못하게 한다. 우리네와는 천지차이이다.

어떤 부모가 자기 아이를 때려놓고는 겁이 나서,
"어디, 경찰 불러보렴!"
하고 수화기를 건네주었다.

"아니, 그럴 생각 아직 없어요."

이 말을 듣고서야 안심이 되어 일이 손에 겨우 잡힐 정도였다. 언제 신고할지 모르니까 확인해야 마음이 풀린다.

약자를 보호하는 법률로, 이혼법에서는 여자에게 유리하게 되어 있다. 이혼녀가 생활할 수 있도록 매월 생계비를 지불해야 할 의무를 전 남편이 지기 때문에 부담이 적지 않다.

아파트 방문을 잠그고 애를 방 안에 둔 채 외출을 나가도 곤란하다. 외부에 전화할 때,

"전 지금 갇혀 있어요. 답답해서 숨 막혀 죽겠어요."

한단다. 이것도 경찰이 알면 부모가 곤욕을 치르기 마련이다. 이런 아이들이 자라서 식당에서 음식 값을 제각기 내고, 차비도 따로 내는 일은 아주 당연한 일로 여겨진다.

방문하기 전에 반드시 전화를 걸어서 승낙을 얻고 약속시간 잘 지키는 신사도는 우리가 배울 만하다. 불쑥 찾아들어 몇 시간이고 잡고 늘어지는 무례한 방문객이 있을 턱이 없다. 사생활이 철저히 보장되는 사회라는 데에 이의가 없다.

끝으로, 외국 나갔다 돌아온 이치고 애국자 안 된 사람 없다는 말을 실감한다. 못나도 모국이고 싸워도 내 부모형제 나라임에는 변함이 없다.

밤낮으로 남북의 으르렁거리는 비극을 어떻게 말로써 표현해야 좋을까. 형제가 옆집에 붙어 살면서 싸우는 꼴을 두고,

'그 집안 알아볼 쪼다.' 하고 이웃이 손가락질해도 하는 수 없다. 밖에서 보는 미국의 현상이다. 게다가 아군끼리 불화, 반목, 질시가 끊임없는가 하면, 해외동포가 모여서 모국에서

하던 버릇을 정착한 다른 나라에서 재현시키고 있다.

'공은 남에게 돌리고 허물은 내가 받겠다.'는 대각오가 없이는 이 난국을 타개해 나가기 어렵다고 본다. L.A.에서 그동안 일요법회 때마다 내가 들먹여 온 이야기 내용의 일부도 이와 같다. 시시비비가 끊어질 날은 언제인가. 바람소리와 부처님 법문 밖에는 귀 기울일 것 없는 줄 알면서도 자고 깨면 남의 말 듣기 좋아하는 중생 근성은 언제 고쳐질까.

송광사로 가는 길에 가을 추수가 한 참인 벌판을 열 달 만에 차창 밖으로 내다보고 감흥과 기쁨의 물결이 일렁거려옴을 느꼈다. 송광사는 햇빛도 다르다. 서늘한 산바람도 다르다. 인분냄새와 건초냄새, 연기냄새에서 진한 향수가 실려 온다. 산야도 단풍으로 치장한 빛깔을 띤 것이 오히려 정겹다. 이제 잘 왔다는 생각이 든다. 누가 묻기를 "그 좋은 미국 땅에서 왜 빨리 왔어요?" 해도 나는 곧바로 대답한다.

"극락세계는 공부할 곳이 못됩니다."

딴은 이번 기회에 부족함이 있어야 공부할 의욕이 나는 법임을 재확인한 셈이다.

태 안에서 열 달 있다가 갓난아이로 태어난다지. 이제는 L.A. 화엄사계, 극락세계를 사양하고 떠나왔으니 인욕 정진할 기회가 내게 더 많이 주어질 줄 안다.

맛 좋은 찻집에서

　맛 좋은 찻집이라고 하니 얼른 생각하기에 그럴듯한 분위기를 갖춘 멋진 다방을 연상할는지 모른다. 알맞게 밝은 간접 조명등 아래 놓인 쿠션 좋은 소파가 우리나라 다방거리에 흔히 눈에 띄기 때문이다. 여기 인도 뉴델리 역 부근 노상 찻집 분위기는 우리와는 하늘과 땅 사이로 차이가 난다.
　내가 머물고 있는 숙소 주위에 아침 산보길을 나섰다가 뉴델리 역 부근 노상 찻집 앞에서 잠시 발길을 멈추고 서서 차한 잔을 시켜 마신 적이 있다. 보기보다 훨씬 차맛이 좋다. 우유를 듬뿍 넣어서 재료를 아끼지 않는 주인 인심이 아주 그만이다. 손님이 끊이질 않고 있는 이유도 알 만하다. 스쿠터(세발 오토바이 소형 승용차) 운전수가 단골손님으로 많다.
　주인은 머리가 하얗게 센 중늙은이로 그의 아들인 듯한 꼬마 아이와 부인인 듯한 여자 한 사람과 바쁘게 차 시중을 든다. 아들은 잔을 씻어서 아버지에게 올리고 아버지는 화력 좋은 곤로 위에 냄비를 올려놓고 차를 한 잔씩 끓인다. 두잔 세잔 거푸 시켜도 꼭 한 잔씩 끓이는데 차맛이 그래서 좋은지 모르겠다. 아내는 갓 짜낸 우유를 사오고 물을 길어 나르는 일들을 하고 있다. 가난해도 구차스런 기색이 보이지 않는다. 내가 만나본 이들 가운데 거리에서 장사하는 서민층의 인도사람들은 불필요한 말이 많아 수다스러운 편인데 이들은 거의 말을 주고받는 일도 없어 보인다. 과묵한 게 오히려 마음에 든다.

　찻집 살림살이도 단출하기 이를 데가 없다. 석유곤로와 차 끓이는 냄비와 유리잔 여남은 개가 있고 그밖에 몇 가지 그릇과 살림도구가 찌그러진 사과상자 안에 놓여 있을 뿐이다. 노상이기 때문에 집이랄 게 없고 아직 이른 아침이라 차일도 치지 않은 상태이다.

　찻값은 한잔에 1루피이니 우리나라 돈으로 치면 40~50원가량 된다. 인도 차는 홍차 가루 재료에 설탕을 넣어서 부글부글 끓인 다음 생우유를 넣어서 다시 1분쯤 끓여서 커피와 달리 두세 잔 마셔도 부담이 안간다. 차맛은 찻집마다 다르고 상류인사로부터 하류 서민층에 이르기까지 두루 즐겨 마시는 차이기 때문에 이 인도차는 퍽 대중적이다.

　여기 찻집에서 스쿠터 운전기사와 인사를 나누며 차를 마시게 되었다. 그는 텁석부리 수염이 멋있는 중년 사내이다.

　인도에서 스쿠터 운전기사는 평판이 나쁘다. 인도에서 거짓말을 제일 잘하는 이가 스쿠터 운전기사라고 할 정도이다. 특히 여행객 외국인에게 바가지요금으로 터무니없이 요구해 온다. 그들은 승차 요금을 두곱 세곱씩 매겨서 끈질기게 에누리 하게 한다.

　그런데 이 스쿠터 운전기사는 아주 착한 이로 보인다. 내게 힌두어를 친절하게 가르쳐 주며, 자기 차 뒷좌석에 앉아서 쉬도록 배려한다. 장삿속으로 친절을 베푸는 그런 류가 아니다. 내가 메모해서 가지고 다니는 힌두어를 더듬거리며 읽어 내려가자 그는 몹시 기뻐한다. 서로 마음이 통한 듯하여 어디 가까운 데에 아침식사 하는 곳이 있으면 함께 가고 싶을 정도이다.

나는 요 며칠 동안 깨끗하고 값싼 방을 구하러 다니느라고 뉴델리에 잠시 들르는 나그네로서 꽤 지리에 밝은 편이 되었다. 어디 가면 나그네가 편히 쉬는 숙소가 있고 어디 가면 값싸고 깨끗한 음식점이 있는지도 더러 알게 되었다. 전문 피자 Pizza 집도 알고 포대화상을 홀 중앙벽에 모신 좋은 중국요리집도 찾아냈다.

아침에는 도서관 가는 길목에 있는 간디거리란 이름이 붙어 있는 보리수 가로수 거리에도 산보간다.

요사이 비자 연기 신청관계로 델리에 머무는 동안 델리 중심가도 나들이 한다. 찻집 식구들은 집이 따로 있질 않고 그냥 주위 다른 사람들처럼 길바닥에서 쓰러져서 잠을 잔 듯하다. 여기 뉴델리 역 부근은 밤에 소가 거리거리에 어떻게 많이 자는지 사람이 곧바로 길을 가기가 힘들다. 이렇듯 사람들도 거리에 그냥 맨 땅 위에 보자기 하나를 깔고 누워서 잔다.

사람과 소가 함께 지내는 모습으로 퍽 이색적이다.

소가 우공牛公 대접을 받는 곳이 인도인가 싶다. 코뚜레도 끼지 않고 시장거리를 어슬렁거리며 다니면서 바나나 껍질이나 야채 전잎을 찾아내서 먹으며 지낸다. 사람이나 자동차는 우공牛公을 피하며 다녀야 할 입장이다. 마치 우공牛公 거리에 사람과 자동차가 침입해 들어온 느낌이 든다.

나는 한 방안에 8명이 지내는 합숙소 나그네로, 늙은이와 환자, 피부가 각각 다른 나그네들 틈새에 끼어 잔다. 더운 지방이라고는 하나 길바닥에 밤을 꼬박 새우는 이 찻집 식구들보다 훨씬 고급스런 데서 자는 편이다.

오늘은 추석이 며칠 남지 않은 일요일 아침이다.

내가 다니는 도서관은 일요일에 문을 열지 않아서 일찍부터 어느 공원 한쪽 나무 그늘 아래를 찾아 나서야겠다.

숙소의 무더운 방 안에서 선풍기 바람을 쏘이고 앉아있는 편보다 더 나을 성싶다. 델리의 나그네가 된 나는 우공牛公들 사이를 헤매며 한 잔의 차에 목을 축이곤 한다.

이 집은 차맛이 좋아 한잔을 따끈하게 더 마신다.

"단냐와드(감사합니다.)!"

몇마디 배운 힌두어로 스쿠터 운전기사에게 인사를 한다.

"짜에 아촤 해(차맛이 좋소)"

내가 이 말을 건네도 과묵한 찻집 주인은 그냥 고개만 갸웃좌우로 젖힐 뿐이다.

"기드네 파이사(얼마입니까)?"

이윽고 주인이 입을 연다.

"도루피(2루피)."

나는 1루피 코인 두개를 건네 주고,

"나마스테(굿바이)!"

하고 떠난다. 귀의歸依한다는 뜻을 가진 이 나마스테라는 말은 만날 때와 헤어질 때에 두루 쓰이는 힌두어 인사말이다.

나마스테!

무소의 뿔처럼 홀로 가라

　여행은 혼자서 떠날 일이다. 더구나 몇 개월씩 걸리는 해외 여행에서는 홀가분하게 혼자서 다니는 편이 즐겁다. 나는 이번 인도 성지순례길에서 좋은 경험을 하였다.
　어쩌다가 동반자가 도중에 끼어들어서 의외로 도움이 되기도 한다. 견문이 넓지 못한 나로서는 좋은 벗을 만나 이런저런 경험담에 귀가 솔깃해진다. 뿐만 아니라 오랜만에 길동무와 어울리는 오붓함도 있다.
　사람은 역시 이웃이 필요하고 여행에서도 썩 좋은 동반자를 만나야 하는구나, 느껴질 때가 있다. 외로움이 일시에 풀리고 다소 기쁨을 만끽한다.
　그러나 나는 혼자하는 여행을 좋아한다. 몇 차례 동반자가 되기를 바라는 여행객이 있었으나 사양해왔다. 취미와 여행 목적이 다른 까닭도 있으나 그보다 헤어질 때의 일을 생각한 까닭이다.
　한 번은 우연한 기회에 며칠간 동반자를 만나 여행한 일이 있다. 이건 아주 예외의 일이다. 나는 인내력을 시험하는 기회로 여기고 시간을 보냈다. 그러나 끝내는 헤어지는 시간이 처음 예상한 대로 홀가분한 기분이 아니었다.
　어려움 가운데서 사람과 만났다가 헤어지는 어려움이 가장 큰 어려움의 하나가 아닐까. 물건은 샀다가 마음에 안 들면 되바꾸기도 하지만 사람과 만남은 이 경우와 다르다.

우리는 버스와 기차를 놔두고 어느 편을 이용할 것인가 하다가 결국 각자 뜻에 따르기로 하고 헤어졌다. 나의 부덕不德의 탓이랄까, 인내력이 미치지 못한 탓이랄까 하는 자책감이 오래 마음에 머문다.

무소의 외뿔처럼 홀로 가라는 법문이 있다. 수행하는 길에서는 번다함을 피해야 하기 때문이다. 꿋꿋하게 지조를 지켜 나가기 위한 방편이다.

차라리 대중과 어울려 지낸다면 모르거니와 몇몇 사람과는 지내기가 참으로 어려운 일이다. 더구나 신경을 날카롭게 곤두세운 동반자라면 더욱 부담스러운 노릇이다.

여행은 혼자서 떠날 일이다. 나름대로 불편함이 있을지라도 나는 혼자 하는 여행이라야 자유롭다. 아무데서나 뒹굴어도 좋다. 어느 때나 마음에 내키는 대로 떠나다가 쉬어도 좋다.

나는 한두 차례 무전여행에 가까운 지독한 여행도 한 적이 있다. 편히 하는 여행은 추억도 그에 반비례하여 적다. 어렵고 고생스러운 여행에서 좋은 경험도 는다. 본디 혼자 지내기를 즐기는 나는 조용히 생각하는 여유와 아늑함을 누리기 위해서는 혼자 여행해야 안성맞춤이다.

사람이 일생 동안 이웃의 도움으로 살아간다고 해도 과언이 아니지만 그렇다고 언제나 이웃과 시간을 같이할 수만은 없다. 혼자 조용히 생각할 수 있는 여유가 필요하다.

사람의 마음은 조석으로 변화하는 까닭에 스스로도 짜증스러울 때가 있다. 하물며 나 이외 남의 마음에 있어서는 말할 나위가 없다. 참는 힘이 없다면 하루 한 시간도 편하기 어려운 까닭이 여기에 있다.

나는 요즘 인도 사람의 느긋함, 기다리는 여유를 배우고 있다. 오래 견디는 습관을 몸에 익히는 중이다. 바쁘게 서두르지 않고 황소 걸음처럼 쉬엄쉬엄 나아가는 걸음걸이를 따르려고 노력한다. 천하태평天下太平으로 길거리에 뒹구는 인도 사람을 따라가기에는 아직 멀었으나, 있을 때 없을 때 굶는 일은 그런대로 해낸다. 이것도 다 혼자 여행하는 까닭에 먹고 굶고 하는 것이지 동반자가 끼어 있다면 어려운 일이다.

여행은 혼자 가야 즐겁다. 혼자 하는 여행이야말로 여행다운 여행이다.

바이즈나스로 떠나면서

오늘은 다람살라Dharamsala에서 버스로 열두 시간 걸리는 바이즈나스Baijnath로 떠나는 날이다. 다람살라와 바이즈나스는 모두 북인도에 속한다. 내가 있던 다람살라는 티벳 임시정부가 있는 곳으로서 산악지대의 조그마한 마을이다.

새벽 세시 반부터 일어나 떠날 준비를 하였다. 괜히 설렌다. 떠나고 떠나는 일이 늘 즐겁고 흔쾌하다. 생각해 보니 인도에 온 지도 두 달이 다 되었다. 서울에서 '간디' 영화로 본 인도이다. 아직 낯선 이국땅의 풍물들. 제대로 익혀 보지 못해 무어라고 말할 수가 없다. 모두가 주마간산走馬看山 격으로 스쳐 지나갈 뿐이다.

'부처님의 나라' 라는 생각 하나만으로 인도에 왔다.
부처님이 태어나서 활동하다가 입적하신 곳을 내 눈으로 직접 확인해 보기 위해서 왔다. 인간 석가의 모습을 보기 위함이다.

그럼에도 불구하고 맨 처음 접한 티벳 불교에서 나는 절대 신이 이렇게 완고한 모습으로 보여지는 데에 아연해질 수밖에 없었다. 특히 티벳 불교 종정宗正인 달라이 라마가 정치인으로 부각되는 현실이 놀랍기만 했다. 그는 석가가 버린 왕위를 차지하고 있다.

　승왕僧王 달라이 라마는 절대신이며 관세음보살이며 또한 부처님이라는 데에 티벳인은 기뻐해 마지않는다. 그런 일은 스승을 존귀하게 대접하는 법이 살아있다고 여겨지므로 가치가 크다고 본다.

　스승은 사바생불娑婆生佛 그대로이다. 여불如佛 대접이라는 말에 꼭 들어맞는다는 생각이 든다. 또 한편으로 생각해 보면 이해하기 곤란한 부분도 많다. 여태껏 몸담아 온 '한국 불교'라는 테두리가 나를 그렇게 만드는 것일까. 아마 이쪽의 티벳인, 네팔인, 인도인, 스리랑카인들이 한국에 와 본다면 또한 놀랄 일이 많은 것이다. 내가 이곳에서 당혹스러움을 감추기 어려워하듯이 말이다.

　이곳 인도를 중심으로 하여 티벳으로 전파된 불교는 힌두이즘과 불교가 뒤섞인 탓으로 어느 쪽이 힌두이즘이고 어느 쪽이 불교인지 가려내기가 힘들다.

　티벳의 달라이 라마 절에서는 조석 예불은 물론 사시마지를 올리는 일도 없다. 티벳의 절이 다 그렇다고 한다. 그래서인지 일어나고 자는 것이 우리네처럼 일사불란하게 이루어지는 법이 없다.

　물론, 조석 범종소리 대신에 수많은 나팔소리가 '부우--우' 하는 저음을 내며 이른 새벽에 산기슭에 울려퍼진다.

　아무리 깊은 잠에 떨어진 이라도 이 나팔소리에 모두 잠에서 깨어나기 마련이다. 이 아침 나팔소리는 대개 새벽 여섯시 반 무렵부터 한 시간 가량 울린다.

한편 기상을 알리는 종이 네시 반에 울리기는 하지만, 아직 깊은 정적 속에서 거의가 제 방에서 나오지 않는다. 이곳의 승려들은 대중방에서 자는 법이 없다. 한 사람이나 또는 두세 사람씩 한 방에서 생활한다. 아침식사는 식당에서 빵과 차로 때우고 만다.

조석 예불 없이 어떻게 지낼 수 있는가. 처음의 이 의문은 얼마 후에 쉽게 풀리고 말았다. 이곳에는 '푸자'가 있다.

아침부터 저녁까지 계속해서 독경과 염불을 한다. 긴 푸자는 열흘 이상까지도 간다. 푸자를 하는 중에는 아침 식사도 법당에서의 의례 중간에 잠시 쉬는 틈을 타서 때운다. 사부대중이 천여 명 동참하여 푸자를 진행하는 과정을 지켜보노라니 따로 조석 예불을 하지 않는 것에 수긍이 갔다.

푸자는 우리가 연례행사처럼 베푸는 보살계 법회처럼이나 성황을 이룬다. 닷새장 장날마냥 쉴 사이가 없다.

그러면 푸자는 어떤 내용일까. 푸자 의식이 이곳 인도 전역의 사찰에 널리 퍼져서 행하여진 시기는 기원전 3세기에서 기원전 2세기 사이인 것으로 알려져 있다. 푸자 의식은 나를 비우고 힌두 제신들에게 나를 송두리째 바치는 신애信愛가 주종을 이룬다. 힌두의 많은 신들에게 올리는 제祭이다. 힌두의 신들이 불교에 귀의하는 형태는 불교의 세계관·우주관에 나타나는데 사천왕 등 여러 천天으로 대단히 많다.

힌두 3대 신을 우선 설명한다면, 브라흐마, 비쉬누, 시바가 주신이다.

이 신들은 삼위일체를 이룬다. 인도 신화의 기본 골격은 브

라흐마가 만들어 내는데, 이것을 유지시키는 것은 비쉬누이고, 파괴시키는 것은 시바이다. 이 시바는 재창조를 위한 파괴를 일삼는다. 그러나 파괴 보다는 창조를 좋아해서 그런지 시바보다는 비쉬누가 더 인기가 있다.

힌두교에서는 부처님도 비쉬누의 화신으로서 아홉 번째로 모셔진다. 티벳 절에서 올리는 푸자 의식은 독경과 염불이다. 법주法主의 범성은 마이크를 통해 잔잔히 울려 퍼진다.

독경과 염불의 주된 내용도 불보사님을 찬탄하고 귀의한다는 쪽에 있다기보다는 헤아릴 수 없이 많은 제신들을 신애한다는 쪽에 기울어 있다. 힌두이즘에서 보면 같은 테두리 안에 있는 것이다.

달라이 라마가 주관한 푸자 의식을 마쳤을 때, 비닐봉지에 든 녹두알만 한 알약을 한 봉지씩 전 대중에게 나누어 주었다. 한 봉지를 받아 가져와 헤아리니 약 1천 알쯤 되었다. 기도 전에 세 알씩 먹고 하면 효과가 크다는 설명이 있다. 그 설명에 따라 나도 한두 차례 먹어 보았으나 도대체 무엇이 무엇인지 가닥이 잡히지 않아 알약 먹기를 그만두고 있다.

"알약을 받고는 감격해서 우는 이가 있어요."

그런 말을 들어도 쉽사리 약을 먹게 되지는 않는다. 나처럼 좀체 고집이 꺾이지 않는 완고한 이는 쉽게 믿지 못하는 것을 보니 알약의 효과도 알 만하다. 지금도 알약은 내 짐 속에 챙겨 넣어져 있다.

언제 심기일전하여 목욕재계하고 알약을 착실히 먹으면서 기도할 날이 올는지 알 수 없다.

까마귀 울음소리가 창밖에서 요란하다.

"까악, 까악, 까악, 까악."

까마귀 울음소리를 우리나라에서는 흉조라고 하여 싫어하지만 인도에서는 그렇지 않다. 길조로 애호하는 새인 것이다.

가만히 살펴보니 까마귀 내외의 금실이 원앙새에 못지않다. 서로 부리를 비벼대며 희롱하는 모습도 인도에서 처음 본다. 이 곳에서 들은 말이지만, 까마귀는 효조孝鳥라는 것이다. 새끼가 어미를 봉양하는 데 지극정성이라니 재미있는 일이다.

여기는 인도다.

인도를 인도인의 사고 속에 들어가서 보려고 하지만 잘 안 된다. 모두가 선입견과 아집에 묶인 탓이다. 까마귀는 사람들이 저를 길조라 하든 흉조라 하든 알 바 아니라는 듯이 노래하고 논다.

"까악, 까악, 까악, 까악."

윤기가 온몸에 흐르는 검은 까마귀가 아침인사라도 하러 온 것인지 창 앞을 오가면서 울고 있다. 딴은 나의 바이즈나스 행行 출발을 인사해 주는 것은 오직 이 까마귀밖에 없다.

히말라야의 아침

나무불 화덕에서 갓 구워낸 보리빵 두 개로 아침 식사를 때우고, 이 집에서 짜낸 우유 한 잔을 마셨다. 따끈한 빵이 입맛을 돋우어서 좋다. 오늘은 8월 8일, 음력으로는 칠석날 아침이다.

내가 머물고 있는 티벳인 농가의 이 집은 흙벽돌 이층집이다. 주위 너른 채전에는 감자꽃이 어우러져 피어 있다. 감자밭이 끝나는 흙돌담 너머에는, 히말라야 계곡에서 흐르는 눈 녹은 맑은 물이 익어가는 밀밭, 보리밭 사이로 넘쳐 흐르고 있다. 손을 담그면 손가락 마디마디가 시릴 정도로 차갑다.

아침에 냉수욕을 한 차례 하고 라닥Ladakh 거리를 돌며 산보 나갔다가 나는 큰 봉변을 당할 뻔하였다.

나와 한 집에 머물고 있는 외국인 관광객 내외가 오늘 아침 일찍 가까운 산으로 트레킹Treaking을 떠나서 짐을 하나 들어다 주고 막 시내를 도는 참인데 경찰 버스 한 대가 내 앞을 지나다가 문득 섰다. 그리고는 앞뒤 문이 열리자 긴 경찰봉을 움켜쥔 경찰 대여섯 명이 나를 에워싸고 다짜고짜 덤벼든다.

"나는 한국사람이오. 나는 한국에서 왔소."

내가 해명을 하는 순간 경찰들은 행동을 멈추고 잠시 나를 살펴보다가 곧 떠났다.

"어서 돌아가요. 돌아다니지 말아요!"

그들은 버스 창 밖으로 얼굴을 내밀며 외쳤다.

내 얼굴과 승복 회색 빛깔이 그들을 자극시킨 모양이다. 라닥 토박이로 사는 티벳인과 네팔인들이 한국과 같은 몽골리안이며 옷 색깔마저 비슷하기 때문이다.

어제부터 라닥은 주민 소요를 진압하기 위하여 비상경계에 들어가서 사뭇 전시戰時를 방불케 한다. 어제 저녁 전기도 정전이었다. 밤낮없이 거리는 쥐죽은 듯이 조용하다. 모든 교통은 끊어지고 거리는 무장한 경찰과 군인들로 철저하게 통제되어 있다.

동산 궁전 너머에서는 이따금씩 총소리가 난다. 이때마다 무슨 구호를 외치는 소리가 라닥 궁전 산등성이에서 들려오다가 멈춘다.

그런데 거리의 벽보는 어지럽다. 붉은 글씨가 퍽 자극적이다.

"라닥은 캐시미르로부터 자유를!"

"라닥은 자치 통치, 오직 이 길뿐!"

"파키스탄 앞잡이는 라닥을 조용하게 하라!"

"우리의 목적, 우리의 요구, 문제의 해결은 오직 라닥의 자치 통치뿐이다!"

절 앞에서는 다음과 같은 플래카드가 걸려 있다.

"대다수 불교도들은 소수의 무슬림에 의해 비인도적인 억압으로 희생!"

"주州 정부는 소수의 편에 서지 말고 대다수를 위해 용기를 주어라!"

"인도 행정부는 바로 침묵하는 방관자!"

문제는 통치권에 앞서 종교간의 분쟁과 압력이 깊이 도사리고 있다. 파키스탄과 캐시미르 지역은 무슬림(Muslim, 회교)이 중심이고 라닥은 몇몇 안되는 인도 사람의 힌두교와 무슬림을 젖히고 대다수 티벳 사람과 네팔 사람의 불교가 중심이기 때문이다.

인도 어느 마을에서나 흔히 볼 수 있는 힌두사원과 사당이 좀체 눈에 띄지 않는 대신, 라닥 네거리에는 높은 종가 같은 집안에 대형 '옴마니반메훔' 기도통이 화려한 채색을 띠고 있어 이곳 티벳 불교의 분포도를 가히 짐작케 한다. 큰 호텔도 절에서 운영하고 있는데 한국 절에서는 기껏해야 절 안에서 포교용품을 비상업성으로 운영하는 게 고작인데 이곳 라닥의 티벳절들은 당당하게 상권商圈에 뛰어들어서 영리 목적을 추구하고 있기 때문이다.

나는 인도 특히 라닥에 와서 타임머신을 타고 삼세(三世, 과거·현재·미래)를 드나드는 느낌을 자주 받곤 한다.

라닥 주민의 생활 모습은 선대 우리 조상의 원시생활 그것이고 티벳 절의 상업 투기성 모습은 미래 타락한 불교의 한 모습으로 비춰 보이기도 한다.

뿐만 아니라 종교분쟁은 미래 세계대전쟁의 불씨로 여겨진다. 지금 인도, 그리고 라닥은 삼세의 온갖 모습을 갖추고 있다. 지옥과 천상 등 육도의 풍속도가 한눈에 들어온다.

칠석날 아침, 청량한 바람과 맑은 햇살이 넘쳐나는 라닥거리에 불안과 공포의 분위기가 도사리고 있어 짙은 우울이 깔린다. 이렇듯 어리석은 우리 인간은 끝없는 오욕汚欲에 사로잡혀 자연과 등지는 일을 언제 멈출 것인지 모른다.

천수 기도

빠리 길상사에서 지낼 때의 일이다. 밤 9시 무렵에 문득 전화 한 통이 걸려왔다. 나는 이부자리를 깔던 손길을 멈추고 전화기를 집어들었다.

한 보살님이 다급한 목소리로, 딸아이의 문제인데 곧 절에 참배를 오겠다는 것이었다.

"우선 내용이나 알고, 오든지 가든지 해야지요."

전화기 앞에 바로 앉은 나는 천천히 이야기를 꺼내도록 권하였다.

"아휴, 글쎄 말이지요."

보살님은 긴 한숨을 내쉬고 나서 띄엄띄엄 이야기를 들려주었다. 아이는 외동딸로 16세 기술고등학교 1학년생이다. 그날도 공부 시간에 교실 밖으로 느닷없이 뛰쳐나가 한차례 소동을 피웠다. 선생님은 제발 좀 학교에 보내지 말아달라고 부탁하였다. 공부는 맨 밑바닥에 떨어져서 이대로라면 영락없이 낙제였다.

가정생활 정도는 보통 수준은 되는 셈이었다. 프랑스 사람인 아버지는 회사에 나가고 한국 사람인 어머니는 가사 여가에 그림 공부를 한다고 가정교육에 무관심해서 한국 아이도 아니고 프랑스 아이도 아닌 딸아이가 이 지경이 되도록 모르

고 지냈다는 자책감에 딸아이 어머니는,

"정말이지 내가 죽을 죄인이오." 하고 탄식하였다. 딸아이는 어려서 서울 친정어머니 댁에서 자랐다. 직장 관계로 이 나라, 저 나라 이사를 다니는 통에 딸아이가 그만 '국제 미아'가 되도록 모르고 지낸 것이다. 간혹 딸아이를 만나보고 좀 멍해 있는 게 이상스럽기도 하였지만 그게 별 문제가 되지 않아 그냥 내버려두고 지냈다.

요즘 들어 한 가지 일이 생겨서 충격이 더 큰 모양이었다. 딸아이는 중학교 입학 무렵부터 프랑스에 와서 지내다가 남자친구가 생겼는데 그만 교통사고로 죽었다고 하였다.

면담을 내일로 미루고 나는 곧바로 잠자리에 들었다. 급히 서둘러서 해결될 일이 아니라는 생각 때문이었다.

이튿날 오전.

이들의 가정을 방문해서 내용을 더 자세하게 들었다. 간혹 한국에 다녀오면 딸아이 건강이 몰라보게 나아지곤 하였단다. 그러나 이번에는 서울 친정댁에 들렀는데도 별로 효과가 없었다.

그런 가운데서도 딸아이 자신이 어려움을 이겨내야겠다는 각오가 서 있는 점이 든든했다. 길상사를 어떻게 알았냐니까, 모녀가 한국 산사에 기도를 하러 갔을 때, 마침 빠리 길상사를 아는 종범 스님이 소개해주어 알았다고 한다.

딸아이 방 안에는 부처님 좌존상이 모셔져 있었다. 학교를 갔다 오면 방 안에서 염주를 돌리며 죽자 살자 천수기도를 올린다고 하였다.

나는 옛 스님의 가르침을 상기하고 다음과 같이 일러주었다.
"무엇보다 중요한 점은, 나 혼자를 위해 기도하기보다 병고에 시달리는 이웃을 위해 함께 기도를 올리는 것으로써 자기중심에서 벗어나야 합니다."

언뜻 모군된 말 같아 보이지만 이것이 기도의 큰 힘이 된다. 기도를 할 때는 크고 작은 음성을 제 스스로 낱낱이 듣고 살펴야 관음觀音이다. 자기 기도 소리를 관찰하지 못한 채 건성으로만 많이 한다고 좋은 기도가 아니다.

또한 108배 참회 절을 꾸준히 해나가면서 불보살님의 가피를 빌어야 한다. 힘닿는 대로 천배, 삼천배, 만배, 십만배 등을 해서 이루지 못할 일이 하나도 없다는 옛 법문이 있다.

그 후 모녀는 108배 절을 함께 하여 건강이 크게 좋아졌다고 한다. 딸아이도 상급반에 진학하였음은 물론이다.

내가 길상사를 떠날 준비를 하고 있던 어느 날, 모녀가 길상사에 참배를 왔다.

병고를 벗어나서 맑게 피어나는 연꽃 같은 딸아이는 법당 안에 들어서자마자 천수기도를 올리는데 그야말로 일심삼매처럼 보였다.

"어쩜 나는 길상사에서 스님하고 살지도 몰라요."

처음 길상사에 참배 오던 날, 딸아이가 승용차 안에서 제 부모에게 한 말이다.

"인석아, 내생에 남자 몸으로 바꿔 와. 그때 가서 절에서 살자."

내가 등을 또닥거려주며 보낸 지가 바로 엊그제 같은데 그

새 일 년이 지났다.

천수기도는 예로부터 많이 올리는 기도 가운데 하나이다. 신묘장구대다라니 천수기도와 관세음보살 기도는 둘이 아니다.

구산九山 스님은 출가 이전에 진주 어느 암자에서 천수기도로 병이 나았고, 수월水月 스님은 불망지不忘智를 얻어 신통력을 갖추었다는 일화가 있다.

경허鏡虛 스님의 제자 가운데서도 특히 당대의 훌륭한 선지식이 몇 분 계셨다는 뜻으로 이런 말이 전해온다.

"북수월 남혜월 중만공이라, 북쪽은 수월水月 스님이셨고 남쪽은 혜월慧月 스님이셨고 중부지방은 만공滿空 스님이셨지요."

수월 스님의 기억력은 대단해서 축원카드를 보지 않고 한 절 신도 축원을 줄줄 막힘없이 다 하였다는데 이 모두가 천수기도의 공덕이다.

"생활하는 데서 간혹 스트레스가 쌓여 답답하고 기氣가 통하지 않아 힘이 들 때에는 어떻게 합니까?"

승속을 막론하고 이런 질문을 해오는데 천수기도를 108참회와 함께 시작해 봄직하다. 생활 속에서 생기를 되찾기 위해서 매일 아침 천수기도와 108참회를 해온 방법이 옛 선지식의 지혜이다.

죽비 깎는 아침

초 판 인 쇄 1997년 8월 21일
수정 3판발행 2007년 4월 27일

글쓴이 | 지   묵
펴낸이 | 김 동 금
펴낸곳 | 우리출판사

등 록 | 제9-139호
주 소 | 서울시 서대문구 충정로3가 1-38호
전 화 | (02) 313-5047 · 5056
팩 스 | (02) 393-9696
이메일 | woribook@chollian.net

ⓒ 지묵 2007, Printed in Korea

ISBN 978-89-7561-088-2 03810

정가 10,000 원